Guoji Shuxue Kecheng
Shiye Xia De
Xuesheng Jihe Suyang Yanjiu

国际数学课程
视野下的
学生几何素养研究

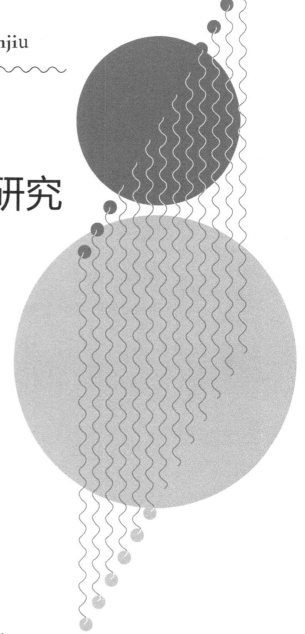

Su hong yu

苏洪雨 / 著

NORTHEAST NORMAL UNIVERSITY PRESS
WWW.NENUP.COM

东北师范大学出版社

图书在版编目（ＣＩＰ）数据

国际数学课程视野下的学生几何素养研究 / 苏洪雨
著． —长春：东北师范大学出版社，2015.5（2024.8重印）
ISBN 978-7-5681-0871-3

Ⅰ．①国… Ⅱ．①苏… Ⅲ．①中学数学课－教学研究
Ⅳ．① G633.602

中国版本图书馆 CIP 数据核字（2015）第 112290 号

□责任编辑：张志文　□封面设计：凤凰树文化
□责任校对：林香云　□责任印制：刘海远

东北师范大学出版社出版发行
长春净月经济开发区金宝街 118 号（邮政编码：130017）
电话：0431－85687213
传真：0431－85691969
网址：http://www.nenup.com
电子函件：sdcbs@mail.jl.cn
北京凤凰树文化艺术发展有限公司制版
三河市宏顺兴印刷有限公司印装
2015 年 7 月第 1 版　2024 年 8 月第 3 次印刷
幅面尺寸：170mm×240mm　印张：17.5　字数：165 千

定价：52.00 元

内容提要

学生的几何素养，是指学生在解决具有一定背景问题的过程中，面对不同形式的几何对象，使用适当的几何知识和技能进行探究，表现出的几何思维水平和几何应用能力，这个能力的表现受到学生几何信念和对几何文化理解的影响。

基于对国际视野下的几何课程与教学的理解，本研究通过解析几何素养的内涵，以及构建几何素养评价模型，对当前我国初中生的几何素养进行评价与分析。

研究工作主要包括三个方面：

第一，解析几何素养内涵，构建评价模型。

在分析世界各国或地区几何课程的基础上，通过对数学家、中学数学教师的访谈，本研究讨论了几何素养的内涵，确定了评价几何素养的四个主要因素和两个一般因素。其中，主要因素包括：几何知识、能力、应用和背景；一般因素是几何信念和几何文化。根据数学家和中学数学教师对不同因素的重视程度，确定各个主要因素在几何素养中的权重，从而构建评价几何素养的体系和模型。

第二，中学生几何素养的评价分析。

在设计出评价学生几何素养的体系和模型之后，本研究对800多名七年级和八年级的学生进行了测试和调查。由几何素养评价模型，结合学生的回答结果，本研究将学生的几何素养分为五个水平，分别是孤立性、功能性、多元性、综合性和评判性。调查分析发现，初中生的几何素养主要表现为功能性水平和多元性水平，七、八年级的学生表现有显著性差异。其中，七年级学生的几何素养表现以孤立性水平和功能性水平为主；八年级学生的几何素养主要在功能性水平和多元性水平。除了对学生总体几何素养进行分析之外，本研究还对学生在几何素养各个评价维度上进行了定量的分析。

第三，基于项目活动的学生几何素养研究。

为了了解学生几何素养的发展，本研究结合几何项目活动，全息探究学生几何素养的表现。研究发现，学生在项目活动中的几何素养有四个特点：综合性、交互性、过程性和应用性。几何项目活动能够较好地促进学生几何素养的发展。学生在项目活动中表现出不同的几何素养水平，这主要是项目活动主题的选择和学生自身的几何素养所造成的。

本研究从学生学习几何的各个维度综合地评价学生的几何素养，这是一个新的尝试，也是未来研究的一个起点。研究中所建立的几何素养评价体系，还需要更多实践的检验，从而能够更加合理、准确地评价学生的几何素养。

ABSTRACT

Geometric literacy is a student's capacity to identify different geometry objects and inquire problems with geometry knowledge and skills, the situation and contexts that are used as sources of stimulus materials and in which problems are posed. Students' geometry thinking levels and the capacity of application are assessed according to students' problem solving, geometry believes and the understanding of geometry culture.

Based on analyzing the geometric curriculum and instruction, the meaning of geometric literacy was founded and the model of assessment of a student's geometric literacy was constructed.

The research was mainly composed of three parts:

The first one was to find the meaning of geometric literacy and construct a model of the students' geometric literacy assessment.

In order to find the meaning of geometric literacy, the curriculums and instructions of ten countries and areas were discussed, and the researcher interviewed mathematicians and high school mathematics teachers. It is useful for researcher to identify a number of aspects of geometric literacy. Four major factors and two minor factors were identified by analyzing the curriculum and the interviews. The major factors are: geometric knowledge, competencies, application and situation; the minor factors are students' geometric believes and understanding of geometric culture. The weightiness of every factor was decided by geometric curriculums, mathematicians and high school mathematics teachers. So, a model for evaluating students' geometric literacy was established.

The second one was to assess students' geometric literacy by the model. More than 800 students were tested and investigated. With the model and students' response, student scores were grouped into five proficiency levels, according to these levels, the geometric literacy levels are: insulation, functionality, multi-structural, synthesis, criticism. We found that most high school students were at level 2 and level 3. There was a significant difference between the students' geometric literacy in grade 7 and grade 8. Most students in grade 7 were at level 1 and level 2, and students in grade 8 were at level 2 and level 3. Except the analysis of the geometric literacy, we discussed all the factors that affected the geometric literacy.

The third one was to study students' geometric literacy based on the project. With the project-base geometry, the research on the development of geometric literacy was carried out. We found there were 4 features about geometric literacy: synthesis, alternation, developing and application.

The research was about the assessment of students' geometric literacy by assessing all kinds of factors affected the literacy. This is a new method for the assessment of students' geometric literacy, maybe it is a start for the further study.

目　录

第1章 引 言

1.1 影子的启示

2007 年秋，某中学七年级课堂，我正在给 70 名学生讲授"变化的图形"数学专题内容. 其中例 1－1 是一个关于正方体展开图的问题.

例 1－1 图 1－1 中有一个正方体的纸盒，在它的三个侧面分别画有三角形、正方形和圆，现用剪刀沿着它的棱剪成一个平面图形，则展开图应当是（　　）

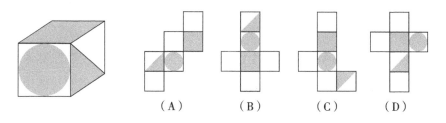

（A）　　　（B）　　　（C）　　　（D）

图 1－1

看到学生都能很快地解答出例 1－1，我又在黑板上画出三个图形（如图 1－2）.

图 1－2

这是生活中的一个物体在不同角度光线下的影子，猜猜看，这个物体是什么形状的？

全班鸦雀无声，过了 5 分钟，依然没有人举手回答．

"这个问题很难吗？例 1 - 1 你们怎么做得那么快？"

"因为例 1 - 1 我们做过很多类似的了！"学生们异口同声地说．

"那这个问题会不会做？没有做过吧……那就现在想一想，这是一个什么物体呢？"

"正方形！"

"长方形？"

"我知道，平行四边形．"

看到我笑而不答，学生不再乱猜了，都瞪着我，似乎很想知道答案．

又过了几分钟，还是没有学生答出来．

"大家想一想，晚上手电筒从不同的角度照射一张桌子，影子一样吗？"

"不一样！"

"那么，这三个图形会是什么物体的影子？发挥你的想象能力，想象一下，这是什么？在我们教室就有这个物体！"

虽然我不断地望向讲台上一个没有开封的粉笔盒，但是依然没有人想到是一个"正方体"．我不得不告诉学生答案，但是许多学生仍然迷惑地看着粉笔盒．

他们真的不能把这三个影子和粉笔盒联系起来吗？

有的学生若有所悟，并且在纸上画了起来；而有的紧锁眉头，不知所措．

……

学生真的缺乏这种对图形的感知能力吗？他们的空间想象是怎样的呢？几何课培养了学生哪些相关的能力？我们需要这种对空间感知的能力吗？这是否就是一种素养呢？

这是引发本研究的一个因素！

1.2　研究背景

20 世纪 90 年代，在中国提得最多的莫过于"素质教育"了．1993 年，国务院印发的《中国教育改革和发展纲要》指出：中小学要由"应试教育"转向全面提高国民素质的轨道，面向全体学生，全面提高学生的思想道德、文化科学、劳动技能和身体心理素质，促进学生生动活泼地发展．这就是"素质教育"，也就是为实现教育方针规定的目标，着眼于受教育者群体和社会长远发展的要求，以面向全体学生、全面提高学生的基本素质为根本目的，以注重开发受教育者的潜能，促进受教育者德智体美等方面生动活泼地发展为基本特征的教育（中央教育科学研究所，2003）．素质教育所要培养人的合理素质结构，包括生理的、心理的、思想的、文化的素质（李岚清，2003）．2001 年，教育部印发了《基础教育改革纲要（试行）》，全面推进素质教育（中华人民共和国教育部，2001）．

在提倡素质教育的大环境中，数学教育在培养学生方面也要走出"应试教育"的阴影．继 1992 年的《初级中学数学教学大纲》首次提出"数学素养"以来（中华人民共和国教育部，1992），1996 年的《全日制普通高级中学数学教学大纲》也提出"使学生在高中阶段受到数学教育，提高数学素养，对于提高全民族素质，为培养社会主义现代化建设所需要的人才打好基础是十分必要的"（中华人民共和国教育部，1996）．2000 年，初中和高中的数学教学大纲都提出相同的要求．尽管"素质教育"、"数学素养"提出了很多年，但是我们却没有统一的认识，以及明确的相关概念．正如《数学素质教育设计要点》（张奠宙，1992）指出的：

中国的基础教育正在从"应试教育"向"素质教育"转轨．那么，未来世纪的中国公民应该具有怎样的"数学素质"？看来这已经是数学教育研究的主要课题．

然而，十几年过去了，对于"数学素质"、"数学素养"的内涵，却一直成为大家争论不休的问题．与此同时，国际上日益重视对学生数学与科学素养的培养，例如美国数学教师协会（NCTM）在 1989 年以及 2000 年的《学校数学课程与评价标准》中描述了数学教学的能力观，其中针对数学素养提出了五大目标：

- 树立数学的价值观；
- 对做数学充满自信；
- 应用数学知识解决数学内部与外部的数学问题；
- 能够数学地交往；
- 能够数学的推理．

从这五点可以看出，数学素养是与数学技能、数学态度及社会能力紧密相连的．

TIMSS（Third International Mathematics and Science Study，1997，1999，2003，2007）针对数学素养，从三个方面来评价学生：数学知识技能（包括数与数感、测量与单位、几何、比例、函数、方程、概率、统计、数据分析、证明等），数学行为与社会技能（包括日常方法的掌握、应用性问题的解决、数学思想、数学交流等），数学教学目标（包括传授合理的数学知识、传授基本的并服务于职业的知识、唤醒对数学的兴趣、传授适当的数学观念等）．

PISA（The Programme for International Student Assessment，2000，2003，2006）对数学素养有这样的界定：有能力认识并理解数学在世界中的作用；能够给出基本的数学判断，并能够以某种方式去研究数学，使之服务于某个建构的、积极的、反思的公民应对当前与未来生活的需求．

Elizabeth Birr Moje（2008）认为，在中学教育中培养学生的素养，离不开学科；也就是学科是培养学生素养的重要载体．

几何一直以来都受到人们的密切关注．在数学中，几何是一个活跃的领域，它从小学到大学为我们提供了有趣的、富有挑战的课程（Taro Fujita，etal，2004）．在几何学习中，学生将认识几何图形，研究其结构，并分析几何图形的特征和关系，培养空间想象能力和逻辑推理能力；学生也将以几何建模的形式培养问题解决的能力.

那么基于几何内容为载体,学生应该具有什么样的素养呢?中学生在接受义务教育阶段,将在几何方面获得哪些成就?他们现在的几何素养水平又是如何呢?这是本研究的重点所在.

1.3 研究的必要性

评价学生的学业成就越来越受到研究者的关注.在我国,对学生的评价主要通过考试,然而在有限的时间内,考查的认知水平多集中于学生的记忆,而不在于理解和应用;多集中于较低层次的数学技能,而不在于高层次的数学能力;考试的主要功能在于评定学生的学术成就方面,关于他们对数学和数学学习的兴趣、态度和困难等情感领域几乎没有包括(范良火,2006).单一的考试不能全面把握学生的数学学习情况,了解学生的数学素养.所以,对于学生数学素养的分析,应该"从认知心理和数学教育研究进行诠释,以我们作为数学的学习者和教学者的经验,对数学知识的理解和所需数学能力的判断,引导我们对学生成功的数学学习进行全面综合地认识(Jeremy Kilpatrick,2001)."

TIMSS(Beaton, A. E. and Pobitaille, D. F, 1999)认为:

数学是文化活动的基本工具,这种文化工具的普及性与不可替代性是 19 世纪现代化过程的成果,也既是学校义务教育实施的成果.随着这种现代化过程的继续,数学已经成为国际交流的核心工具,同时也是与其他文化对话的媒介.鉴于数学的这些社会功能,对于数学素养的讨论显得格外重要.

另外,在 2001 年召开的 CIEAEM53(数学教育研究和进步的国际委员会)中,Bazzini, L. 和 Inchley, C. W.(2002)指出:

在国防、医疗诊断、智力测量、信用卡、人口普查取样、管理股票、编码、设计新型汽车——不止这些，都离不开数学，我们有充分的理由认为这在可预知的将来也是如此．为了理解这个由数学构成的世界，人们必须懂得数学．为了很好地参与社会事务，人们要获得在工作场所必需的数学能力，数学教育也将从强调数学问题解决的基本技能，转到数学的应用和有判断的推理．数学素养不仅指社会部分，而且包括数学文化和数学教育方面．

所以，对学生在数学表现上的综合素质进行评价，要从学生的数学素养的角度研究，而数学素养不仅是数学知识、数学能力，还包括数学文化、数学认知心理等问题．而对于数学素养的研究可以从多个方面来思考，其中以几何内容为载体，探讨学生在几何学习中形成的数学素养是必要的，因为"几何教学改革长期以来一直是数学教育工作者关注研究的热点问题，特别是20世纪50年代以后，国内外的几何教学改革曾经出现过大起大落．因此，现在来回顾以往的改革历程，总结几何教学改革的研究成果是很有必要的（王家铧，王申怀，2000）．"

ICMI（New ICMI Study Series，1998）对几何的专题讨论文件指出：

几何，作为对我们生活空间进行理解、描述和相互影响的一种工具，可能是数学中最直观、最具体的，并且与现实生活联系最密切的一部分；另外，几何作为一门学科，是建立在两千多年的形式化过程上的，在这个过程中不断提高严格化、抽象化和一般化的水平．无论从学科发展历史的长远性，还是与我们生活的联系密切性，几何都是十分重要的，而且，来自数学内部以及包括计算机科学在内的其他学科的新思想，极大地促进了几何的研究；现在，计算机绘图在很多情况下成为可能，这对我们生活的许多方面造成了影响，为了使用这种可能性，亟须一种合适的直观可视教育．

另一方面，我们也应看到，"在许多国家，几何正在失去在数学教学中的中心地位……通常情况下，几何已被完全忽略掉，或者只包含了其中非常少的内容，几何问题趋向于局限在有关简单图形及其性质的初等事实上，而且学生在几何方面的成绩也相对地差……"

在中国，我们也看到，从 2000 年开始进行新一轮的数学课程改革，其中的几何发生了很大的变化，尤其是初中的几何，原来的"论证几何"开始失去"统治"地位，大大削弱了平面几何的演绎体系，重点在对空间图形的认识和感受……这自然引起了一些数学家和教师的质疑：这样的改革是否会降低学生的数学水平，特别是在几何方面的能力？

那么，学生在几何方面的成就是否就是以"论证"、"推理"的水平来衡量？无论是数学家还是数学教育工作者，似乎都没有给出明确的答案．学生的几何成就应该包括哪些方面？也就是"几何素养"的内涵是什么？从 2000 年的课程改革以来，新课程实施已经十几年了，我国学生的几何素养水平又是如何呢？这些问题很有必要进行研究和解决，这也是本研究的必要性．

1.4 问题的阐述

根据上面的分析，本研究将主要从下面的问题展开：

"在当前的课程改革环境下，中学生的几何素养处于什么样的水平？"

具体来说，该研究将探讨以下问题：

（1）中学生几何素养的内涵是什么？

很多文章和纲领性的文件都指出，通过对几何的学习，可以培养学生的空间观念，或培养他们掌握几何图形和结构，分析其特征与关系的能力．自然，几何和"空间"、"图形"不可分离，这样的教育目标也是毫无争议的．然而，从学生的未来发展来看，几何有着更多的教育价值，"对所有未来公民实施的几何教育，主要是体会、了解理性思维的价值，提高思维水平．但是，平面几何的价值不仅如此（张奠宙，2005）．"就"素养"而言，这是一个人的整体表现，"几何素养"也就是学生在几何方面的综合能力，它的内涵，在提倡培养学生数学素养的今天，包含哪些重要因素？本研究希望通过实证性的研究，给出一个较为明确的回答．

（2）几何素养评价体系的建立．

通过对几何素养内涵的分析，本研究试图构建一个学生几何素养评价体系，从而综合地评价学生在几何方面的成就和表现．

（3）中学生几何素养的评价．

根据建立的几何素养评价体系，本研究选取一定样本的学生进行定量的研究，并对于一些个案进行定性的分析，从而对当前学生的几何素养做出评价．

1.5　知识结构

本文一共8章，第1章是提出问题，即引言部分．由一个教学案例和对我国几何教育的回顾，引出研究的问题．

第2章是文献综述．笔者将从素养、数学素养、几何素养等角度论述关于几何学习的研究，其中包括范·希尔的几何思维水平和皮亚杰等的空间概念理论．

第3章是本研究使用的一些研究方法．在这一章，将由三个基本理论作为研究思想，分别是：布鲁姆的教育分类学、SOLO分类学和扎根理论．本研究使用的方法包括访谈、调查问卷、测试题、课堂观察等．

第4章是从国际课程、数学家和数学教师的角度分析几何素养的内涵．

第5章是基于几何素养的内涵分析，构建学生几何素养评价的体系和模型，并分析各个指标的水平．

第6章是关于初中生的几何素养的调查研究．

第7章是基于项目活动的几何素养评价研究．

第8章是对全文的总结，并提出一些展望．（全书架构参阅图1-3）

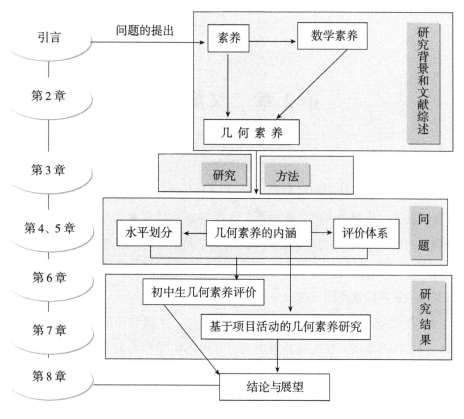

图 1 - 3

第 2 章　文献综述

从宏观上看，几何和社会的发展是分不开的；从微观上看，也就是几何自身的发展，几何和人类认识世界、人类的自我提高密切相连．几何不仅仅是数学的重要分支，它还存在于我们现实空间的每一个角落．懂一些、学习一些几何，在人类历史的每一个时期都是必须而必要的．几何是人类生存和发展基本素养的重要组成部分．

一直以来，几何在教育中都占有重要地位，这或许还要早于"数学"作为一门学科而存在．在人类教育史中，几何不但是作为对"空间与图形的研究"，而且几何中的公理化思想、演绎逻辑推理等对人的教育发展也起到很大的作用．

几何有着丰富的教育价值，这是由几何的多样性所决定的．首先，几何有着多种多样的特征：直观性、操作性、演绎性、工具性等；再者，人们认识几何的角度是多样的：从视觉、结构、逻辑等方面，几何呈现出不同的形式（鲍建生，2000）．

在数学的发展过程中，数学教育也在不断地发展．作为人类教育中不可或缺的学科，数学在学校教育中占有显著的地位．无论什么时代，培养人才，除了认识文字之外，就是对数字和图形的把握；数学不仅是人类独特而有魅力的文化，更是作为社会成员所应该具有的素质之一．随着社会的发展，无论生活、工作或学习，都对人的素质有着新要求，也就是，人要在社会上生存，应该具有什么样的基本素养，才能适应社会的发展，才能得到进一步的提高，并为社会服务．在现代社会，人们要具备各种各样的素养，例如信息素养、科学素养、数学素养、阅读素养、政治素养等等．在这些素养中，培养人们具有理性思维的就是"数学素养"．具有一定的数学素养，对于提高全民族素质，为培养社会主义建设人才奠定基础是十分必要的（中华人民共和国教育部，2000）．事实上，素养教育必须和学科相结合（Elizabeth Birr Moje，2008）．对于数学素养而言，必须从具体的分支来探讨，结合具体的内容和学习领域，因此，在统计教育中已经提出现代公民应具有基本的"统计素养"（Dani Ben-Zvi，Joan Garfield，2004）．如果说统计具有很强的工具性，那么几何就是数学中最基础的领域之一．几何的特性使之容易接近而激发学习者的兴趣，同时它和具体的现实世界不可分离；学生学习数学，首先是数字，其次就是形状与空间，实际上，"形"在"数"之前，数字是对具体形象的一种抽象．几何是如此的丰富多彩，它不仅在数学中变幻无穷，而且与建筑、艺术、设计等都有着千丝万缕的关系．在数学素养的研究中，注重学生在几何方面的成就十分必要，这就是对学生几何素养的研究．

2.1　素养与素质

什么是素质？有学者认为，素质在心理学上是指人的先天解剖生理特点，主要是神经系统、脑的特性以及感觉器官和运动器官的特点．素质还指一个事物的主要成分的质量，就人来说，它是一个人的德、智、体几个基本方面的质量（孙喜亭，1987）．这种认识强调了素质是人先天具有的特征．还有的学者认为，素质就是以人的先天禀赋为基础，在环境和教育影响下形成和发展起来的相对稳定的身心组织要素、结构及其质量水平（王恩大，1991）．这种认识从人的先天遗传和后天培养两个角度来探讨，比较全面．另有学者从更宽泛的角度思考素质，认为它是时代的产物，是为适应社会发展的要求而具有的一系列品格（陈历荣，1990）．也有的学者认为素质就是一个人的品格、气质、修养、风度的综合水平（王桐生，1991）．具体来讲，素质是什么，我们并不能完全把握．

从《基础教育改革纲要》（中华人民共和国教育部，2001）中我们可以看出，素质不仅包括先天智力或能力，而且包括后天环境影响所形成的人在社会活动中表现出的稳定的、内在的品质．在基础教育中，应该更注重这种经过训练和实践而获得的技巧或能力的培养；也就是说，对学生进行素质教育包括开发学生的潜能、发展学生个性、培养学生德智体等各方面全面发展．如果把素质分为先天素质和后天素质，那么素养就属于后者（王子兴，1996）．从现代教育学观点说来，我们更为重视的也是后天获得的素质——素养（蔡上鹤，1994）．

素质有什么特征呢？

首先是奠基性，它来自于人的生存需要和社会对人的必然要求．

其次是和谐性（协调性），它使人主动、生动活泼，使人的个性得以充分的开发和发展．

再者是实用性（有效性），奠基性和这一特征互为因果，互相补充．

最后是发展性，素质随着社会的发展而发展，必须与一定社会的政治、经济、文化需求相适应．

也有学者认为，素质有下面几个特征：

●内潜性．素质是人的潜能，遗传素质是与生俱来的，但环境与教育的影响也必须内化为人身心组织中的稳定因素才能视为素质的形成．人的素质外化必须通过一定的实践活动方能实现．

●整体性．素质结构中的各种因素统一在一个人身上，存在于一个统一的结构之中，整体水平取决于因素水平及要素结构的整合．相对于群体而言，个体素质与群体素质是一个相互影响的整体．

●稳固性．素质一经形成，就具有稳固的性质，并在各种活动中表现出来，具体而言就是在主体身上形成了一定的结构，即生理结构和心理结构．当然这种稳固只是一个相对的概念．

●发展性．人的素质和一定社会的科学技术、生产水平以及精神文明程度相联系，是在各种因素的相互影响下逐步形成和发展的（李海生，1997）．

两种对素质特征的认识大同小异．除此之外，有人认为素质还有以下几个特征：遗传性与习得性的统一；相对稳定性与发展变化性的辩证统一；内在性与现实性的辩证统一；个体性与群体性的辩证统一等等（杨银付，

1995）.

事实上，素养的内涵远比素质要丰富，例如人们常常提到：文化素养、科学素养、人文素养、艺术素养等. 这里的"素养"就不只是后天训练和实践而获得的技巧或能力，而是个体在文化、科学、人文等方面的综合表现，包括知识、能力、思想、技巧等等.

有学者指出：素养是个人与外界做合理而有效的沟通或互动所需具备的条件. 其中"外界"包括人、事（组织、制度）及物（工具）；"合理"即蕴涵了客观的价值判断；"有效"则意味着素养的水平是可以有程度性差异的；"条件"则包括了认知、技能（行为）及情意三方面（张一蕃，1997）.

这个定义是基于英文"Literacy"而创设的. 联合国教科文组织对于 Literacy 有下面的定义：素养（Literacy）是这样一种能力：能够识别、理解、解释、创造、交流、计算并使用和各种情境相关的文字材料的能力. 素养包括个体能够持续学习达到目标，发展他的知识和潜能，并能完全参与到广阔的社会中（UNESCO，2003）. 在韦氏词典和牛津词典中，"Literacy"一词狭义的意思是指读和写的能力，而广义的意思则包含了一个人受教育的状况以及一般的技能. 可以将其分为两类：第一类为传统的能力（Conventional Literacy），包括读、写、算和辨识记号的基本能力；第二类为功能性的能力（Functional Literacy），意指个人为经营家庭和社会生活及从事经济活动所需的基本技能，也可以定义为一个群体为其成员能达到其自我设定的目标所需的基本能力. 个人为了适应社会生活，必须与外界做有效的沟通与互动，为此所需具备的基本能力就是素养（Literacy）（Lyman，1990）.

从西方教育史上看，在 20 世纪早期，教育工作者、研究者以及政府已经开始探究中学生素养的教学原则问题了. 经过 50 多年的发展，教育家们对中学生的素养研究兴趣转移到学科领域，尝试设计策略来帮助学生在学科领域中熟练地读和写（Alvermann，D. E.，& Moore，D. W.，1991）. 对于这里的"读和写"，应该理解为学生所能达到的一种学科素养，例如科学素养、阅读素养、数学素养.

2.2 数学素养

随着社会的发展，人们要适应新的环境和生活方式，就必须懂得数学. 要正常地生活在 20 世纪不应用某种形式的数学是很困难的，也许是不可能的，在科技更加发达的 21 世纪，数学的重要性更加突出.

"为什么教数学"？最基本的原因是：数学可用来作为一种传递信息——表示、解释和预测信息强有力的手段. 第二个重要的原因是：数学在其他领域的重要性和实用性. 此外，还有一个原因是：数学的趣味性对很多儿童及成人所产生的吸引力（考克罗夫特，1994）. 关于数学应用的广泛性，亚历山大洛夫这样描述：

第一，我们经常地、几乎每时每刻地在生产中、在日常生活中、在社会生活中运用着最普遍的数学概念和结论，甚至并不意识到这一点.

第二，如果没有数学，全部现代技术都是不可能的. 离开或多或少复杂的计算，也许任何一点技术的改进都不能有；在新技术部门的发展上数学起着十分重要的作用.

最后，几乎所有科学部门都多多少少很实质地利用着数学（A. D. 亚历山大洛夫，2001）.

对于现代社会的运行，数学的读写能力（literacy）——英国人称之为"数学的基本能力"（numeracy）. 这两种读写能力尽管不同，但却不是无关的，如果没有阅读和理解的能力，就不可能有数学上的读写能力……反过来，如果没有理解基本的数学思想的能力，也就不可能完全领会每天报纸上出现的现代文章. 数学的基本能力所要求的不只是通晓算术，为了有信心地应付现代社会的需要，人们必须能够领会许多数学概念——例如机会、逻辑、图像等所包含的意思，因为这些数学概念渗透到每天的新闻和例行公事的决定中.

美国数学教师协会（NCTM）在 1989 年 3 月出版的《中小学数学课程与评价标准》认为，信息化社会有着许多不同于工业化社会的特点：

●在工业化社会里，战略资源是资本；在信息化社会里，战略资源是信息；

●商品将日益复杂精巧，而其市场周期则日益短暂．相应地人的职业寿命将变得短促，人的知识将不断更新；

●各行各业使用计算机装备越来越普遍，社会数学化的程度越来越高；

●在世界性的经济环境里，机灵比勤奋更重要，它要求工作人员智力上成熟，能随时接受新观念，适应新变化，发现新模式，解决新问题．

基于这些特点，使得数学（不是计算——计算工作由计算机去完成）成为各行各业所必备的知识，成为社会成员所必备的素养．

美国著名教育家罗伯特（Romberg. T. A，1992）从社会进步对数学教育挑战的角度，描述了当时数学课程改革的背景．其一，数学内容的变化；其二，怎样学的变化；其三，民主的公民身份．他指出了公民具有一定数学素养的重要性．

在 21 世纪要取得成功必须能够进行统计地推理，具有概率思维、代数思维，能够进行数学建模、空间想象，提出问题并解决问题，要有数感，能够处理技术的更新换代（English, L. D. ，2002）的能力．这就是基本的数学素养．

我国在 20 世纪 90 年代初期提出由"应试教育"转向"素质教育"．数学教育的目的就是培养青少年的数学素质或者数学素养，自从 1992 年开始，我国的数学教学大纲和数学课程标准中就提出"数学素养"，然而什么是"数学素养"，大纲和标准都没有给出定义．

罗伯特认为 TIMSS 研究中的"教所有人数学"就是所有人都需要数学素养（鲍建生，2003）．而 PISA 测试的就是阅读素养、科学素养和数学素养．

数学素养，被视为在现实背景下应用数学的一系列观念，最近在关于数学教育的课程讨论中处于显著地位（Tamsin Meaney，2007）．

然而，对于数学素养的界定或者涵义，没有统一的答案．

数学教学的根本意义，在于发展了人的本身（郭思乐，1990）．张奠宙（1998）指出：认为"会做升学考试的数学题"，就具备了数学素质，就是用数学陶冶人，就是达到"数学教育目的"，总是不全面的．孟万金（1992）认为国民缺少数学头脑，我国的数学课一般只注重基本公式定理的掌握和运用，而怎样将数学作为一门工具，应用数学方法去解决其他学科及生活中的有关问题，以及运用数学工具能力的培养等方面，都一直没有得到应有的重视．

中国的基础教育正在从"应试教育"向"素质教育"转轨．那么未来世纪的中国公民应该具有怎样的"数学素质"？看来已是数学教育研究的主要课题（张奠宙，1998）．张奠宙（1994）提出"用数学的立场、观点、态度和方法去处理成人生活、经济管理和科技发展中的理论和实际问题"，也许是数学素质中根本的一点．这里的数学素质就是数学素养．以往的看法是：所谓数学素质就是数学思维能力，亦即数学运算能力，逻辑推理能力和空间想象能力，其核心则是逻辑思维能力．这种观点强调了数学的抽象性和逻辑严格性，把数学看作是一种思维体操，把逻辑的形式化陶冶看作数学教育的最重要功能．这是"英才数学"教育观点下的数学素养，随着教育转向"大众数学"，人们对数学素养的认识也发生了改变．

对于"数学素养"，有着各种各样的认识．美国数学教师协会（NCTM，1989，2000）在《学校数学教育的原则与标准》中提出数学素养包括数学技能、数学态度和社会能力，具体包括数学价值观的树立、对数学充满自信、应用数学解决数学内部与外部的数学问题、数学交流和推理等．

德国的数学教育标准提出的数学素养包括：数学论证，数学地解决问题，数学建模，数学表征的应用，数学符号、公式以及技巧的熟练掌握，数学交流（徐斌艳，2007）．

美国国家研究会中的数学学习委员会认为数学素养（mathematical proficiency）包括五个部分：

● 概念性的理解（conceptual understanding）——对数学概念、数学运算、数学关系的理解；

● 过程的流畅性（procedural fluency）——灵活、准确、有效、适当地执行过程中的技能；

● 策略性的能力（strategic competence）——使用公式、表达和解决数学问题的能力；

● 合适的推理（adaptive reasoning）——逻辑思维、反思，解释和判断的能力；

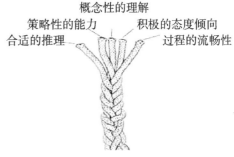

图 2 – 1

● 积极的态度倾向（productive disposition）——把数学看作明智的、有用的、有价值的习惯倾向，结合勤奋就能有成效的信念．

在数学能力发展中，这五个分支是相互交织，互相依赖的，如图 2 – 1，像绳索一样不分离（Kilpatrick，Jeremy，Swafford，2001）．

Lynn Arthur Steen 和 Ross Turner（2007）等认为数学素养的核心概念是：在每天的生活挑战中有效使用数学知识、理解数学的能力（Werner Blum，Peter L. Galbraith，etc，2007）．

在英国考克罗夫特报告中，数学素养是指有信心地处理家庭、工作场所和社区等日常生活中的问题所需要的数学能力．

TIMSS 认为数学是文化活动的基本工具，这种文化工具的普及性与不可替代性是 19 世纪数学现代化过程的成果，也是学校义务教育实施的成果．随着这种现代化过程的继续，数学已经成为国际交流的核心工具，同时也是与其他文化对话的媒介（Ina V. S. Mullis，2006）．

TIMSS 对数学素养的评价包括认知维度和内容维度，在数学内容中共有五项内容领域（八年级：算术、代数、测量、几何和数据；四年级：算术、模型和关系、测量、几何和数据）．它从三个维度来界定数学素养，分别是：数学内容、数学认知和数学教学目标（如图 2 – 2）．

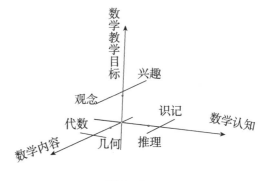

图 2 – 2

世界经济合作和发展组织（OECD，2003）的国际学生评价项目 PISA 对数学素养如此定义：数学素养是一种个人能力，学生能确定并理解数学对社会所起的作用，得出有充分根据的数学判断和能够有效地运用数学．这是作为一个有建构的、关心他人和有思想的公民，适应当前及未来生活所必需的数学能力．PISA认为数学对于学生来说，必须考虑他们不仅要有的数学知识，理解数学，同时还要能够积极使用他们掌握的数学来解决生活中遇到的问题．因此PISA对数学素养的评价中，数学情境是一个重要方面．和TIMSS不同的是，PISA不仅关注学生对数学内容的掌握，还特别注重评价数学过程．它的三个维度：内容、过程和情境，实际上是将数学与现实、静态与动态结合在一起．PISA指出，学生掌握的数学应该远远超过学校一贯讲授的数学技巧，数学在现实世界中的应用可能很少被注意到，所以PISA评价的重点就是从实际情境中抽象出其数学形式，将现实与数学知识和数学概念联系起来（如图2-3）．

过程：
◆ 现实问题数学化：
　◇ 简单假设
　◇ 归纳和形式化
　◇ 问题表征
　◇ 理解问题语言和符号化正式的数学语言之间的关系
　◇ 寻找联系已知问题和其他数学公式的规律和模式
　◇ 确定或者利用合适的数学模型
◆ 数学解决：计算，使用符号正式的专门语言和运算，表征转换，数学逻辑证明，归纳
◆ 数学能力：思考和推理，论证，交流，建模，提出问题并解决，表征，使用符号化专门的语言和运算
◆ 认知要求：
　◇ 重组群
　◇ 关联群
　◇ 反思群

情境：
◆ 个人情境：关系到学生每天的行为
◆ 教育或职业的情境：出现在学生学校生活，或者工作环境中
◆ 公共情境：当地和广泛社区中学生观察到的显著的环境方面
◆ 科学情境：抽象的科技过程，理论情境或确定的数学问题

数学素养

内容：
◆ 空间与图形
◆ 变换和关联：变换的数学表示，函数关系和变量间的从属问题．方程、不等式，同等，整除，包含等；符号的，代数的，图示的，列表的和几何的表示
◆ 量的关系和模式：数字现象，数量关系和模式．数感，数的表示，运算的理解，心算和估算
◆ 不确定：概率和统计中的现象与关系

图2-3

PISA 从学生应达到的数学能力出发，设计了六个水平级别，来测试学生数学熟练程度（苏洪雨，2007）. PISA 的六个数学素养水平从高到低分别是：

水平 6（最高水平）：在对复杂的问题情境进行调查和模型化的基础上，学生能够理解或提出相关概念，总结归纳并利用信息. 他们能把不同的信息源及其表征联系起来并灵活进行转换. 在这个水平的学生能够进行高级的数学思考和推理. 他们能应用对问题的洞察力和理解，运用掌握的符号化的正式数学运算和关系，形成新的方法和策略以处理新的情境. 在这一水平的学生能形成解决问题的方案并准确地进行交流，对他们的发现、对结果的解释、观点及其对原问题情境的适用性进行反思.

水平 5：学生能够对复杂情境建立模型并利用模型解决问题，能确定其局限性并做出相关的假设. 他们能对与这些模型相关的处理复杂问题的解决策略进行选择、比较并对其合理性进行评价. 处于这个水平的学生能有效地利用广泛的、得到很好发展的思考和推理能力，合理联系的表征，符号化的正式的特征，和对这些情境的领悟. 他们能反思自己的行为，能形成并交流他们的解释和推理.

水平 4：学生能够有效地处理较复杂的具体情境提出的清晰模型，这些情境可能包括一些局限或要求做出一些假设. 他们能选择和整合不同的表征（包括符号化的表征），直接把它们和现实情境的某些方面联系起来. 学生能基于对实际情况的分析，较灵活地运用较好地发展的技能和推理. 他们能提出解释，能基于他们的解释、论据和行动方案进行解释和答辩.

水平 3：学生能够执行清晰地描述的过程，包括需要做出一系列决定的过程. 他们能选择和应用简单的问题解决策略. 在这一水平的学生能对不同信息源的表征进行解释和应用，并进行直接推理. 他们能进行简短的交流，报告他们的解释、结果和理由.

水平 2：学生能解释和识别不需要太多间接推测的情境. 他们能从单一的信息源中找出相关的信息，使用单一的一种表征模式. 处于这个水平的学生能使用基本的算法、公式、过程或套路. 他们能进行直接的推理，对结果做出一些字面上的解释.

水平1（最低水平）：学生能回答熟悉情境中的问题，这些情境包括了所有的相关信息，提出的问题也很明确．他们能根据清晰情境的直接指示，确定信息并进行常规的操作．他们能执行显而易见的操作，并能立即仿效一定的操作．

数学素养的概念，特别是对生活在一个高科技经济社会的有批判思想的公民，应该包括：科学地解释信息；接受将影响社会的应用意识的教育；培养认识到数学模型可靠性具有局限性的意识（Jablonka E. Mathematical，2003）．

另外，也有学者认为，一个人要具有的数学素养，应该是：

● 不断提高解决数学问题的能力；

● 使用数学评判现实世界的愿望与能力；

● 希望强化和数学相关的反思；

● 使自身能和数学区分的能力，以及应用有根据的推理．

这些特征表明数学素养是数学和人类之间按照一定规则的连续对话，在这个过程中不应该只强调数学的工具性．从教育的视角来看，数学素养的核心部分应该强调四点：反映情境，反映意义，反映建模导向和背景导向，反映自我（Katja Lengnink，Darmstadt，2005）．

Steen于1990年提出，不同数学素养的价值取向应当反映数学的不同方面，从而将数学素养分为5类（桂德怀，徐斌艳，2008）：

● 实用数学素养：着眼于个体利益，将统计等数学技能应用于日常生活中；

● 公民数学素养：着眼于社会利益，确认公民有能了解来自重要公共议题的数学概念；

● 专业数学素养：着眼于工作场合的需求，不同工作皆对数学能力有所需求；

● 休闲数学素养：着眼于考量许多休闲娱乐皆需要的数学素养；

● 文化数学素养：着眼于个体能体会数学的力量与美，并且是有关哲学、历史与认知的．

Kaiser 和 Willander（2005）根据 Bybee 对科学素养的水平划分，把数学素养划分为 5 个水平：

• 无素养：不知道基本的数学概念和方法；

• 名词性素养：对数学术语、论题有最低程度的理解，同时伴有最基本的理论解释和误解；

• 功能性素养：使用程序性知识解答最简单的问题，但是只是限于非常特殊的情境，并且缺乏深入理解；

• 概念性的和程序上的素养：对主要的数学概念的结构和功能有些理解；

• 多维度的素养：结合数学情境能从哲学、历史和社会的维度理解数学.

从以上这些关于数学素养的论述可以看出，数学不仅是一大堆的公式、符号、定理，而是和自然、社会、文化等都密切相关的. 作为不同的群体，对数学有着不同的要求，应具有不同的素养. 对于正在接受教育的学生而言，他们要面对将来的许多挑战，具有一定数学素养对他们在未来的工作、生活和学习都是必不可少的；在学校教育中，学生通过学习数学获得必要的数学素养.

在基础教育阶段，培养学生具有一定的数学素养，必然要结合具体的数学使学生不断提高数学素养，例如从简单的识数到算术，解决实际中的问题；进一步，将具体的数字抽象，使用字母表示数，然后对字母进行运算，使用代数思考问题. 但是，学生最早接触的是具体形象的实物和空间，对于实物和空间的进一步抽象，就是图形和空间，这就是几何.

柏拉图（Plutarch，230）曾说过："上帝在不断地制作几何图形."而希尔伯特（Hilbert，D，1902）认为："算术符号是写出来的图形，而几何图形则是画出来的公式."

正如我们前面所述，几何在人类发展史和教育中起着重要作用，因此，学生在数学的学习过程中必须具有一定的几何素养.

2.3 几何素养

我们几乎每时每刻都要碰到各种各样的模式（Pattern）：在说和写的字中，在音乐形式和视频中，在装饰设计和自然界中，在交通指示图中，在我们制作的所有物体中．我们能够识别、解释、创造模式，这是我们认识周围世界，处理事情的关键．形状（Shape）也是模式，有些形状是可见的，例如：房子、雪花、绳结、晶体、阴影、花草的形状；有些形状过于抽象而很难接近，只有在数学中才能定义出来，例如：八维度的万花筒、四维度簇．

"拼图游戏之所以越来越流行是因为形状和位置的相互作用，这说明人们被几何形式及其相互关系的抽象所吸引．"几何学家 Branko Grünbaum（Lynn Arthur Steen，1990）说："模式在简单重复的声音、动作或几何图形中是容易发现的，正如分子结成晶体，细胞组成生命的形式，或其他组织形式．几何模式可以作为众多现象的相关模型，对他们的研究是可能的而且可以在许多层次上进行．"

NCTM（2000）认为："空间认识对于解释、理解和欣赏我们周围的几何世界是必要的．"

著名的数学家和数学教育家弗莱登塔尔（Fredengthal，1989）指出："几何就是把握空间……为了更好地在这个空间里生活、呼吸和运动，儿童必须学会去了解、探索、征服空间．"

从这些言语中我们可以看出，几何是至关重要的．几何给我们提供了解释和思考我们现实空间的方式，同时它又能为研究数学和其他科学提供了工具．从教育方面看，几何学所培养的空间能力，能对其他领域产生强烈影响，其本身又是一套相对独立的智力，在提高人的科学素质和基本能力，促进科学地思考、直观判断、表达并操作信息等等方面起着不可替代的作用（李士锜，2001）．

2.3.1 几何课程

在数学教育中，几何是一个活跃的领域，它从小学到大学为我们提供了有趣的、富有挑战的课程内容（Taro Fujita，2004）. 鲍建生（2005）对于几何课程的发展进行了详细的阐述，并论述了几何的教育价值：

- 几何有利于形成科学世界观和理性精神；
- 几何有助于培养良好的思维习惯；
- 几何有助于发展演绎推理和逻辑思维能力；
- 几何是一种理解、描述和联系现实空间的工具；
- 几何能为各种水平的创造活动提供丰富的素材；
- 几何可以作为各种抽象数学结构的模型.

同时鲍建生还指：几十年来，中国的几何课程几乎未受到国际潮流的影响，而始终（除十年动乱外）保存着相对完整、稳定的欧氏几何体系. 在这种环境下，一方面涌现了许多卓有成效的几何教学法，造就了一大批富有经验的几何教学专家，并使得几何教学一直保持着较高的水平，但另一方面也给新的几何课程改革带来困难. 王林全、吴跃忠（2003）指出：我国的几何教学注重学生的基础知识和技能训练. 在我国的数学课程中，几何占有重要地位，学校教育重视发展学生的空间观念，力求帮助学生做到：从实物想到其图形，又从图形想到其实物；认识与思考图形的变化和运动；从一个复杂的图形中分析出基本的图形；发现图形的基本元素及其相互关系；根据给定的条件做出图形，发现和证明图形的有关性质；在各种各样的线索中借助于图形说明问题. 在我国数学教学中，教师要求学生理解重要的概念、公理和定理，掌握相关的公式，理解和掌握数学知识的基本体系……欧氏几何的基本思想在中学几何教材得到一定程度的反映. 我国几何教材向来以严密的演绎体系而著称，原来的几何教材也基本上以简化的欧氏体系为主并辅之以向量、变换、坐标等方法，自从义务教育教材采取"一纲多本"政策后，几何教材改革出现了一些新局面，例如上海的几何教材打破了封闭的公理体系在小学和初中的前期分别编排了直观几何和实验几何，在初中后期仍保持了逻辑论证．

1995 年 9 月国际数学教育委员会 ICME 在意大利西西里的卡塔尼亚 Catania 提出了一份题为《21 世纪几何教学的展望》的专题讨论文件，对教学目标、内容、方法等提出了一系列问题：

- 目标——为什么教授几何是可能的、必要的？

- 内容——应当教什么？在课程中包含若干非欧几何的内容是否可能和有用？

- 方法——我们应当如何教几何？几何教学中公理化的作用是什么？

在新课程改革时期，我国的几何教育发生了改变，在义务教育阶段，几何内容主要出现在"空间与图形"领域中，1～3 年级包括：图形的认识、测量、图形与变换、图形与位置；4～6 年级：图形的认识、测量、图形与变换、图形与位置；7～9 年级：图形的认识、图形与变换、图形与坐标、图形与证明．在高中，几何内容更加丰富，除了原来的立体几何、解析几何、圆锥曲线，新增了向量、球面上的几何、三等分角等．

这是从课程的角度考虑几何，可以发现，现代几何的知识进入中小学数学，例如变换．非欧几何等．

在学生的几何学习和成就上，主要是范·希尔夫妇（Van Hieles，1953）对学生几何思维的研究，以及皮亚杰（Piaget，1957）和英海尔德（Inhelder，1957）对儿童空间概念的研究．

2.3.2 几何思维

几何学习是从观察、了解开始的．学生先接触各种物质世界的对象，然后对图形及其元素进行分析，形成空间概念，直到学习演绎推理，寻找命题、公设、公理、定义之间的关系，从中感受几何结构，经历了不同的阶段．到了更高水平，如形式主义水平，几何就不需要现实环境了，变成了纯形式结构的科学（李士锜，2001）．

2.3.2.1 范·希尔几何思维水平

丹麦的范·希尔夫妇在教学中发现学生学习几何存在着困难，这促使他们去研究学生的几何思维水平．经过教学实践和理论研究，他们将几何思维的发展划分为 5 个水平，概括成一个比较完整的理论体系．后来这 5 个水平又改为 3 个水平，不过一般人们认为 5 个水平比较细致、确切．在范·希尔提出 5 个水平之后，其他研究者发现，在第一个水平之前还存在一个更低的水平——水平 0.

水平 0：前认知水平．只能注意直观形状的某一些特征，例如可以区分正方形和圆，却不能区分正方形和三角形．在这个水平，学生推理的对象是具体的形象或者触觉的刺激，其结果是能够识别一些"相同的形状"．

水平 1：直观化．学生按照外观来识别和操作形状和一些几何图形，他们能在心理上把这些图形表示为直观图像．例如，学生说所给的图形是矩形，是因为它"看起来像门"．然而，他们不关心几何性质或所表示图形种类的特征化，也就是说，尽管图形的性质决定图形，而这个水平的学生却未意识到图形的性质．在这个水平上，学生的推理为知觉所主宰，他们尽管不能说出图形的简单性质，却也能把一个图形与另一个图形相区别；或者由于两个图形看起来相同．他们就判断这两个图形全等："看起来就是如此，没有什么原因．"

在直观化水平，学生推理的对象是按直观上"形状相同"来确认图形分类的．例如，陈述"这个图形是菱形"时，这个学生的意思是"这个图形有我已学过的称作'菱形'的形状"．

水平 2：描述/分析．在该水平，学生通过图形的性质来识别图形并能确定图形的特征，例如，一个学生可能认为菱形是四条边相等的图形；因此，术语"菱形"指的是"他已学过的所谓'菱形'性质"的一个集合．通过观察、测量、画图和建模等手段经验地建立了性质，学生发现某些性质的组合标志着一类图形，而有些图形却不这样；因而播下了几何含意的种子．然而这个水平的学生看不出两类图形之间的关系（例如，一个学生可能会满足于一个图形因为它是正方形，所以不是长方形）．

在这个水平，学生推理的对象是图形的分类，用那些与自己相一致的图形性质在思考，这种推理的产物是建立起图形间关系、图形性质的顺序和图形的分类.

水平3：抽象/关联．这个水平的学生能形成抽象的定义，区分概念的必要条件和充分条件；能理解几何领域的逻辑论证，有时甚至能提出这样的论证．他们能分层次将图形分类（通过排出图形性质的顺序）并给出判别它们类别的非形式化论证，例如，一个正方形被识别属菱形，因为可以将它考虑为一个"具有某些外部性质的菱形"．利用非形式化推导，他们能发现图形分类的性质，例如，由于任何四边形可被重组成两个三角形，而每一个三角形的内角和是180°．他们能推导任何四边形的内角和一定是360°．

随着学生发现不同形状的性质，他们觉得有组织这些性质的必要性，这种逻辑组织是正确推理的首要表现形式．然而，学生仍不理解逻辑推理是建立几何真理的方法．

在这个水平，学生推理的对象是图形分类性质，"整理图形性质，假如图形满足四条边相等的四边形，将知道这个图形是菱形"，这种推理的产物是通过图形性质的交互联系，获得的思想进行了重组．

水平4：形式推理．达到水平4时，学生在公理化系统中建立定理．他们能识别未定义术语、定义、公理和定理之间的差异．他们能构造原始的证明；也就是说，他们可以作出一系列陈述，对作为"已知条件"的结果的结论作逻辑判断．

在这个水平，通过逻辑解释像公理、定义和定理的几何陈述，学生能进行形式推理，推理的对象是图形分类性质的关系，推理的产物是建立亚序关系——关系之间的关系——并在一个几何系统中用逻辑链来表述．

水平5：严密性/元数学．在该水平，学生在数学系统中进行形式推理．即便没有参照模型，他们也能研究几何，而且还能通过形式化地操作，如公理、定义、定理等几何陈述进行推理．推理的对象是形式化构造间的关系．他们推理的产物是几何公理系统的建立，及其详尽地阐述与比较．

范·希尔几何思维理论有这样几个特征：学习是不连续的过程，水平是有序和有层次的；在一个水平上，有些概念被理解了但是不清晰，在下一个水平就变得清晰了；每个水平都有着自己的语言（Douglas A. Grouws，1992）．

　　许多教育工作者对范·希尔的几何思维水平进行了验证，表明范·希尔水平在描述学生从小学到中学的几何概念发展方面是有用的．例如，尤西斯金发现大约75％的中学生适用于范·希尔模式．David Fuys 等曾通过 6～8 次45 分钟的教学评估对话方式，使用范·希尔几何思维理论来研究学生在不同水平或者同一水平能力的发展．在研究了 16 个六年级学生后，Fuys 等人发现有 19％的学生始终处于水平 1，把形状作为整体来认识，而没有根据其性质分析形状；他们仅能识别熟悉形状，但在复杂图形中却不能识别，有时候在不同的位置也不能识别．对角的概念识记，他们有很大困难，他们只能通过操作活动获得一些水平 1 知识关于形状和平行的直观思维．另外 31％学生在水平 1 中取得进步，并朝着水平 2 前进；最后的 50％从水平 2 思维开始并趋向水平 3．类似地，九年级学生也被分成三个组．中学生并没有表现得更好，已经正式学习过几何的很多学生仍处在水平 0 到水平 2，而没有达到水平 3 或水平 4；几乎 40％的学生在水平 2 下完成高中几何．事实上，因为很多学生没有发展水平 3 思维的过程，以及在课本中出现的信息和知识将用不同的方式组织，所以他们可能没有在形式几何的额外工作中得益（David Fuys，Dorothy Geddes，Rosamond Tischler，1988）.

　　近年来，对于范·希尔几何思维水平研究主要有三个发展：几何思维水平描述超越 2 维空间；对各个水平的再检验；从现象学和心理学角度详细论述各个水平……（Frank. Lester，Jr，2007）．

2.3.2.2　皮亚杰和英海尔德：儿童的空间概念

　　皮亚杰认为，对儿童发现空间关系的研究——这也许可以称为儿童自发的几何，其意义不亚于研究儿童的数概念．儿童在几何方面的发展顺序似乎正好是同历史上发现（几何）的顺序相反（柯普兰，1985）．

　　皮亚杰和英海尔德对于儿童在几何思维上的研究主要以建构主义和拓扑首位作为依据．他们关于儿童空间概念的理论主要包括两个思想．第一，空间表示是通过儿童主动和内化行为的逐渐组织而构建起来的，导致了运算系统．因此，空间表示不是空间环境感性的"读出"，而是来自环境早先操作活动中的积聚．第二，几何思想的逐渐组织遵循定义的顺序，这种顺序比历史的顺序，即最初构建拓扑关系（例如，连通性，封闭和连续性），后来是射影（直线构成）以及欧几里得（多边形，平行和距离）关系，更合逻辑，这已被称作拓扑首位的论点.

对生活于其中的空间或世界，儿童的最初印象是一片混沌、毫无组织的. 各种图像在婴儿面前来去匆匆，就像出现在一个活动的舞台上. 婴儿抓住了一只奶瓶，但他并不知道怎样移动奶瓶使得奶头能塞进嘴中；他伸手去抓某样东西，但东西却不在手所伸得到的范围，他的动作完全是偶然的. 在拓扑学中，图形不是设想为形状上是刚性的或固定不变的. 它们可以延展或紧缩，以致可能具有不同的形状. 儿童最初看到的三角形并不像成人所看到的那种样子，而只是一个封闭图形. 让三岁或四岁的儿童画一个正方形或三角形，他可能画成一个圆形的样子. 这在拓扑上是正确的，因为它们都是封闭图形. 虽然在欧氏几何中三角形是单独存在的，但在拓扑中就不再是这样了. 儿童在意识到欧氏关系（如形状与大小）之前先意识到拓扑关系. 皮亚杰总结说："在儿童掌握了拓扑关系后，还要经历一段相当长的时间，他才能发展欧氏几何与投影几何的概念." 他说："相当奇怪，儿童几何概念的心理发展次序，更加接近于现代几何的演绎结构或公理结构的次序，而并不接近于发现几何学的历史次序. 这给心理结构和科学本身的逻辑结构之间的亲缘关系提供了另一个实例."

皮亚杰和英海尔德认为，儿童认识欧氏空间有三个阶段.

阶段 1：从出生到六岁，儿童能再认出熟悉的物体，但是无法再认出欧氏几何图形，如一个三角形. 阶段 1 存在着两个水平在较低水平，儿童只能再认平时熟悉的比如汤匙之类的物体，却不能再认基本的几何图形. 在较高水平，儿童能再认某些几何图形. 最为有趣的是，此时儿童能够再认的图形并非是欧氏图形而是拓扑图形.

阶段 2：过渡阶段，从六岁到七岁，儿童能再认某些欧氏图形而对另一些却不能，儿童能将曲线图形如圆和椭圆从直线图形中区分出来，可是对这两类图形中的每一类却不能再进一步区分；画欧氏图形的能力也显示出有进步的迹象. 儿童更加积极地进行探索，他不再满足于简单地抓握物体或感知物体．不过探索仍是杂乱无章的，很少有以系统的方式沿着某个物体的轮廓去进行探索的企图．例如儿童在曲边与直边、圆与正方形之间已发现足够的线索对它们进行区分了．

阶段 3：达到了复杂图形的综合，这时候儿童的探索活动在本质上更加注重方法了．处于阶段 3 的儿童用手指仔细地探索着图形，最后返回到同一个参照点，从而协调了整个图形．他能容易地再认那些简单的图形．

皮亚杰和英海尔德的儿童空间概念理论有着广泛的影响，并且引发很多评论．有一种评论是他们的诸如拓扑的、分离的、邻近的和欧几里得的术语的使用，以及这些概念和他们研究设计的相关概念的应用，在数学上并不是很精确．有些研究者严格重复皮亚杰和英海尔德实验，一般已证实了他们的发现．然而，这些研究也产生了些引起分歧的结论，例如，几个研究者报道，即便在最早的年纪，儿童也能区分曲线构成的形状和直线构成的形状，这与皮亚杰和英海尔德的理论相矛盾．

总的来说，拓扑首位的理论并没有得到支持，这可能是儿童不是首先构造拓扑思想，然后才构造射影和欧几里得思想，而可能是各类思想同时得到发展，并不断整合和综合．这些思想在建造、画图和理解等行为的基础上形成原始直觉．因此，需要研究识别具体的、原始的直觉和发展的思想，以及发展的顺序．例如虽然在协调作出直线形图形的行为之前，儿童也许学习了协调作出曲线图形的某些行为，但还缺乏对这些序列理论的解释．观察到的知觉能力和概念化能力两者间同步的缺乏，支持了皮亚杰的建构主义主张；但是，具体的认知结构通常还没有得到识别．

皮亚杰和范·希尔的理论具有一些重要的共同特点．例如两者都强调学生在主动构造他们自己知识中的作用，与被组织成复杂系统知识的非言语发展一样．例如范·希尔强调，成功的学生并不学习事实、名称或规则，而是联结几何概念和过程并最终组成图式的关系网络；因此，学生必须从他们自己活动的系统模式中抽象出数学．皮亚杰强调失去平衡和解决冲突的作用；范·希尔恳求教师认识到学生的困难，不要回避"思维危机"，因为这些有助于学生向较高水平过渡．

从几何课程以及几何思维的研究看,对于学生学习的几何以及达到的学习水平是从两个方向进行的:就课程而言,许多的研究表明要学什么样的几何,这些几何在培养学生的数学素养过程中占有什么地位,对于学生未来发展有着什么样的帮助,可以说这是从静态的角度探究几何教育;就几何思维而言,重点在于讨论学生对几何的理解,特别注重几何推理,学生对于图形和空间有着怎样的推理过程,这是从动态来分析学生的几何成就.

从素养及数学素养的讨论来看,更加注重学生的综合表现,即在一定的情境下,综合运用数学知识、技能、思想方法等,表现出一定的数学能力,从而解决问题.对于几何而言,评价学生的思维能力过多地强调了学生智力发展,而对于外界的影响考虑不够.因此,几何素养的内涵比几何思维更加宽广,也更能体现一个人在几何上的成就和水平.

2.4 文献述评总结

几何在人类历史上起着重要作用.作为工具,它帮助人们解决各种实际问题;作为思想,它是公理化思想和逻辑推理的重要载体.随着社会的发展,几何依然发挥着强大的作用,然而,今天随着计算机的发展,代数的思维、分析的思维、计算方法逐步占领主要地位,几何的地位似乎有下降的趋势.

从培养人的素质和数学素养来看,几何是必不可少的一部分.对现代人来说,具有一定的数学素养是各行各业的需要.文献中给出了许多数学素养的定义,这些定义有的比较具体,例如 PISA 给出的定义,而大部分都是比较抽象的概念.然而对于学校教育来说,具体形象的概念更易于操作,许多的研究从社会的、哲学的甚至政治学的角度讨论数学素养,这无疑很难被人理解和接受.即使是 PISA 给出了具体的数学素养概念,也是从整个人的发展和数学学科来定义的.要研究数学素养,必须结合具体的内容,几何就是其中的一个重要分支.

人们对于几何的关注不亚于对"数学素养"的研究.正如文献中所说的,几何是一个活跃的领域,它从小学到大学为我们提供了有趣的、富有挑战的课程内容．随着现代数学的发展，几何课程也在发生着巨大的变化，那么在学生的几何学习方面，也将出现新的面貌．

对于学生几何思维的研究主要有两个，一个就是范·希尔夫妇的几何思维水平，另一个就是皮亚杰和英海尔德对儿童空间概念的研究．范·希尔的几何思维水平成为许多关于几何研究的基础，而皮亚杰、英海尔德的二头那个空间概念理论也有广泛的影响．但是从这两个研究来看，主要关注的是学生的几何思维活动，特别是几何推理．从数学素养和几何素养的角度来看，只关注学生几何思维水平并不能完全反映学生的几何素养水平．

数学素养和几何素养更加关注学生的综合能力表现，除了包括学生对几何知识的理解，掌握的基本技能和能力之外，还包括学生对于情境或背景的理解，对几何学习的态度和几何文化的理解，以及学生应用几何解决问题的能力．从这个角度来看，范·希尔的几何思维水平和皮亚杰等人的空间概念理论都不足以描述学生的几何素养．所以，本研究有一定的研究意义．

基于文献的分析，我们认为，几何素养是指学生在几何方面的数学能力，学生在解决具有一定背景的问题过程中，面对不同形式的几何对象，使用适当的知识和技能进行探究时，表现出的几何思维水平和几何应用能力．这里的思维水平主要通过几何技能和能力来表现出来．

第3章　研究方法

　　本研究是关于学生几何素养的内涵和评价的研究，既包括对几何素养内涵的定性分析，又包括对学生几何素养评价的定量研究．因此，在选取研究方法上，我们结合两个评价理论，构建关于几何素养评价的标准模型和分析方法；同时使用扎根理论进行质性分析．

3.1　研究的理论背景

3.1.1　布鲁姆的教育目标分类

　　在20世纪50年代，布鲁姆等编写了《教育目标分类学 第一分册：认知领域》，80年代在我国翻译出版，一时风行，他的教育目标分类学几乎渗透到各门学科．尽管有学者对布鲁姆的分类学提出了质疑，但是不可否认，它在教育评价中依然有着可取之处．

　　在当代著名的课程理论与教育研究专家安德森（Anderson，L. W.）以及曾与布鲁姆合作研制教育目标分类的克拉斯沃（Krathwohl，D. R.）等近10位专家合作下，经过广泛吸收各方面的评阅意见之后，他们对原版的教育目标分类学进行了修订，并于2001年出版了修订版，书名改为《学习、教学和评估的分类学：布鲁姆教育目标分类学修订版》．

　　该分类学的思想对于本研究制定几何素养的评价标准有着积极的参考意义，下面对布鲁姆教育目标分类学作简单介绍．

　　布鲁姆教育分类学的结构和原理是以关于学习与思维本质的预先假定为

基础的．这些预先假定分为六类：（1）学习与行为之间的关系；（2）不同性质的学习类别的存在；（3）学习的层次性和累积性；（4）学习的迁移；（5）高级技能与能力的泛化能力；（6）初学者的学习与有经验者的学习差异（L. W. 安德森、L. A. 索斯尼克主编，谭晓玉、袁文辉等译，1998）．

根据这六类假设，在 1956 年分类学的原版中，布鲁姆把学生的认知从低到高分为六个类别：知识、领会、运用、分析、综合和评价．对于一些类别，还包括子类别．例如，知识包括：具体的知识、术语的知识、具体事实的知识、处理具体事物的方式方法的知识等（B. S. 布鲁姆等编，罗黎辉等译，1986）．

自从教育目标分类学出版以后，受到很大的关注，分类学在中国的目标教学中占有独尊的理论指导地位，人们几乎把布鲁姆的理论应用于各个教学改革的环节：如教学目标的制定、实施、测评等（王汉松，2000）．但是也有专家对此提出异议，例如著名的荷兰数学教育家弗莱登塔尔曾对布鲁姆的理论有过下面的评论（唐瑞芬，1993）：

●使用分类学的教师或专家……如将其用于研究课程发展，或作为课堂教学的准备与考察标准，那将是一种危险的超越．

●教育目标分类学的设想起源于文学与社会科学……最基本的认知目标如：观察、实验与试验设计等在教育目标分类学中却丝毫没有涉及……

●有些认知水平与数学的思维不相符合……

尽管如此，也应该看到布鲁姆教育目标分类学的可取之处，在教学实践中有着重要的指导作用．总的来说，有这样两个特点（刘丹，2008）：第一，层级分明，保证了分类的逻辑性与系统性；第二，以能力表现为对象，重视学生能力的培养．

从这两个特点来看，这和几何素养的评价有着重要的重叠之处，素养是评价学生的能力表现的，只不过更加综合；再者，在素养水平划分方面，可以借鉴教育目标分类学的方法，同时突出几何的特点．

1956 年版的分类学是一维线性结构，在 2001 年的修订版中，修改为二维目标分类．它将认知教育目标按两个维度分类．一个维度是知识，知识被分为四类：事实性知识、概念性知识、程序性知识和元认知知识．另一个维度是每一类知识的掌握都分为六级水平，即记忆、理解、运用、分析、评价和创造（皮连生，2008）．修订后的教育目标分类学更加立体化，考虑了学生的外部表现和内部认知．一个教育目标的陈述包括了动词和名词．动词一般说明预期的认知过程；名词则一般说明期望学习者所获得或建构的知识（盛群力，褚献华，2004）．例如：了解简单几何体和平面图形的基本性质．这里的"了解"认知维度的"理解"，是一个动词；而名词"基本性质"是一个名词，是概念知识．

对于一些标准和要求，可以通过修订版的教育目标分类学来细化，从而将学习、教学和评价紧密联系起来，整体考虑学生达到的学习水平，这对于评价学生的几何素养有着重要的帮助．

3.1.2 SOLO 分类法

皮亚杰（Piaget，1947）的认知发生论为学生在数学上的认知提供了很好的帮助，但是认知发生论过于一般化，适用于儿童的长期发展，对于具体阶段，学生的具体行为和学习结果不能做出很好的评价．正是在此局限下，20世纪80年代，认知发展理论越来越关注教学实践，在皮亚杰的认知发生论的基础上，Biggs 和 Collis 提出了 SOLO（structure of the observed learning outcome，意即观察到的学习结果的结构）分类评价法，也就是学生在具体知识的学习过程中，都要经历一个量变到质变的过程，可以根据学生在回答问题时的表现判断他的思维发展阶段．他们指出，描述学习的发展和结构，最恰当的方法不是对学生自身，而是对学生的反应即回答进行讨论（李俊，2001）．

Biggs 和 Collis 的认知发展理论从简单到复杂有 5 个阶段：感觉运动阶段、直觉的或者前运算或图形的阶段、具体符号阶段、形式活动第一阶段和形式活动第二阶段（Biggs, J. B., & Collis, K. F. 1991）．

与皮亚杰的理论不同，这是一个循环性、螺旋式的发展阶段结构．相应的，SOLO 将学生的学习结果从低到高分成 5 个不同的水平，分别是：前结构

水平、单一结构水平、多元结构水平、关联水平、拓展抽象水平（Biggs,
J. B. , and Collis, K. F. , 1982）.

使用 SOLO 分类法，可以从质的角度研究，在广泛的学习背景下，有效地
应用于评价学生学习的质量、诊断课程计划和教学中的问题、帮助确定进一
步的教学进程（蔡永红，2006）.

3.1.3　扎根理论

在基于项目活动的学生几何素养研究中，我们采用了质的研究方法，主
要使用了扎根理论，详细的研究方法在第 7 章论述.

3.2　研究对象

3.2.1　教育工作者

为了探究几何素养的内涵，首先对教育工作者进行了调查研究，包括：
数学研究者、中学数学教育工作者.

数学研究者的研究方向包括：微分几何、分形几何、复分析、数值代数、
组合数学、微分方程等，大都有从事大学数学教学工作的经历. 从年龄层次
来分，30~40 岁的有 4 人；40~50 岁的有 6 人；50 以上者有 8 人.

中学数学教育工作者：他们熟悉初中或高中的几何知识、参加过新课程
数学改革的培训. 其中高中教师有 13 人，教龄 5~10 年的有 5 人，教龄 11~
20 年的有 7 人，教龄 20 年以上的有 1 人；初中教师 7 人，其中教龄 5~10 年
的有 3 人，教龄 11~20 年的有 2 人，教龄 20 年以上的有 2 人.

3.2.2　学校

本研究选择在广州的中学. 之所以选择广州，一方面广州是最先进行新
课程改革的实验区，对于新课程比较熟悉，无论教师还是教学管理者都熟悉
新课程的基本理念；另一方面，主要是研究者的方便.

本研究包括定量的研究和质性研究，为了使研究结果不产生相互的影响，测试学校和观察学校各不相同．其中参加几何素养水平测试的有三所初中，从师资力量和中考成就来看，分别属于广州市的好、中、一般三个级别；选取了另一所初中参加了数学项目活动，从而对学生的几何素养进行定性的研究．

3.2.3 学生

本研究中的学生群体有七年级学生 100 人，这些学生进行了几何素养的预测试；根据预测试情况，对测试问卷进一步修订，选择 A、B、C 三所中学的七年级和八年级学生进行测试，其中七年级参加测试的是 A、B 两所中学，共 300 多名学生；A、B、C 三所学校的八年级 600 多名学生参加了测试．

参加关于几何情境的数学项目活动的主要是八年级学生．在广州市某中等偏上的学校．学生选择了 3 个活动主题，分成 6 组开展项目活动．

3.3 研究工具

本研究的数据资料主要通过访谈、测试题、调查问卷和录像分析四种研究工具收集．

3.3.1 访谈

为了分析中学生几何素养的内涵和评价维度，除了研究各国数学课程中的几何内容和教学目标之外，本研究还参考了数学家的意见和数学教师的观点．在比较国际上几何教学和课程的基础上，研究者对 12 名从事基础数学和应用数学研究的高校教师进行了访谈，并根据几何问题情境和 20 名中学数学教师进行了交流．具体的访谈问题和结果可以参考第 4 章的研究报告．

访谈中，研究者首先声明本研究是为了从事数学教育研究，不会泄露任何关于被访者的信息，将对访谈进行录音．大部分被访者接受了录音的方法，实事求是地回答问题，有的甚至深入地和我探讨教育问题；但是也有部分被访者处于谨慎的态度，不同意录音，采取笔记的方法，因此有的访谈是根据笔录整理出来的．

对于数学家的访谈，研究者预先和被访者约好时间，以探讨教学的方式进行交流；研究者提前准备好问题，采取半结构式的访谈．访谈的中学教师主要来自广东省各地的数学教育硕士，采取结构式的访谈，基于一些具体的几何情境，被访者根据研究者的提问顺序进行回答，具体的访谈方法和问题在第 4 章有详细的说明．

3.3.2 测试题

对于学生几何素养的评价，最终还要回归到测试和学生的回答，因此，我们基于几何素养内涵和评价维度的研究，设计了八年级几何素养测试题．不过这里要声明的是，本测试题是基于学生学校课堂学习的数学内容，和课堂教学基本同步．这样设计的目的是：首先学生不会因为知识的范围超出而增加解决问题的障碍；其次，学生在学习完相关的几何知识，进行必要的数学测试，有助于学生的复习巩固，这样能够获得被测试学校的认可并配合做好试题测试工作；再者，本研究的测试题虽然和教学内容基本同步，但是不仅仅包括课堂教学内容，还包括丰富的背景知识，考查学生应用几何解决问题的能力．

在对学生进行正式测试前，研究者先对七年级学生进行了预测，根据预测的情况对问题进行了部分修改．详细的试题分析在第 6 章．

3.3.3 调查问卷

除了对学生进行几何测试之外，本研究还对测试的学生进行了问卷调查，主要了解学生对于几何学习的态度和数学文化的理解情况．

调查问卷分两部分：几何学习态度调查和几何文化调查．

第一部分：几何学习态度包括 6 个问题，全部是单选题．这些问题主要有：学习几何需要努力还是天赋；是否选择几何学习；几何推理有什么帮助；学习几何是靠自己努力还是教师的讲解；证明数学定理从哪儿找依据；学生对几何证明的理解. 当然，这些问题不可能包括学生学习态度的全部，但是通过对学生这些方面的了解，可以发现学习态度对于几何素养的影响.

第二部分：几何文化包括 4 个问题，都是多选题. 这些问题包括：几何研究什么的？学习几何对于学生有什么帮助？几何和生活中哪些方面相关？学生了解哪些几何学家？这些问题设计基于几何的作用、几何和其他学科或领域的联系，几何历史人物三个方法的文化知识.

调查问卷的结果不是本研究的重点，是为了辅助说明学生的几何素养.

3.3.4 录像分析

本研究结合数学项目活动分析学生的几何素养. 选择广州某初中的八年级学生 58 人开展几何项目活动，研究者参与学生的项目活动，进行课堂观察. 对学生的活动表现进行录像. 然后分析学生活动过程中体现出的几何素养的特点. 这将在第 7 章详细介绍.

3.4 数据收集

通过分析整理世界各国各地的几何课程，本研究先确定了几何素养内涵的大概内容，然后联系 20 多名数学专家，希望和他们进行一次面谈. 其中 12 名教师同意和我交流，地点有的是办公室，有的是在被访者的家中；其余的数学专家因为有事情或其他原因，都没有进行访谈. 对中学数学教师的访谈相对比较容易，这些教师有的是来高校进行培训，有的是刚刚考入的数学教育硕士，经过和他们协商，有 20 名教师同意面谈，地点在教师休息室.

由于学校规模不同，测试学生的数量有所不同. 七年级试卷发出 400 多份，其中 A 学校发出 270 份，回收 235 份，剔除无效卷，共有 220 份有效卷，学校 B 发出 130 份试卷，有效试卷为 80 份；八年级测试题共发出 700 份，其中学校 A 发出 300 份，实际回收 280 份，剔除无效试卷，有效试卷 260 份；学校 B 发出测试题 250 份，回收 200 份，有效试卷 180 份；学校 C 发出测试题 150 份，回收 110 份，有效试卷 80 份.

· 研究者直接参与在中学开展的项目活动. 在项目活动中, 由两名本科生协助工作, 他们负责录像和拍照, 所有的活动都通过一部 DV 摄像机记录, 在学生最终的成果汇报中, 还使用了 MP3 录音. 除了录像和录音之外, 还收集了学生的所有资料, 包括数学小论文, 研究汇报书面资料, 自我评价表等.

3.5 数据处理和分析

所有的访谈录音和笔录由笔者整理, 剔除不相关的信息, 对数学专家和数学教师进行分类处理. 所有的视频录像也由笔者使用 WinAVI Video Converter 软件转换格式, 并进行分割与合并处理.

对于测试题, 我首先制定好评分标准, 请华南师大数学科学学院 2008 级数学教育方向的硕士研究生和已经保送研究生的大四学生共同批改. 在批改试卷之前, 我对 10 名参与改卷的学生进行了培训, 详细论证了每个题目评分的标准, 因为有的学生参加过高考评卷, 提出一些良好的建议. 经过两周的时间, 所有试卷批改完毕, 在两名本科生的协助下, 用 EXCEL 表格录入数据.

所有的数据使用 SPSS13.0 进行处理, 在三个学校的学生几何素养比较中, 使用了方差分析; 在各指标和维度相关分析中, 使用了 Spearman's rho 相关和 Kendall's tau-b 等级相关.

3.6 研究方法的优点和局限

本研究主要包括了三个方面的问题. 第一, 几何素养的内涵分析; 第二, 学生几何素养的评价; 第三, 数学项目活动中学生的几何素养评价. 在研究方法上, 通过定量和定性的分析, 探究中学生的几何素养, 主要有以下几个特点: (1) 全面性. 一般总结性评价主要依赖学生的考试成绩, 而在本研究中, 我们通过测试、调查问卷和课堂观察等方法全面评价学生的几何素养. 同时, 对学生在几何各方面的情况, 包括知识和技能的掌握, 能力表现和应用能力表现，背景的理解以及在几何应用方面的表现，都进行了评价；（2）系统性．本研究首先根据文献和专家意见，考虑各种因素，构建评价体系，然后再进行定量和定性的评价．（3）同步性．评价和学生的课程学习同步，能够及时为学校的教学和学生的学习提供反馈．

然而，由于时间和经费问题，本研究存在着一些局限性．本研究的主要评价体系适用于基础教育各个阶段的学生，小学、初中和高中，但是在研究过程中，我们关注的主要对象是初中学生，他们在学习方式和学习内容方面可能和小学、高中有着较多的不同，所以在评价小学阶段和高中阶段的时候，评价体系可能需要做出适当的调整．再者就是样本的选择，尽管我们希望选择不同水平的学校和不同程度的学生，但是由于不能直接和教育管理者对话，或者是因为各个学校对于教育研究的态度不同，所以选择权有限；这样就使研究者预先并不能全面了解学校的真实水平，得出的结果可能不完全具有一般性．同样的道理，访谈的专家也可能有着各自的特点，尽管研究者试图得到一般性的结论，但是因为他们的专业背景影响了其对于几何的认识；数学教师也是一样的情况，他们在教学中深受考试和升学的影响，对于几何的认识也大多从学生如何获得更高的分数、学生对知识的掌握程度等方面考虑，而不是从全面地培养一个生活中的人的角度思考，这就造成了一定的偏差．不过尽管如此，基于他们对学生的熟悉程度，他们给出的意见都是比较宝贵的和值得借鉴的．然而，从更高要求的研究角度，我们应该考虑更多人群对几何的认识和要求，例如其他学科、其他行业，但是由于人力、财力和设备支持有限，这在短时间的研究中很难做到，也是本研究的一个局限．

3.7 研究方法总结

本研究的中心问题是学生几何素养的评价．为了解决这个问题，研究者在阅读文献的基础上，对于各种不同的评价方式进行比较综合．在理解布鲁姆教育目标分类学和 SOLO 分类学的基础上，分析已有的关于学生几何评价的研究，这其中包括范·希尔夫妇构建的几何思维水平，皮亚杰和英海尔德的儿童空间概念理论. 同时，本研究也尝试从几何在历史发展过程中扮演的重要角色分析几何的教育目的，希望从中发现学生几何素养的重要元素，研究结果对当前几何教育的启示.

为了评价学生的几何素养，本研究尽量避免普通的学业评价和总结性评价，通过课程比较、访谈、调查问卷等研究方法，构建评价学生几何素养的体系. 在这个体系的基础上，设计评价学生几何素养的试题和项目活动，通过定量和定性相结合的方法，分析当前我国初中学生的几何素养.

第4章 关于学生几何素养内涵的调查与分析

在本章，我们从国际视野、数学家、中学数学教师三个角度研究学生几何素养的内涵．主要通过比较世界上一些重要国家或地区的几何课程，概括出学生几何素养的主要因素；根据对数学家和中学教师的访谈，分析不同因素对几何素养影响的程度．在这个研究基础上，制定评价学生几何素养的指标和评价体系．

4.1 国际数学课程视野下的几何素养

一直以来，几何在世界各国的数学教育中占有重要地位．然而，不同的国家在几何教育方面又有着明显的差异，这些差异让我们在评价学生在几何方面的成就上比较模糊，即学生在基础教育阶段，将获得怎样的几何素养呢？

我们试图从世界各个国家的数学课程中，探析几何素养的基本内涵，从而为构建一个合理的几何素养评价体系做一个良好的参照．

下面我们通过表4-1来分析世界各个国家或地区的几何课程．

表 4 – 1　世界各国和地区初中几何教育的对比

国家 维度		1. 美国 （6 – 8 年级）	2. 英国 （7 – 9 年级）	3. 俄罗斯 （7 – 9 年级）	4. 澳大利亚 （7 – 8 年级）	5. 德国 （5 – 10 年级）
知识	领域	平面几何 变换几何 坐标几何	平面几何 变换几何 坐标几何	欧氏几何 坐标几何 变换几何	欧氏几何 坐标几何 变换几何	欧氏几何 坐标几何 射影几何 变换几何 三角
	内容	图形：性质、 结构模式、 关系 空间：位置 （坐标）、变 换、对称 度量：边长、 周长、面积、 体积	图形：性质、 名称 空间：位置 （坐标）、移 动、变换 测量：单位、 体积、面积、 周长、角速度	图形与空间	平面图形：性 质、关系、术语 空间图形：直 观图、模型图、 实物图， 截面、展开图 空间语言 测量：表面积、 体积、容积、 角度	图形：性质、 关系 位置 度量：长度、 角度、面积、 表面积、体积 三角函数 变换 立体图形
技能		表征 直观 作图 逻辑 度量	作图 识图 表达 测量	作图 直观 度量 逻辑	识图 作图 制作模型 表达 操作	观察 识图 作图 测量 直观化
能力		数学推理能力 空间想象能力	推理论证能力 空间想象能力 信息技术能力	逻辑思维能力 解题能力	表征能力 空间想象能力 信息技术能力 逻辑推理	空间想象能力 逻辑论证能力 信息技术能力
思想 与 方法		归纳猜想 演绎 公理化 变换 数形结合	测量的思想 逻辑论证 比例	演绎 分析与综合 对称思想	变换 坐标 比例 逻辑证明	几何变换 极限的思想 函数思想 数形结合
应用 与 创新 意识		问题解决 探究 应用几何模型	使用几何图像 和图示表示信 息 确定位置 解决问题	——	交流能力 探究和应用 建模	交流能力 几何关系的发现 发展智力 建模
观念		学习几何有利 于培养学生学 习数学的积极 性，提供良好 环境		——	增强学习几何 的信心，逐步 理解研究数学 需要不断努力	几何美育

续表

国家 维度		1. 美国 (6-8年级)	2. 英国 (7-9年级)	3. 俄罗斯 (7-9年级)	4. 澳大利亚 (7-8年级)	5. 德国 (5-10年级)
文化		认识并将几何概念和关系应用到数学课堂以外，如艺术、科学及日常生活；欣赏和理解几何的美丽和效益	重视几何的应用	几何发展史 构造几何课程 公理化方法的概念 几何学与人的实践活动 初等几何学与现代科学	几何历史 几何文化 几何人物	艺术与拼嵌图案；艺术与建筑；直棱柱和晶体 直角三角形和泰勒斯；毕达哥拉斯定理的重要性 π的历史
背景		数学课堂之外；几何软件环境；具体的生活环境	ICT环境 日常情境	——	日常情境 模拟情境 数学问题情境	欧几里得几何和现实；测量背景；建筑、艺术背景

国家 维度		6. 日本 (7-9年级)	7. 新加坡 (7-9年级)	8. 中国香港 (7-9年级)	9. PISA 和 TIMSS		10. 中国大陆(2001) (7-9年级)
					PISA (15岁)	TIMSS (8年级)	
知识	领域	平面几何 变换几何	欧氏几何 坐标几何 三角 变换几何	欧氏几何 坐标几何 三角 变换	欧氏几何 变换几何	欧氏几何 变换几何 坐标几何	欧氏几何 变换几何 坐标几何
	内容	平面图形：术语和符号 空间图形	图形：性质、关系 测量 变换 坐标、向量 三角函数	度量 图形：性质、关系 三角函数	图形 模式 变换 位置 空间	形状：关系、性质等 测量：边长、周长、面积和体积 位置和变换	图形：性质、关系 测量 图形与位置 图形与变换 图形与坐标 证明
技能		作图 直观 逻辑 操作	作图 分类 识图 直觉 测量	识图 作图 逻辑 直观 度量	识图 直观 度量（计算）	识图 制图 构建 解释	观察 作图 分解图形 操作 直观
能力		表达能力 逻辑思维能力 信息技术能力	空间想象 表达能力 自我监控能力	空间想象能力 应用计算机 推理论证	证明能力 几何思维 表征能力 反思能力 使用辅助工具能力	数学表达 推理 空间想象 分析	推理论证 空间想象能力

续表

国家 维度	6. 日本 (7-9 年级)	7. 新加坡 (7-9 年级)	8. 中国香港 (7-9 年级)	9. PISA 和 TIMSS		10. 中国大 陆（2001） (7-9 年级)
				PISA （15 岁）	TIMSS （8 年级）	
思想 与 方法	演绎 度量	归纳 演绎	归纳、直观 演绎 解析 三角	归纳假设 演绎推理	空间意识 变换 比例思想	公理化思想 归纳 演绎
应用 与 创新 意识	问题解决	交流能力 问题解决 数学建模	探究	提出问题和 解决问题 交流能力 建模能力	应用几何性 质和模型解 决问题； 运用毕达哥 拉斯定理 测量不规则 图形	探究 数学交流
观 念	培养学生几 何学习的兴 趣与智力开 发	信念、兴趣、 欣赏、信心、 坚定	兴趣、信心、 应用、欣赏、 坚持、合作		数学是人类 的成就； 欣赏数学	欣赏、体验
文 化	重视几何的 历史		从美学和文 化的角度欣 赏数学； 注重数学史			几何历史与 文化，几何 与艺术、生 活
背 景				个人情境教 育或职业的 情境 公共情境科 学情境		

4.1.1　国际课程视野下几何素养内涵的分析

4.1.1.1　几何学习的范畴

从世界各国和地区的几何课程和教学来看，几何学习的范畴越来越丰富，并且和其他数学分支联系得更加紧密，例如代数．对于大部分的国家和地区，中小学几何都包括了欧氏几何、变换几何和坐标几何，只不过三者所占的分量有所不同，有的还包括了三角几何、射影几何的一些内容．现在的几何课程显得不再孤立，鲜有国家和地区把几何单独列为一门课程，几何和代数在学校学习中日益统一，在高中，几何代数化的倾向也比较明显．但是，我们也应注意，几何内部的逻辑联系比几何与代数的零碎的联系，能起到更为重要的作用（鲍建生，2005）．

从几何的内容上来看，大致有三类：图形、空间和测量．选择这三类有着现实背景的意义，同时也是几何课程发展的一种表现．以中国内地的几何为例，在义务教育阶段（7~9 年级），以往都是以平面几何为主，包括测量和图形性质等，重点在几何逻辑推理，对于和空间有关的内容，涉及比较少，例如空间图形、位置关系、视图等，即使有也是选学或者不学的内容；2001之后，随着新课程改革，几何的内容丰富多彩了，除了传统的平面几何和测量，新增了变换、视图等内容，注重生活背景，发展学生的空间观念．可以看出，这次改革把几何从原来的重视演绎推理的逻辑结构，改变为从空间科学角度来看待，学习平面、空间中的几何对象及其性质、关系，培养学生空间想象和空间推理能力．显然，后者在全世界的课程改革中是一种大的趋势．

从几何的发展历史来看，首先是实验几何的形成与发展；接着形成理论几何；在 17 世纪左右，解析几何产生，逐步发展到现代几何（New ICMI Study Series，1998）．这和人类的认知发展有着相似之处，因此，几何教育应该注意到这种规律．数学家和数学教育家普遍认为，由于几何多样性，几何教学必须在早期进行，并且贯穿于整个数学课程内容的学习中．几何多样性，为课程内容的选择提供了更多余地，但是也造成了几何课程的不统一，系统掌握那么多的内容是比较困难的．因此，在选取、组织教学材料时，我们一方面必须删繁就简，在合适的时机引入学生可能接受的内容；另一方面还必须制订几何课程的核心部分．

根据笔者对于上述各国和地区的几何教育分析，在义务教育阶段几何的核心课程主要包括：度量几何，欧氏几何，简单的坐标几何和变换几何．就其研究对象而言，主要是图形、空间和度量；研究方法包括：直观法、演绎法和解析法．

图形、空间和度量作为几何学习的范畴，不仅是课程选择的需要，事实上和学生的认知、现实背景也有很大的关系．数学是研究空间形式和数量关系的科学，几何就是空间与形式的集合，从作为描述数字和测量的工具开始，几何已经逐步发展为完整的概念和方法的理论，从而可以研究和建立自然界和其他现实世界各种现象的理想化模型（New ICMI Study Series，1998）．对于中小学生来说，掌握基本的度量方法，识别各种抽象的图形（形状）和空间形式，不仅是进一步数学学习的需要，同时也有助于逐步形成"空间观念"，从而能够分析现实世界的几何问题．例如大小、形状、位置、图像、距离等，这是作为现代社会成员必须具备的基本的数学素养之一．

　　具体来讲，图形包括各种图形，平面图形、空间图形，或者也可以称之为"形状"（二者所指的对象是一样的，不过"形状"更为确切，因为"图形"比"形状"具体，但是在数学中，大部分情况都是指的"形状"）．图形的性质是刻画和区分图形的重要依据，因此，在图形中，一定要学习图形的性质，例如三角形、四边形、正方体、棱柱等，这些图形具有什么性质？再者，就是"关系"，这里的关系不仅仅是指图形之间的关系，还包括公理、定理、命题等，例如，"三角形的内角和是180°"，"两直线平行，内错角相等"等，对于这些"关系"的学习，一方面可以掌握一些基本的事实，另一方面也是做出归纳和演绎推理的基础．

　　空间和图形是互不分离的，为了便于分析它们各自的特点，我们分别论述．空间是指图形或物体的运动变化、位置的确定、投影和视图等问题．学习图形的运动变化是十分必要的，从 ICMI 的研究以及世界各国、地区的几何教育来看，都特别重视变换和对称的思想，以往中国内地的几何不是十分注重这方面，2001 年的新课程中，把几何变换作为一个重要学习内容，也是顺应了国际数学教育发展的潮流；同时，研究运动变化的几何也为未来的数学学习做了准备，变换几何、向量几何、线性代数、群论等都是运动的观点研究几何问题．运动变化主要包括：对称、平移、旋转和相似．位置也是培养空间观念的重要因素，描述物体间的位置关系，在现实世界找出方向和路径，认识地图和平面图，使用坐标系统，这在生活中尤其重要，也是现代公民在生活和生存中应具有的基本素质之一．位置主要有：辨别方位、物体或图形间的位置关系、坐标、使用地图或平面图．投影和视图包括：了解物体的阴影和投影，画出基本几何体的三视图、展开图，并能根据三视图描述几何体特征．在有些国家或地区，在初中就涉及了向量，例如俄罗斯 2003 年的几何课程标准．

测量，也称为度量，主要包括：图形的边长、面积、体积、角度等．在西方许多国家，例如美国、澳大利亚，把度量都单独列出，不和几何在同一领域．事实上，度量是几何中必不可少的一个领域，这些国家把度量单独列出了，并不是要脱离几何，而是更加突出其重要性．

在几何知识中，还包括一类特殊的知识，还包括一种特殊的知识，那就是几何文化，例如几何的发展史、几何人物、几何与艺术等．这类知识对于学生理解图形、空间和测量有着积极的意义．

4.1.1.2　几何技能

学习几何不仅要懂得几何的概念，记住几何图形的性质，而且要注意基本几何技能的培养．世界各国和地区的几何教育对此尤其关注，例如美国提出"画出图形、如边长和角度"，英国的"用二维图形直观地表征三维图形"，澳大利亚的"口头或书面描述简单图表、形状或位置"……通常是在完成几何任务中，按照一些固定的步骤进行，使用常规思路，通过少量的学习达到熟练化，甚至自动化的心理操作，这就是几何技能．在我国的《全日制义务教育阶段数学课程标准（实验稿)》中，提出"知识和技能"的课程目标，并以目标动词"了解（认识)、理解、掌握、灵活运用"等来刻画；美国《学校数学教育的原则和标准》（2001，NCTM）提出的十个标准具体地指明了从学前期至十二年级学生应该达到的理解、知识和技能水平．从国际视野来看，几何技能主要包括：几何直观（包括识图技能)、表达、作图、度量、基本推理技能．

几何直观包括：识别各种各样的平面图形和空间图形，观察图形的组成部分和它们的相互关系；辨认对称图形的对称轴、对称中心和对称面；根据图形的特征进行分类；可以从图形中读出隐含的基本几何关系等．

几何表达：描述图形和它们的性质；根据几何的语言描述，想象图形的具体特征；解释简单图表和平面图，使用几何的语言进行交流；读懂几何图形和几何语言描述；准确语言的发展能够推动逻辑思维能力和准确表达空间概念能力的发展．

作图技能：有些国家或地区对于学生的作图技能非常重视，例如俄罗斯在教学中要求"完成基本的尺规作图，解可归结于基本作图的较简单的综合题"；学生根据不同视角显示的二维图形来制作三维模型，画出图表、圆柱体、圆锥体和简单的多面体等；他们可以制作地图、平面图．在此，我们把制作模型也视为"作图技能"．

度量：度量不仅仅是使用一个数值表示物体的某一属性，这和学生对几何对象的认知程度也有很大关系，例如估测，这是基本的度量技能．度量还包括：选择和使用恰当的单位；选择适宜的测量工具，理解不同属性的关系，例如周长和面积；利用公式计算周长、面积、体积等．

基本的推理技能：之所以称之为"基本"，因为在几何思维中，逻辑推理占有重要的地位．但是根据简单的定理、命题可以快速地推出其他结论的过程，就是一种推理技能，例如，根据"两直线平行，同位角相等"这个定理，学生只需一步得到结果．这个技能在各国和地区中也比较重视．

和几何素养相关的技能还包括：运算技能、代数技能．例如在计算面积、体积过程中，学生要使用运算来解决；对于平面、空间图形，学生要使用字母表示点线，而函数与方程是和几何图形不可分离的．

4.1.1.3　几何能力

相对于"技能"而言，能力属于高层次思维活动．掌握基本的几何技能是学习几何的必要条件，但是要能够理解、应用几何，并进行创造，就需要高层次的数学能力．因此，在几何教育过程中，培养学生在几何方面的数学能力是非常必要的．和几何内容直接相关的数学能力主要包括：空间想象能力和逻辑推理论证能力，这是每个国家或地区都强调的数学能力．除此之外，在几何教育中，还包括数学地交流、建模、提出并解决问题、数学表征、信息技术使用能力等方面．

空间想象能力是在学生不断的学习过程，把握空间和图形的一种能力，例如"利用三维图形的二维表征来想象并解决问题"．几何使学生在空间想象力方面得到发展，从最初的空间感到空间观念，发展为"对空间模式的表象进行转换"；反之，空间形象能力的发展也提高了学生对几何对象的认识和理解，从而进行数学的创造.

逻辑推理论证能力，主要包括演绎推理和合情推理. 尽管很多国家或地区并不是十分重视演绎推理，但是对利用公理、定理证明一些简单命题也是有所要求的，例如美国要求学生能够做出并评价有关几何概念和关系的归纳和演绎推理，如全等、相似和勾股的关系；再如俄罗斯明确提出：会解几何结论证明题. 合情推理是世界各国都比较重视的方面，主要包括归纳、分类等，例如英国最新数学课程中，对四边形进行分类，归纳其特点.

在数学学习中，数学能力还包括抽象概括能力，运算求解能力，数学表征能力，提出并解决问题，数学交流能力，建模能力、信息技术使用能力等，这些能力和几何的学习也是密不可分的，因此，世界各国和地区也十分注重这些能力的培养.

4.1.1.4 思想方法

数学思想方法是指关于数学自身的论证、运算以及应用的思想、方法和手段，除此之外，还包括关于数学（其中包括概念、理论、方法与形态等）的对象、性质、特征、作用及其产生、发展规律的认识（解恩泽，徐本顺，1989）. 数学知识是数学学习过程中的载体，而技能是处理知识的基本操作过程，但是蕴含在知识和技能之中的就是重要的数学思想方法.

在几何教育中，学生要学习归纳猜想、演绎、公理化、比例、对称与变换、数形结合、度量等思想方法. 同时和几何密切相关的还有函数思想、方程思想、极限思想等.

4.1.1.5 几何意识

这是指应用几何的意识和创新意识，这种意识在问题解决、探究和建模中得到很好的体现. 例如，用几何模型来表示并解释数学和代数关系；使用直角三角形中的三角函数关系解决问题.

4.1.1.6 数学信念

数学信念就是对数学的基本看法，数学是什么？有用的，没用的？有趣的，还是枯燥的？学生有没有学习数学的信心和毅力？学习几何有利于培养学生学习数学的积极性，提供良好环境，增强几何学习的信心，理解研究数学需要不断的努力．因此，在几何教育中，注意几何美育的培养，学习兴趣的培养尤为重要．从而使学生有学好数学的信心、兴趣，欣赏数学．

4.1.1.7　背景

在一些国家和地区，注重学习几何的背景或情境设计，例如美国和英国，提出几何软件环境，具体的生活环境；德国强调了几何和建筑、艺术之间的关系；在 PISA 中，更是把背景作为一个重要的方面，包括个人情境、教育或职业情境、公共情境、科学情境．

4.1.1.8　几何文化

了解几何历史的发展以及在几何发展中起到关键作用的人物，这对于学生学习几何更有吸引力；同时能够了解几何与现实生活的联系也会促进学生学习几何．学生应该知道几何在人类文化历史中的重要作用和价值．

4.2　数学家视野下的几何素养

在数学家眼里，几何是一门重要的科学．从高层次上看，几何是数学的一部分，它是以公理系统的方式组织起来的；但是从最低的基本层次上看，几何则是对空间的理解（弗莱登塔尔，1995）．

为什么教几何？

几何除了具有一般数学的共性以外，还有如下的特性：

（1）几何经常被认为是一种思维训练，培养逻辑思维与演绎体系似乎是几何的特权．

（2）几何有实际应用，这不是从实用主义的观点出发，认为几何只要保留毕达哥拉斯（Pythagoras）定理与相似图形的少量公式，根本不需要传统的欧几里得逻辑体系；而是指通过几何可以更深入地掌握和理解物理空间（弗莱登塔尔，1995）．

也有的数学家认为："所有的几何推理最终都是循环的．如果我们从点开始，那么这些点可以用相关的线和面来定义；如果我们从线和面开始，那么这些线和面可用它们通过的那些点来定义（Russell，Bertrand，1864）."

在教学生几何的过程中，平面图形只有多边形或圆，三维图形只有球、圆柱或圆锥．其实世界上每个物体，从你阅读这篇文章时所坐的椅子到一棵数上的叶子，都有一定形状和大小．计算机制图大大提高了我们通过画图来表示这个世界的能力，以及考察那些画图的能力．这使几何的技能和应用变得更容易理解，同时，这也提高了函数的几何表示的重要性．总之，这个世界是几何的（Zalman Usiskin，1998）．

数学家从研究数学、应用数学或更高层次看待几何，这是一般学生不能体会到的．然而，数学家对几何的看法，恰恰能够体现出几何的本质．对于数学家关于几何的言论，是评价学生几何素养的重要依据之一．

在研究中，我们结合着几何课程，著名数学家的论述，对 12 名数学研究工作者进行了访谈，从中寻找几何素养的基本因素．

数学专家访谈主要包括 9 个方面的问题，分别是：对几何的基本认识；几何的价值；几何的内容；几何技能；几何中的思想方法；空间想象力；几何中的推理；几何的应用和创造；几何文化和信念．

访谈的数学专家从事数学研究和大学数学专业课授课工作．他们研究的方向包括微分几何，数值代数，分形几何，泛函分析，复分析等．

调查的数学专家主要包括：30~40 岁之间的 6 名，记为 A 组；40~50 的 4 名，记为 B 组；50 岁以上的 2 名，记为 C 组．所有教师都获得了博士学位．

访谈过程中有的进行了录音，但是有些被访者不希望录音，所以就以笔记的形式记录．

4.2.1　几何研究什么？它的作用是什么？

第一个问题对于被访谈者来说有些突兀，有几个教师不知所措．实际上，研究者希望通过第一个问题，能在被访者没有过多考虑的情况下，把对几何的第一感觉讲出来，从而能够了解几何研究的主要问题是什么，对于中小学生来说，他们应该把握几何的哪些内容．

尽管"您能否用简要的语句描述一下几何"这个问题有些宽泛,但是被访者还是给出了回答.因为回答大同小异,所以我们选择几条来看:

"几何是阐述点、线、面及其之间相互关系的科学."

"几何是跟图形相关的数学问题."

"几何是对空间的理解,以及空间里的对象的理解."

从这三个回答来看,几何主要是图形和空间的问题,按照弗莱登塔尔的观点,这是一种低层次的角度来认识几何.显然,受过数学的专门训练,并不能让他们脱离几何具体形象的特点,没有一个会提高到公理系统,包括专门研究几何的人.这说明,几何的具体形象化是它的主要特点,形式化的公理体系在这些访谈者中并不占主要地位,或许他们在研究数学中经常使用公理化的演绎推理,但是那不是几何最突出的特点.

几何对于数学研究者有着重要的作用,A1(研究复分析)认为,"使问题形象化,便于提炼出更好的研究思路或思考方向."

同样研究泛函分析的 B1 指出:"几何是数学的一个重要组成部分,是研究数学的一个重要工具,起着主导作用,在我的研究中常常用来分析解决问题,而且可以使研究的对象结构更加清楚,便于人们接受."

A5 认为,"借助于几何的理解,例如在数值代数中,两个向量夹角,可以通过图形表示……n 维向量不能直观表示,但是可以借助于三维、二维的表示想象多维度空间……"

C1 是研究金融数学的,他对于几何的作用分析主要从经济研究的角度,"在经济研究中建立一种分析模型,很多分析我们可以用图示的方式表达出来,这应该有着几何的属性在里面,经济分析里面有着大量的图形表示……"

C2(研究微分几何)表示:"第一,给你研究的对象在头脑中形成一种模型,几何模型,一种直观的模型;第二,通过几何的方式,去用来建立一个可以分析的模型;几何是一种分析的模型手段.我们学习很多东西都希望脑子里有个画面,有个形象的东西,跟几何是有关系的,哪怕是函数图像也是几何问题."

正如阿蒂亚指出的:"与其说几何是数学的一个分支,不如说它是渗透到各个数学分支中的一种思想方法（M. 阿蒂亚，2008）."

事实上，在所有的被访者中，都是把几何的这种思想方法应用到自己的研究工作. 相反，他们对几何学习的具体内容并不是特别地强调.

在本研究中，被访者主要是从几何的直观和推理两方面论述几何在中小学的价值.

B2 认为，几何对于开拓学生的思维，培养学生的空间想象能力和抽象逻辑能力起着重要的促进作用.

同样，A2 也认为几何可以拓展学生的思维空间，培养美学感.

A3 认为，几何可以帮助学生认识客观事物，认识规律；几何更现实一点，更形象一些. 培养推理能力、生活、思维方式.

B4 对几何的价值有着更广阔的认识，他从动手操作，几何直观，空间思维等角度谈几何的价值，"在生活方面可以增加一些技能，动手做很多事情的时候，都已经有几何知识指导你了；比方说动手用材料做一个东西的时候，几何在起作用了. 没学过几何或者不懂几何的人可能拼凑不起东西来，比如我儿子（小学四年级）告诉他三角形的三边长，他不会画. 学点几何对于这些东西（动手操作，作图）都有帮助. 知道一些基本的几何关系，就会很有帮助；比方画图，文章的作者没有画图，用文字描述了图形，说这是什么，那是什么，画起来很难，其实可以使用几何的知识做些规范. 空间思维，即使是平面几何也需要培养学生的空间思维和空间感；学习几何就要证明推理能力."

"空间观念很微妙，我们在学立体几何的时候，看到的图像是平面的. 人把一个平面图形看成一个立体图形，这里有很多约束，我们从小就受到这种约束，因为这种约定成俗的习惯，我们就平面图形反映出一个立体模型. 比如，画一个四面体，不画虚线，我们也知道是一个立体的图形，但是对于我儿子（小学四年级）完全就是一个平面图形，因为他受到很多约束. 因为我知道了这些，可以想着几根线是进去的. 在一个约定的情况下，在平面上可以体验一种立体感觉. 这就是在数学中学习的约定. 最开始是一种技能，后面就是一种素质了. 虚线表示看不见的，慢慢习惯了就成了一种素养了，不管怎样看都能看出立体感来．在图形里边，画出别的图形，谁在谁后面，谁在谁前面，他都能感觉得出来，有些人却不一定行．高中的时候，有个同学给我念，一个正方体 ABCD – A′B′C′D′，什么线，有两条异面，距离多少，我能马上算出来，用的是口算，那种感觉非常好．不用画图，不用草稿纸，能把两个角的度数算出来，那就是一种素养，一种习惯．"

4.2.2　几何的内容

对于几何的学习内容，数学专家们认为还是以直观为主，不要过于复杂．

A2 认为："中学生学习一些平面几何，立体几何；向量没有必要，大学有解析几何．学些基本的，简单的．变换几何要不要学？简单介绍．"

其他大部分人认为，学习平面几何和简单的立体几何，不要搞得太复杂．从具体内容来看，B3 给出了比较详细的解释，"要学习多边形，多面体．度量应该归到几何，因为我们太把几何的论证，或者计算的时候，基本的数据都是已知的，然后计算更进一步的数据，我们的几何没有涉及采集，基础数学．测量之后进一步的计算就是"几何"．例如，小时候老师给我们一块地，让我们测量，求面积，那个方法现在看就是"定积分的近似计算"，最远的两点，联结一条线，把它等分，做垂线，乘积，把所有的结果加起来，这也应该是几何，积分也应该也是几何，几何'geometry'本来就是测量的意思．三角是按几何来学的，应该是几何．"

4.2.3　几何技能和能力

在很多数学专家的认识中，技能和能力是互不区分的，也就是二者是等价的．不过，我们可以从他们的谈话中了解，中学应该培养学生怎样的几何技能或能力．

A3 认为，在几何学习中，要培养学生观察能力、空间想象能力和分析能力．

A5 指出，几何要重点培养学生的思维方式、认识世界的能力；还有画图、识别图形的能力，几何的语言表达能力．

C1 详细地指出了几种几何能力，并指出了几何表达的重要性，并对当前学生的表达能力深感焦虑："几何学习，要学会看图，作图，推理，把推理合理、简洁地表达出来．中学比较薄弱的就是表达，比如在初中开始证明三角形全等的时候，非常死板，好像要把它说全，例如全等，哪怕条件都够了以后，不敢说全等，还要括弧，SAS，非常死板，学生都学死了，那时候好像是追求严谨，事实上是一种形式的严谨．到了高中，学生证明五花八门，当证明的过程更复杂更长的时候，学生的表达是很糟糕的，我们一年级（大一）的学生，基本上每个学生都有各种各样的漏洞，在中学几何，对论证过程的严谨表述在几何里表现的是最充分的．我始终强调，有些说要能分析，分析出来了，把逻辑关系找出来了，但是这个社会的所有知识不是自己想的、自己用的．任何知识都是要相互交流，不会表达很成问题，比方说要完成一个大的任务，有很多个环节，这些环节从头到尾不是你一个人做，你要听懂别人的表达，你要把自己的意见表达出来．"

B3 认为："几何的绘图能力非常重要，再就是位置关系，通过几何学习要有一定的位置感觉．数和形的结合，图与文的结合也是几何中的重要能力，还要学会分析问题的能力．"

其他被访者的意见大致与此相同．

4.2.4 几何中的思想方法

在几何中，主要包括数形结合的思想和方法，辅助线的方法，等级转移，抽象思维和形象思维的结合等．运动的思想，即变换的思想，运动是一种特殊的变换．数形结合，实际上是为自己的问题建立一种模型，把几何作为一种工具．

4.2.5 空间想象能力

数学家是如何理解空间想象能力的呢？

A1 回答说："空间想象能力是对现实模型的印象．"

B2 认为："看到物体的一面想象出另一面．"

B4 说："空间想象能力是开拓思维的，可以使较难的问题具体化，通过培养学生的观察能力、作图能力，可以提高他们的空间想象能力；尽量给学生多一些教学模型，见多识广."

B3 指出："空间想象能力是对目标对象的结构和各线段的关系、位置、形成角度能够清楚地认识."

C2 从两个角度谈空间想象能力，"从学校学习的角度来说，第一个就是对图形本身的认识，当别人告诉你这是一个什么图形的时候，你应该能想象从每一个角度观察它应该是什么样子，以及所有的面与面是什么位置关系，线与线是什么位置关系，谁在前，谁在后；从实际上来看，当你构建一个东西的时候，在这个实际的东西还没构建出来之前，在脑子里就能形成一个整体的印象，而且能在抽象的印象上进行一些思维拓展. 如果一个东西做出了之后，那就晚了. 在没有作出来之前，有一个整体的印象，而且能在这个框架里边能够进一步的想象，思考."

C1 认为："空间想象能力有助于学生进行数形结合，培养学生的抽象思维与逻辑推理能力，借助于几何模型，学生通过绘图与动手制作模型可以提高学生的空间想象能力."

A5 谈到："空间想象能力激发学生的学习兴趣，开拓思维. 通过搭积木，使用图形软件都可以提高学生的空间想象能力."

可以看出，培养学生空间想象能力主要通过作图、几何模型等手段，空间想象能力是从无图想图的过程，是一种心理反应.

4.2.6　几何中的推理

在前面我们已经论述过推理，一般的，数学专家认为的推理是：

"符合一定规则的逻辑结构."

"推理是由已知找到其中各元素的关系与联系，推导未知元素与其关系."

"数学的思维过程就是推理过程，在几何证明中特别明显."

在中学几何学习中，主要包括哪些推理方式呢？

综合几位数学专家的意见，主要包括：分析法、综合法，顺推和逆推、归纳、猜想、反证、反演等. 演绎推理之外, 即使有了猜想还要推理; 不严谨的归纳, 不是在训练学生的推理能力, 推理必须是严谨的.

4.2.7 几何的应用和创造

几何具有广泛的应用, 被访者从不同的角度给出了回答.

在生活方面:

"几何主要用于建筑、测距、航海航天等方面."

"几何在机械作图、桥梁建筑、房屋设计, 生活的各个方面等都有很大应用价值."

在学生的学习中:

"几何的应用有助于提升对其他理科知识的认知和理解, 有助于培养严密的逻辑思维能力, 有助于深化认识生活中的一些技术的来由, 例如测量."

在其他数学分支中:

"作为一种工具提供他们应用. 对别的学科更多. 就是一种模型."

几何应用意识对于学生来说很重要, 主要是因为:

"生活中的几何可以到抽象, 通过空间想象, 分析其性质, 反过来, 几何学习指导几何在生活中的应用."

"非常重要. 每个人在思考的时候, 脑子里总要有一个形象, 而每个形象都是似乎我们现实生活中见过的东西作为一个模具, 而这种模具往往带有几何性质, 人在思维的时候往往带有几何模具来思维的. 不管你思考的是什么东西, 在形象思考里总是和几何有关系."

可以通过"模型制作、绘画、物理呈现, 生活小窍门等让学生做些创造性的活动"或者"智能建构游戏"等培养学生几何创造能力.

4.2.8 几何文化和信念

12 位被访者一致认为, 在中学应该加入一些几何文化的内容, 例如几何发展史, 几何的起源演变, 几何与其他学科的联系等, 这对于培养学生的几何学习兴趣有帮助.

在学生学习几何过程要有正确的认识，有的被访者认为：

"学生应该有自主学习、动脑的习惯."

"认识到几何的美感和应用广泛."

另外有一位被访者对于当前的数学教学有着自己的忧虑，尽管不是从几何的角度谈的，但是也反映了这位数学专家对于当前几何或数学教育的不满，我们也写出来，这也是对学生学习数学态度的一种看法：

"现在学生缺乏对数学的理解，缺乏数学素养．对于数学来说，发展了几千年，很不容易，到现在看，有些是很妙的，（数学）是一个很好的东西，但是我们现在用来做一个最低级的使用，作为工具，对于数学老师来时就是混碗饭吃，正如'一幅世界名画，用来擦屁股！'"其比喻虽然不雅，但是也揭示了当前人们对"数学"的态度！

从对 12 位数学专家的访谈可以了解到，几何知识在学生的学习过程中并不是主要的，这是数学学习过程中的载体．但是几何的直观、空间想象、逻辑推理能力在学生发展中至关重要，为了培养学生这些能力，可以通过作图、模型制作、测量等方法来训练学生，同时几何表达在当前数学教育中也是比较重要的．在应用方面，几何无论是在数学自身发展中，还是在生活或其他学科领域，都有着重要作用．学生应该了解一些几何文化，正确认识数学、理解数学．从访谈中，我们也感觉到"几何背景"对于学生有着重要影响，例如游戏、模型、生活等，但是被访者没有着重强调.

4.3　数学教育工作者对几何素养的理解

对于中学数学教育工作者关于几何素养理解的调查，我们从问题情境出发，通过和教师交流，探讨他们对几何素养的认识.

初中、高中教师面临的问题情境类似，而要调查的目的比较明确，因此，我们把初中高中教师的观点放在一起论述.

访谈的教师共有 20 人，其中高中教师 13 人，记为 G1 ~ G13，年龄在 25 ~ 30 岁的 5 人，30 ~ 40 岁的 7 人，40 岁以上的 1 人；初中教师 7 人，记为

M1～M7，年龄在25～30岁的3人，30～40岁的2人，40～50岁的2人．

4.3.1 对于几何内容应该怎样备课?

教师对几何内容的理解直接影响着学生，同时，教师的教学方法也是影响学生学习的主要原因．在第一个情境设计中，教师要综合考虑几何的教学，这和培养学生的几何素养有着密切联系．

问题："几何教学应该从哪些方面开始着手备课?"

对于这个问题，初中教师和高中教师有着明显的不同．初中教师对于"图形与坐标"的内容并不是很重视，他们中的大部分不是基于具体问题来研究这节课，而是从整体上思考这节课．

M1看了一下情境，回答说："显然要清楚地知道这节课的教学目的是什么．同时你也要联系学生以前所学的哪些知识? 是否要做课件? 你的学生属于什么水平，已经具备什么知识，不具备什么知识……"

M3有同样的看法："了解教材，细读教学大纲；了解学生的水平，确定教学的重点难点，针对性的设计相关练习．"

其余的3人有着类似的回答，对于他们来说，数学教学大纲或课程标准是指导几何教学的重要手段．有两位教师根据具体的知识给出了回应．

M4：了解"图形与坐标"这一课在课标、特别是在考试大纲中所占的比例；从学生现实生活中找坐标的情境，如学生的座位．

显然，M4对于考试看得比较重要，同时他也注意到"背景"对于学生的学习有着重要的影响．

M7：要了解学生对坐标的基本知识掌握情况（准备知识）；其次要了解坐标上的点（对）与坐标的对应关系；在坐标轴上的点的变化规律；以点的变化引出图形的变化规律特点．

M7认为知识，尤其是基本知识尤其重要．

和初中教师不同，大部分高中教师结合着具体的数学来讨论教学，这可能和给出的几何问题"直线和平面垂直的判定定理"比较具体有关，事实上初中的"图形与坐标"也是较为具体的一节课，但是属于新课程的增加内容．

只有 3 位教师从宏观的，比如教材、学生和教学流程等来论述．为了得到教师们的真实想法，研究者并没有刻意引导到具体内容．

G6：你首先要了解学生的知识和能力水平，如学生的空间想象能力、运算能力、推理能力等；其次在教学形式上不妨采取教师为主导，学生为主体，让学生置身于一个 "具体的情境"．

访谈者：什么情境，情境对于学生的学习很重要吗？

G6：就是一个线面垂直的情境，例如墙角的电线和底面，灯管和墙壁，这对于学生直观理解这个定理很重要．探讨要使一条线垂直于一个面到底需要怎样的条件，最后，在练习与例题的选取中应该选那些让学生有成功感，能培养学生自信心的题目．

G2：可以从下面几点来着手：复习直线和平面垂直的定义；让学生直观地观察教室里线面垂直的模型；以教鞭为直线，讲台为平面，摆放垂直和不垂直的情况，并由此让学生产生疑问：何时才会线面垂直？激发学习动力．

G4：应该从新课的引入上备课，例如可以让学生每人制作一个纸做的三角形，然后沿着过顶点的棱对折，看什么时候棱与折后底边所构成的平面垂直．

G5：首先要对直线和平面垂直的判定定理的内容理解透彻．第二，注意定理中的条件，举出反例．

G9：备课时应确定本课的教学目标，掌握直线和平面垂直的判定定理以及会利用定理进行一些简单的应用．因此，应先从实例中引入判定定理，讲解定理的内容，最后通过正面和反面举例进一步认识和应用定理．

G8：搜索实例让学生感觉到利用线面垂直的定义来判断线面垂直不一定成立，也不需要，从而引入线面垂直的判定定理：只需要面外的一条直线与面内的两条相交线垂直，即可得到线面垂直；其次，注意关键词的教学：平面内，两条，相交，可寻找一些反例；再者，从练习题中加强训练．

G7：……帮助学生理解定理，可以编写口诀：线不在多，相交就行．创设学生熟悉的问题情境，引入定理，例如旗杆与操场垂直的关系．还要注意定理的应用．

G1，G13，G12 有着类似的回答，在此不一一列出．

G10，G11，G3 和初中教师一样，从教学目的、课程设置，学生学习等整体考虑．

从这个问题，我们可以看出，高中教师们对知识还是比较重视，注重培养学生的能力，强调了情境的作用，以及定理的应用．初中教师考虑学生比较多，也就是从学生角度思考教学，这也是一个好的方向．

4.3.2 几何知识包括哪些?

从两个情境来看，教师关注的知识在于概念和定理关系．例如，初中教师提到平面解析几何中的坐标的概念，坐标的表示方法，平面直角坐标系及图形的性质，图形和坐标的关系，图形的变换（包括轴对称、旋转、平移）等．

高中教师认为讲好这个内容，需要对线面垂直关系有具体认识，立体图形之间的关系，直线、平面、垂直等概念，线面垂直的定义等．

从整体上看，教师侧重于知识中的概念、性质、结构、命题和定理，这是比较高的要求．

4.3.3 几何能力包括哪些?

在此，我们把技能和能力一起讨论，尽管访谈中我们似乎把二者区别开，但是教师们显然不愿意分得太清楚．

M2：学生需要一定的作图技能，不然他无法理解图形和坐标．同时还需要语言表达能力．

M6：在这个问题中，需要一定的空间想象能力，作图能力和数形结合的能力．作为教师，要有计算能力和解决问题的能力等．

M7：学生要注意培养规范作图技能，在能力上要分析问题的能力，理论推导能力，提出、发现问题及解决问题的能力；空间想象能力在解决这个骰子问题中必须可少，学生还要有空间辨析能力，抽象思维能力，观察力和数学建模能力等．

M4：要有观察能力，实验能力，几何和代数相互转化的能力，发现问题、探索问题的能力．

M5：把展开图折成立体骰子，显然学生需要空间想象能力，同时还要有动手操作能力．为了得到正确的结论，学生还要进行推理，所以逻辑推理能力也是必要的．

M1：教师要会作图才能教会学生，熟悉熟悉几何作图软件，例如几何画板．要有敏锐的观察力，记忆力，创新，抽象概括能力等．对于学生来说，应该具有观察能力，动手也是非常重要的，还要具备一定的形象思维能力．当然，推理也很重要．在几何中，不能忽视直觉思维能力，还要培养学生的创新能力．

高中教师回答地比初中教师更为详细．

G1：学生需要把立方体的展开图和直观图灵活转化，线面的位置关系要分清楚，具备一定的观察能力、逻辑思维能力和直觉思维能力．我觉得还要培养学生动手操作的能力，正如上述问题，学生完全可以通过动手来找到答案．

G2：教师的技能影响着学生，要能够操作图形，要有严密的逻辑思维能力，丰富的空间想象能力，娴熟的操作能力和清晰的言语组织和表达能力；学生要会读图、作图，这是基本的技能，发展空间想象力、逻辑推理、计算能力和提取有效信息的能力．

G4：空间想象在这个问题中非常重要，几何能力包括，逻辑推理，空间想象，应用能力．学生要会分析问题，要有一定的抽象能力，逻辑思维能力和空间想象能力，数学形象思维和直觉思维也是非常重要的，这两个好像一样．

G5：你要讲清楚自己的观点，要会表达，还要会作图，有空间想象能力，分析能力，推理论证能力．我觉得应该培养学生的空间想象能力，就这个问题而言，如果学生没有很好的空间想象能力，根本没办法求解．

除了上述的一些能力之外，有些教师也提到其他的能力．

G7：在几何中，除了观察，空间想象，学生还要能猜想，能够证明自己的结论；最好能把方法迁移到其他问题中．

G8：……应该培养学生的概括能力，图形运动能力．读图，作图，读懂图，会作图．

G9：学生要具有一定的数学建模能力，将几何问题转化为代数问题的能力，综合解决问题的能力．

G11：要有良好的空间观念，空间想象能力，逻辑思维能力，熟悉作图．要有空间图形转化、割补的能力，图形处理能力，要培养学生的直觉思维．

其他教师和上述的观点类似，我们不再详细列出．

综合各位教师的观点，在几何中，要培养学生对图形的处理能力，包括识图作图的技能；空间想象能力至关重要，直观思维，逻辑推理在几何学习中也占有重要地位．几何地表达也是一个重要方面，不可忽视．

4.3.4 几何中的思想方法

在情境一中，包括了哪些数学思想方法呢？

初中教师有下面一些回答：

M2：这个内容包含了数形结合，一一对应，集合的思想．

M3：这个问题中包含了数形结合思想，运动与变换的思想．

M4：主要是数形结合的思想．在中学数学还有很多数学思想方法，例如转化的思想、分类讨论的思想等．

M7：我觉得包含了数形结合、动静转化的思想方法，还有特殊与一般的思想．

从情境中，大部分教师都表示，主要体现了数形结合的思想方法．他们所讨论的数学思想中，和几何密切相关的还有运动与变换．

高中教师有下面的一些观点：

G1：这个内容包含了化繁为简，特殊与一般的互化思想，中学还有很多思想方法的：归纳、演绎、猜想、类比、实验等．

G2：主要是化归的思想，思想方法可以提高学生分析问题的能力，是学生养成思维严密的习惯．

G3：在这个情境中，主要包括了观察、猜想、类比、分析、概括等思想方法，这是数学中一般性的原理，具有高度的概括性，有助于学生学习的迁移．

G4：这个内容包含了一般到特殊的数学思想方法……还有其他的吗……我看不出来.

G5：数学结合，很显然，不是. 主要是逻辑推理吧，中学有很多数学思想方法，例如，函数与方程、分类讨论，可以帮助学生总结解题经验，更好地运用数学思维思考问题.

G6：包括什么思想方法？归纳、猜想、演绎、分析、转换与化归、综合等数学思想方法. 这对学生非常有用，提高学生应用数学的意识并能为其做主，为终身学习打下基础……

G7：有数形结合吧，不是很明显，主要是演绎推理，猜想，归纳.

G8：要问有什么思想方法？让我想想，化归了，简单代替复杂……是的，化归.

G9：化归的思想，因为线面垂直的判定本质上就是线线垂直证明的线面垂直. 对学生形成知识体系非常重要，对培养各种数学能力也是有极大的作用的.

G10：数形结合、归纳、分析、推理，你看还有什么？

G11：这是一种辨证的数学思想方法，类比的数学方法，还有推理论证，分类讨论，猜想，数形结合，空间想象……

G12：这个内容包含了类比和归纳的思想方法，通过类比线面平行的判定，可由一条到两条，再到两条必须相交而归纳出线面垂直的判定定理.

G13：主要是特殊到一般的思想方法（沉默），没了.

高中教师提到了更多的数学思想方法，这些思想方法除了在这个情境下适用，在数学的很多问题中都可以使用. 他们认为思想方法对于学生的学习是非常重要的，只有掌握了思想方法，才能更好地学习数学.

4.3.5　影响几何素养的其他因素

在情境二中，学生要解决这两个问题，除了具有一定的数学知识和能力之外，还有很多因素会影响他们解决问题.

对于初中的情境，教师们有这样的认识：

M7：学生的经验也很重要，平面图形与立体图形之间的差异，观察图形的能力，对图形识别的能力．学生的几何素养包括很多方面，还有动手能力，建模能力，逻辑推理，数学结合．

M6：动手操作能力很重要，分析想象能力都会影响学生解决这个问题．学生要会观察，综合分析与运用，还有创新能力．

M1：可能没有见过骰子，这个生活经验也很重要．

M2：学生对正方体的展开经验不足，缺乏空间想象能力都会影响他们解决这个问题．培养学生的几何素养包括：空间想象，抽象概括，推理论证等．

M4：学生已有的基础知识、思维等，学生的悟性也很重要．

M5：空间想象能力不足会影响学生解决这个问题，折叠成立方体后，找不到相对的面．另外，平时的观察不够，如对一个粉笔盒子熟视无睹，平时不肯动脑子想象．基础知识、基本技能很重要，还有基本的空间观念，转化能力等都很重要．

M3：学生对相对面的点数和不理解．

初中教师认为，学生的几何素养还有动手操作、观察能力，主要是空间想象．问题的背景也会影响学生，另外，很多教师表示中学生缺乏应用几何的能力，缺乏创新．

高中教师考虑问题从多个方面，他们从学生的心理、知识的难度、问题的综合性、学生的能力等多角度回到了这个问题．

G1：学生的思维习惯，或者他们的生活经验都会影响他们．

G2：如情感因素，学生不喜欢几何；性格因素，如学生不喜欢动手操作等；学生在应用方面，缺乏真实生活中的体验，多是纸上谈兵，没有多少机会培养他们应用数学的意识．

G3：学生的情感、观念和态度，这都会影响他们．时间、题型、知识的交汇体系都是学生解决问题的关键．

G4：对公式记忆不清楚、不能从具体图形中抽象出具体关系，转化能力不强，观察图形不到位等都会影响他们．学生的观察、分析问题的能力，灵活创新思考问题的能力，解决实际问题的能力都是重要的素养．

G5：学生要学会从整个图形中，分离出一些图形出来，一步一步进行解答,就是说学生学会从图形的背景中抽象出一些特殊对象;学生的代数和几何综合能力也会影响学生解决问题.学生的几何素养包括很多方面:理解能力、读题、分析、知识的综合运用、空间想象.当前中学学生的应用能力和创新能力很差的.

G6:立体几何的概念不清楚,原理混淆、运算能力不过关.建立不起函数关系,没有运动的观点.缺乏创新和怀疑能力.

G7:学生是否有解决问题的意愿及决心.学生本身的问题,精神状态,对知识的理解,掌握程度.

G8:有可能想象不出图形运动的过程,抽象不出基本图形.学生要有把复杂图形转化为基本图形的能力.

G9:这个问题比较综合,学生如果对于各知识体系没有很好的认识,那会影响他们解题;同时学生的心理也会对解题产生影响,因为他们怕解综合题,信心不足.几何素养包括学生对几何的态度,对几何的爱好,要掌握基本的知识和技能,还要有应用意识,明确数学来源于生活也应用于生活,学生的创新和钻研也是素养之一.

G10:学生需要准确的几何表达,空间想象能力等.

G11:学生的态度,图形的复杂性,学生的阅读能力.

G12:对图形的理解,是否看透了图形是解题关键;计算机可以帮助学生绘制图形.学生的几何素养包括,记忆常识性的知识,问题解决能力.

G13:学生的想象能力非常重要,他们想象不出折叠后的图形就不能解决问题了.要培养学生的空间想象能力.

综合20位中学教师的谈话,可以发现,他们对学生几何学习的认识有着下面几个特点:

● 强调几何知识的难度,侧重于知识中的概念、性质、定理等;

● 几何的能力包括多方面:作图技能,观察能力,实验能力,空间想象能力,表达能力,逻辑推理能力,动手操作能力,数学建模能力等;

● 数学思想方法在几何学习中至关重要.

● 几何素养包括多方面因素:学生的经验、动手能力,生活背景,应用能力，情感因素等．

4.4 本章总结

几何素养的内涵是什么？

从国际数学课程比较来看，几何教育一方面要使学生掌握基本的几何知识和基本的几何技能，包括几何直观、表达、作图、度量和基本的推理；另一方面，具有几何能力是学生学习几何的教育目标，包括空间想象能力和逻辑推理能力，在学生提高几何能力的同时，应该了解几何中的思想方法，思想方法蕴含于知识与能力之中．几何教育的目的还包括应用几何，在应用中培养学生的创新意识，许多国家或地区把几何应用作为几何课程的重点．应用几何就需要理解问题的背景，这对于利用几何解决问题非常关键．在学生的几何学习中，对几何有正确的认识也是非常必要的，了解基本的几何文化可以提高学生学习的兴趣．

数学家认为几何直观、空间想象和逻辑推理在学生学习几何中至关重要．通过作图、制作模型、测量等方法提高学生在这些方面的能力，学生要会表达自己的思想，几何证明在此起到很重要的作用．学生应该了解一些几何文化知识，正确认识数学，理解数学．

数学教育工作者则强调几何知识，注重培养学生对概念、性质和定理的理解，在几何学习中，要培养学生作图、观察、实验的技能，提高学生空间想象、逻辑推理、数学建模等能力，他们认为几何素养包括许多方面，学生的经验、动手能力、生活背景、应用能力等．

总结来看，课程、数学家和数学教师强调的几何素养应该包括：几何知识、技能或能力，几何的应用和对几何背景的理解．

第5章　几何素养评价的指标和模型设计

评价学生的几何素养必须根据一些主要的因素，并由这些因素构建评价体系. 从第4章中我们析出了影响学生几何素养的主要因素，根据这些因素以及它们在课程、教师以及生活背景下的着重点，由布鲁姆的教育目标分类学以及 SOLO 分类学，我们设计了几何素养的评价指标体系以及直观模型，从而可以综合地评价学生的几何素养.

5.1　几何素养的评价维度

从国际上几何课程与教学、数学家以及中学教师对于几何素养的理解与分析，我们可以看出，学生学习几何并获得几何素养的过程包括这样几个重要方面：背景、几何知识、技能、几何的思想方法、几何能力、几何应用和信念，在这个过程中，蕴含着几何文化. 我们可以根据下图（图5-1）来探析几何素养的主要评价维度.

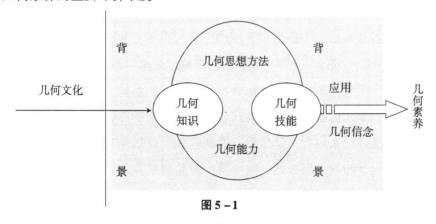

图 5-1

学生在几何的背景下学习，不可脱离知识，以及由此而不断获得的几何技能．在理解相应的几何思想、掌握数学方法的基础上，提高几何能力，形成对几何的基本观念．

范·希尔的几何思维发展理论是在格式塔心理学和皮亚杰发生认识论的基础上而建立的，从思维的角度分析学生的几何思维水平．从该理论我们可以看出，范·希尔主要研究学生对几何对象（例如图形、定理）的理解程度，重点在学生的推理活动，例如水平 2 的学生推理的对象是图形的分类，水平 3 的学生推理的对象是图形分类性质．随着水平的不断提高，学生的推理越来越形式化．

同样的，皮亚杰和英海尔德研究学生的空间概念，也是以学生的推理和思维活动为主要的研究对象．

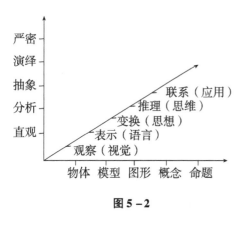

图 5 - 2

在通过对几何的教育价值分析之后，鲍建生（2000）根据范·希尔几何思维水平理论和 SOLO 分类学曾设计了一个几何课程目标体系的三维模型（图 5 - 2）．

他对这些目标提出细化的设想．在模型中，每个维度都有 5 个一级目标，由此产生 125 个二级子目标，而这些子目标往往又有其具体的含义，或者包含若干特殊的方面，如"图形""表示"在"直观"水平的含义一般指对图形的各种画法（平面图、直观图、透视图等）的整体的认识；而"概念""推理"在"演绎"水平上则体现为对概念逻辑体系的把握等．

对于这个模型，能比较清晰地看出几何课程的目标，从学生对于几何内容的学习，以及几何操作方面都是比较合适教学指导的，根据学生应达到的思维水平，选择什么内容，学生进行哪些操作．反过来思考，这个目标体系是针对课程设计和教学服务的，对于学生的几何素养的评价并不太合适．例如，观察、表示、变换等既有学生的几何技能表现，又有学生的思维活动，虽然同属于操作维度，但是"表示"比"观察"的层次高吗？

总的来说，从几何课程设置和教学设计方面考虑，这个模型可以提供一定的指导作用，但是在评价学生的几何素养方面还需要改进．

由上述分析，我们在几何素养评价指标的主要维度作了如下的选择：

首先，不可忽视的是几何知识和技能．我国的数学教学特别注重"双基"，我们常有"打好基础"的提法，实际上就是要求学生掌握基础知识和基本技能，因为知识和技能是学生在数学上发展和进步的土壤，依托数学知识，掌握基本的技能，才能培养学生的数学能力、数学信念，了解和理解数学思想方法，从而体验数学文化的无穷魅力．在几何中，知识主要包括形状（或图形）、空间和度量；技能主要包括几何直观、表达、作图、度量等．

其次，要有高层次思维的几何能力．相比技能而言，能力是一种更为稳定的心理特征．我国的数学教育一直以来强调培养学生的数学能力．1963 年的《全日制中学数学教学大纲（草案）》规定的教学目的中，第一次正式提出三大数学能力．1978 年颁布的《全日制十年制中学数学教学大纲（试行草案）》在这方面大体沿袭了 1963 年的大纲，在提法上把"计算能力"改为了"运算能力"，把"逻辑推理能力"改为了"逻辑思维能力"．1982 年，人民教育出版社受教育部委托草拟《六年制重点中学数学教学大纲（草案）》（征求意见稿）在培养"三大数学能力"的基础上提出"以逐步形成运用数学来分析和解决实际问题的能力"．1986 年国家教委组织制定了《全日制中学数学教学大纲》（1987 年颁布）．数学教学目的中有如下表述："使学生学好数学基础知识和基本技能，培养学生的运算能力、逻辑思维能力和空间想象能力，以逐步形成运用数学知识来分析和解决实际问题的能力（张有德，宋晓平，2004）．"新课程改革以来，对于能力的理解更加丰富了：在高中阶段，数学能力包括空间想象、抽象概括、推理论证、运算求解、数据处理等基本能力，以及数学地提出、分析和解决问题（包括简单的实际应用问题）的能力，数学表达和交流的能力，还有独立获取数学知识的能力（中华人民共和国教育部，2003）．在义务教育阶段，学生要有发现问题和提出问题的能力、分析问题和解决问题的能力、合情推理和演绎推理能力，并能清晰地表达自己的想法等（中华人民共和国教育部，2001）.

在几何学习方面，高层次的数学能力主要包括空间想象能力和逻辑推理能力. 在本研究中，我们在能力指标主要考虑这两个几何能力，对于提出问题、解决问题、交流能力等我们将在几何应用中进行探讨.

技能和高层次的能力作为一个主要因素讨论，几何技能属于低层次能力，空间想象和逻辑推理属于高层次能力；另外，几何思想方法已经蕴含在几何能力之中，因此，不再单独考虑几何思想方法.

再者，评价学生的几何素养离不开学生对几何的应用. 值得注意的是，这里的几何应用和布鲁姆目标分类学中的"应用"有所不同. 在布鲁姆分类学中，原版的应用是指"在某些特定的和具体的情境里使用抽象概念"，新版是指"在给定的情境中执行或利用一种程序"，这是有或无的表现，属于第3个水平. 我们认为，几何应用不仅是使用概念、或执行利用一种程序，更是一种意识，应用几何的意识. 义务教育课程标准认为，应用意识是指认识到现实生活中蕴含着大量的数学信息、数学在现实世界中有着广泛的应用；面对实际问题时，能主动尝试着从数学的角度运用所学知识和方法寻求解决问题的策略；面对新的数学知识时，能主动地寻找其实际背景，并探索其应用价值.

最后，是几何的背景. 在几何教学中，不仅仅关注几何知识，而是通过几何的一扇窗，让学生在掌握知识的同时，了解他们所身处的世界，掌握在这个世界中生活所需要的各种能力（齐伟编译，2006）. 几何学习不只限于纯几何理论知识，更多地涉及了和几何相关的各种情境. 我们将能给学生提供较多的机会实际运用几何学来解决农业、天文学和工程中出现的几何问题和较多运用机会的律师、企业家和消费者所使用的方法进行推理（Alan Hoffer，宗岳译，1987）. 背景就意味着现实的领域，在一些特殊的学习过程中为数学化而将背景展现给学生（弗莱登塔尔，1998）.

根据这些分析，我们就确定了影响学生几何素养的四个主要维度，除此之外，学生对于几何学习的信念，关于几何文化的理解，都对学生的几何素养有所影响，但是在建立几何素养评价模型中，不占主要地位. 尽管如此，我们也没有将信念、文化的因素忽略，只是在评价中，把它们单独列出.

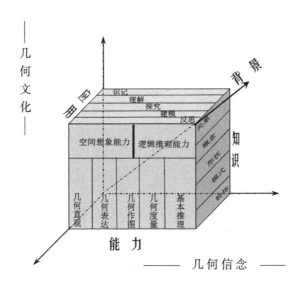

图 5 - 3

　　在图 5 - 3 的模型中，包括了上述的四个主要因素，在具体的情境，即在几何的"背景"中，学生将应用掌握的知识和技能，对问题进行探究或创造性的活动，表现出一定的几何能力，包括对重要的几何思想和方法的应用．在这个过程中，学生也体现出对几何的信念，以及对几何文化的了解．

　　接下来，我们对于上述的四个维度进行具体探讨，并对每个维度包含的子因素详细阐述，从而划分不同维度的水平分布，确定几何素养评价的指标和模型．

5.2　对几何素养评价维度的探究

　　从上一节我们确定了几何素养评价的基本维度．事实上，这四个维度并不是平行发展的，无论是皮亚杰的空间概念理论，还是范·希尔的几何思维水平，有些影响学生几何思维发展的因素在某个阶段并没有出现，例如几何能力，当学生只是掌握基本的技能，而没有达到"能力"的要求的时候，就谈不上能力水平了；再如"应用"，有的学生根本没有应用几何的意识，那么就没有探究和创造了．尽管如此，本研究还是试图把这些维度进行划分，从上述的几何素养评价模型（图5-3）我们也可以了解，背景是从长方体的对角线引出，这个维度将影响其他所有维度．我们采取鲍建生（2002）划分难度水平的两条原则：一是层次性，即所划分的两个相邻水平之间要有较为清晰的层次差异；二是可操作性，使得对每个具体问题难度水平的界定，不会因人为而出现显著的差异．

5.2.1 几何知识

在此，几何的知识既不是原版布鲁姆目标分类学中对知识的理解，也不是新版中的四类知识分析．在原版中，知识是指那些注重记忆的行为和测验情境，这种记忆是通过对观念、材料或现象的再认或者回忆而获得的；新版的知识分为：事实性知识、概念性知识、程序性知识和元认知知识．范良火（2003）认为，主体对客体的知识是指主客体间一种交互作用的智力结果．这显然也不是我们要讨论的几何知识的范围．

在本研究中，主要探讨几何的对象，也就是学生面对的关于几何的材料、模型、图形或者命题等．在学校教育中，几何知识主要包括三类：图形、空间和度量（如图5-4）．

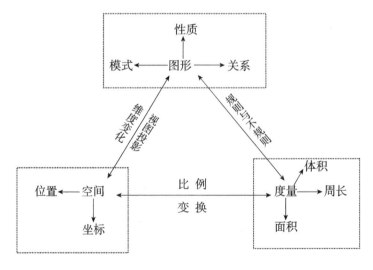

图 5-4

其中的图形主要包括几何图形的性质、结构、模式、关系等. 空间主要有位置、坐标和变换；度量包括边长、周长、面积、体积以及单位的换算. 但是学生在面对这些几何知识的时候，他们有着不同的认知水平. 有些研究人员（Frank. Lester, Jr, 2007）对图画（Drawing）和图形（Figure）作了比较，图画（Drawing）是指物质实体，而图形（Figure）是指理论上的对象. Ladorde 认为在教学中经常把"图画和理论的几何对象之前表示的对象"混淆. Premeg 通过观察指出，"图片或者图示是由具体物体的性质确定的，然而无论怎样细小的数学思维都需要抽象和概括". Premeg 声称图画和画像的具体形象是直观数学推理中产生的困难的主要因素. 但是，问题的复杂性只是由图画——图形二分法所引起的. Jones 紧随 Holzl 讨论说，"学习者可以在图画和图形之间的某些地方找到一个'链接（stuck）'". 更进一步，心理学和神经科学研究者的区分，表明了鉴别几何对象和空间分析的复杂性. 例如，有的研究者描述物理对象和知觉对象的差异，主要根据刺激的远近：一个神经末梢的刺激是一个确切的外界对象或者事件；一个最接近的刺激是我们的感觉接收器对物体感知的信息. 其他研究者例如 Edelman 对知觉的对象和概念的对象进行了区分. 他认为知觉是无意识的，是通过身体的接收器从外界接收的信号进行操作，而概念是有意识的，是大脑对记录的外界信号的操作. Smith 对类（category）和概念（concept）进行了区分：类，表示世界上属于同一组的对象；概念，是这样一组东西的心理表征. 最好，一个考虑到数学形式化的想法是："概念性定义是由说明指定概念的词语构成."

通过对这些意见的综合和整合，可以得出在几何和空间思维中的五种"对象"类型（Frank. Lester, Jr, 2007）：

● 物质对象（physical）：一个确定的物质实体，例如门，盒，球，地板图形，照片，图画或者电脑动态图画；

● 感觉对象（sensory）：当个体观察物质对象的时候，所引发的感官的活动，Coren 等人认为的最近的刺激（例如眼睛看到的门，盒子，球等的印象）

● 知觉对象（perceptual）：心理实体，当个体观察一个物质对象的时候获得的心理知觉.

●概念对象或者概念化：有意识的思维方法，当个体受到刺激：（a）对一个知觉对象的反应，对知觉或概念定义的记忆；（b）从其他概念性对象中重新构造；

●概念性定义：对概念对象清晰的正式数学语言或者符号说明．

回顾鲍建生（2000）关于几何课程目标模型，在内容维度上划分为：物体、模型、图形、概念、命题五个层次，和上述的五个类型有着相似之处，因此，我们在几何知识维度，也采取这样的划分，并做出简单修改．

第一层次：物体．"物体"或者"实物"是几何知识中最为具体、形象的研究对象．可以说，我们生活中每一个看到的物体都是我们的几何对象，这是最低层次的知识．

图 5-5

第二层次：模式．在我们生活中，很多具体的物体都可以简化为模式，例如，口形，字母的形状，汉字、雪花等．例如图 5-5 是我国古代的汉字，这是一种模式．

在生活中的房子、办公大楼、桥梁、海星、城市平面图、交通指标等，都是几何的模式．模式既有具体的一面，同时又与实物不同，这是对物体的第一步抽象．几何模式可以作为许多种现象的简单模型，在各种水平都可以对它们进行研究（Grünbaum，1985）．

在模式水平，学生掌握的知识基于生活经验，同时对几何对象有着基本的认识．例如在图 5-6 中，学生将识别这些具体物体的基本模式，在这个层

图 5-6

次学生对于几何形状还比较模糊，不能识别出图中的各种各样的基本图形，从这些物体的照片中，他们抽取的是一般的模式．

这个层次的特点是：形象化、简单比较、浅抽象．

第三层次：形状．当我们对现实中的物体或模式相应的加以分类，例如三角形的、四边形的、长方体、球形或椭圆的，这时候已经有了"形状"的意识，这是对实物或模式的初步概念化，是一种心理知觉活动．

在这个层次的学生，可以从具体的物象中抽象出简单的图形，例如图 5 - 7，从建筑中体会到长方体的形状；再如图 5 - 6 中的风筝中包括有三角形、长方形；埃菲尔铁塔像是一个三角形．

认识形状是学生进一步学习几何的基础，生活中的许多物体都是具体的，太多的细节使得我们抓不住图形的本质特征．而形状可以帮助我们把复杂的物质结构简化，抽象出基本的性质，有利于几何的思维活动．

图 5 - 7

例 5 - 1　下面图形中，上面是一些具体的物体，下面是一些立体图形，试找出与下面立体图形对应的实物（王建磐，2006）．

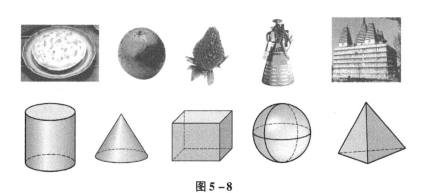

图 5 - 8

这个层次的几何知识的特点是：对具体的实物进一步抽象，根据某些特征对于物体或模式进行分类，具有概括性，直观性．

A   B

图 5-9

第四层次：概念．对于一些基本的形状，进一步的抽象，通过对这些形状性质的描述加以区分，从而判断图形、模式、物体的"形状"．例如，有两组对边分别平行的四边形是平行四边形；再例如，线段 AB——这是直线在点 A 与 B 之间的部分（好像从直线割出一段），点 A 和 B 是线段 AB 的端点（如图 5-9）．

例 5-2 （2003 北京海淀区中考题）若三角形的两边长分别为 6、7，则第三边长 a 的取值范围是（ 　　）．

这是一个关于三角形概念的问题．

例 5-3 （2004 陕西中考题）在下列图形中，是中心对称图形的是（ 　　）

A.   B.   C.   D.

这个问题是关于中心对称图形概念．

例 5-4 （2004 江苏南京中考题）用两个边长为 a 的等边三角形纸片拼成的四边形是（ 　　）

A. 等腰梯形　　　B. 正方形　　　C. 矩形　　　D. 菱形

这个问题考查了学生对等腰三角形、梯形、正方形、矩形和棱形的概念．

概念是反映研究对象的本质属性的一种思维形式，是人们主观意识对客观事物本质属性的能动反映，是一种科学认识方法．数学概念是反映客观事物关于空间形式和数量关系方面的本质属性的思维形式．几何中的概念也有同样的特点，概念可以脱离具体的形象而存在．根据概念，可以判定图形的形状和性质．

第五层次：关系．几何学所要研究、探讨的课题就是"空间"的各种性质（项武义，1983）．这里的性质就是概念与概念之间的关系，是概念组成的复杂的网络结构．而几何推理是由探究形状与空间的正式的概念系统的发明与使用所组成的（Battista. M. T.，2001）．大多数的几何思维就是关于空间的推理，就是"看"、检查以及反映空间对象、图像、关系和变换的能力．关系是几何知识中的高级层次，是对图形、概念等的组织和构造的形式，公理、定理都是"关系"．在几何学习过程，"关系"占有重要地位，正是由各种概念之间的关系，才构成了众多的命题，因此，理解几何中的关系，通过逻辑推理、代数运算等方面增加对知识的理解．

例 5 - 5　空间中三个平面两两相交，有三条交线，它们的交线平行或相交于一点．

例 5 - 6　（TIMSS 2003）下面四个图形中哪两个是图形是相似图形？（　　　）

A. Ⅰ和Ⅱ　　　　　　B. Ⅰ和Ⅲ　　　　　　C. Ⅰ和Ⅳ

D. Ⅱ和Ⅳ　　　　　　E. Ⅲ和Ⅳ

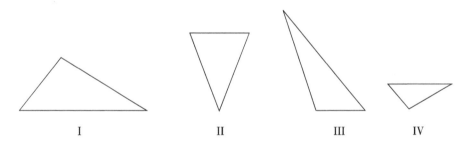

Ⅰ　　　　　　　Ⅱ　　　　　　　Ⅲ　　　　　　Ⅳ

显然，学生要对相似的概念理解清晰，并且相似就是一种"关系"，那么这就不是简单的对图形的辨析或对三角形概念的理解了．

5.2.2　几何技能

在认知心理学中，技能一般被看作是按固定步骤进行，利用常规思路顺利完成某种任务的一种动作或心智活动方式．它是一种接近自动化的、复杂而较为完善的动作系统，是通过有目的、有计划的练习而形成的．数学技能是指：在数学学习的过程中，通过训练得以顺利完成数学学习任务的一种活动方式或智力活动方式．它通常表现为完成某一数学任务时所必需的一系列动作的协调和活动方式的自动化．这种协调的动作和自动化的活动方式是在已有数学知识和经验基础上经过反复练习而形成的（刘丹，2008）．

几何技能就是，能够区别基本几何图形；能使用圆规、直尺绘制形体的直观图和截面图；能利用各种公式计算几何图形的面积、体积并简单地进行比较，等等（鲍建生，1999）．几何技能或者称之为"图形处理技能"，包括两方面：识图技能和作图技能．识图技能是借助直观图形辅助学习数学知识、解决问题时所必备的识别图形各要素特点及关系的技能，主要包括：识别几何图形各要素特点及之间的关系；识别函数的图像，并从图像分析函数的性质；识别其他有助于解释或证明某些数学事实与关系的辅助图形．作图有助于更好地理解数学知识、解决数学问题，在一定程度上也体现了对数学内容的掌握．作图技能需要学生根据要求合理选择作图方法，正确使用作图工具，等等（刘丹，2008）．

在几何教学中，对教师来说不强调证明有时候是困难的，甚至当学生遇到困难时，也还要强调证明．但是除了证明外，在几何中还有一些对学生来说同样重要的技能，那就是：视觉方面的技能、语言方面的技能、绘图的技能、应用方面的技能（Alan Hoffer. 宗岳译，1982）．

从世界各国或地区的几何课程来看，几何技能主要包括：几何直观，作图技能，识图技能，几何表达，度量技能，推理技能等．根据对数学家和数学教师的调查，我们确定在几何素养中主要包括五个几何技能．

5.2.2.1　几何直观

几何最大的特点就是直观形象，其研究对象比较接近人们的生活经验，所以更能激发开创性思维．数学历史上的许多划时代的新思想，都首先发生在几何学的沃土上．

数学专家胡国定（2005）认为："学习几何，我觉得还有直观的能力，所谓直观的能力，我记得庞加莱的著作《科学的价值》里面，第一章就是直观与逻辑，他提到，数学家里面有两种不同的类型——有的偏于直观，有的偏于逻辑．比如说几何学家比较偏于直观，那么分析学家、代数学家等等偏于逻辑……不光几何才有直观，代数、分析、物理化学都要直观……"

法国巴黎第六大学数学教授 G. 绍盖（Guotave Choquet）指出，一堆没有实验和直观所支持的定义不能开发智力，而只能关闭思路．直观是创造活动和几何学之间的连杆，思维想象则是另一重要连杆．实际上，后者就是空间想象能力．

俄罗斯在几何课程处理上，特别注意了"直观"在几何学习中的重要作用．采取先直观，再度量，最后推理的方式，将直观与逻辑有机地结合起来，既相对集中地保留了传统几何教育的精髓，又克服了学生直接学习推理几何过程中的困难（朱文芳，2007）．

几何直观是一种思维形式，它是人脑对客观事物及其关系的一种直接识别或猜想的心理状态（蒋文蔚，1997）．或者说，对抽象的几何知识的背景材料所进行的直接感知的具体或形象的感性反应过程．通过丰富直观几何图形、直观模型、直观语言等的形象描述来调动起学生的一切感官，以及通过具体的实践探索活动使学生直接感知客观世界的事物、现象，帮助学生获得感性经验，从而使学生掌握知识，形成能力（张和平，朱灿梅，2007）．

几何直观包括下面的一些技能：认识并辨别各种图形（立体和平面中），观察图形的组成部分和彼此之间的相互关系；辨析图形的对称中心、对称轴或对称面；由观察把已知图形进行分类，并能理解基本的图形变换和运动，例如全等、相似、平移、旋转等；从所看到的观察资料引出更多的信息．几何直观的高级层次是空间想象能力，我们将在几何能力中对此进一步讨论．

对于几何直观，Alan Hoffer（1982）曾根据范·希尔几何思维水平制订了一个层次水平分析，如下表 5 – 1.

表 5 – 1   Alan Hoffer 的几何直观技能水平划分

水平	描述	举例
Ⅰ. 辨认	从一张图上认识辨别不同的图形；看出标在图形上的条件	下面哪一个是矩形？
Ⅱ. 分析	认识一个图形的性质；识别出一个图形是一个大图形的一部分	一个矩形有多少条不同的对称轴
Ⅲ. 条理化	认识不同类型图形间的内在联系；认识不同类型图形的共同性质	你能否找出四面体的一个截面，使它是一个矩形
Ⅳ. 演绎	用一个图形的已知条件推导出更多的内容	一张矩形纸可以卷成一个直圆柱体的侧面，什么形状的纸可以卷成一个斜圆柱体
Ⅴ. 严密	认识根据图形作出的未加证明的假设；想象在各种演绎系统中的有关图形	在其它的几何学系统里是否存在一个对角线不相等的矩形

从技能角度理解直观，这种划分显然过高，第 Ⅳ 和第 Ⅴ 个水平都属于几何能力的范畴了．参考这个划分，基于技能的概念，我们将几何直观分为四个层次，分别是：观察，识别，辨析和类比．

图 5 – 10

第一层次：观察．在这个层次的学生将从视觉感觉上对物体或图形进行分析，观察出基本的组成部分，能指出组成部分之间的基本关系．

例如图 5 – 10 中，学生能够获得的信息都是基于感觉、观察获知：这个图片中有四边形（平面的），三角形（平面的），三角形处于四边形上部．学生的抽象程度是最浅显的，对于图形之间的关系认识是最基本的．

第二层次：识别．在这个水平，学生能够识别各种各样的形状，例如，三角形、矩形、锥体、长方体等．但是对于图形的性质并不十分熟悉．例如，对于矩形和棱形，虽然能够通过形状对两者进行区分，但是，两种图形有什么相同、不同点？这个层次的学生不能回答，他们主要按照知觉的"形状相同"得到结论.

例 5 – 7　如图 5 – 11 中，有多少个正方形?

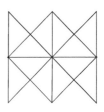

图 5 – 11

在第 Ⅱ 水平的学生，可以识别出较为明显的正方形，而对于旋转后，取大正方形中点得到的正方形，不一定能够看出，或者以大正方形中点为顶点的小正方形.

第三个层次：辨析. 根据图形的性质辨别图形，并且能够分析其特征，从复杂图形中分解基本图形. 反之，学生也可以根据对图形的语言描述来分析图形的特点，或者建立不同图形之间的关系. 在例 5 – 7 中，第三层次的学生可以识别出各种大小不同的正方形. 再如，学生可以辨析图形的对称轴、对称中心等.

例 5 – 8　如图 5 – 12 (1)，三角形 ABC 中，D、E 是 BC 边上的点，BD = AB，CE = AC，又 $\angle DAE = \frac{1}{3} \angle BAC$，求 $\angle BAC$ 的度数.

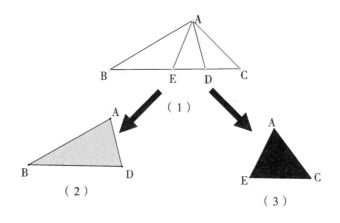

（1）

（2）

（3）

图 5 – 12

在解答这个题目之前，可以对图形进行分解，分出两个等腰三角形，这对于题目解答有一定的帮助，这是直观化的一种表现.

第四层次：类比. 学生把已知图形根据所观察到的特征进行分类，并分析不同图形之间的内在联系，比较相同点和不同点，理解基本的图形变换和运动，包括全等、相似、平移、旋转等. 例如，矩形和正方形的不同点在于相邻的两边是否相等. 学生还可以从看到的图形或文字中获得更多的信息.

图5－13

例5－9 （2004 山西省中考题）如图5－13，一个画家有14个边长1m的正方体，他在地面上把它们摆成如图的形式，然后把露出的表面涂上颜色，那么被涂上颜色的总面积为：（　　　）

A. 19m² 　 B. 21m² 　 C. 33m² 　 D. 34m²

对于这个问题，学生在直观技能方面，可以将要涂色的正方体分类，然后再进行空间想象，问题就得到解答.

例5－10 观察图5－14中的这两个图形，从图A怎样得到图形B的呢？

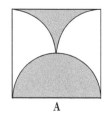 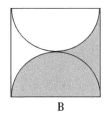

A 　　　　　　　　　　　　　 B

图5－14

当学生从直观的层次进一步想象，例如几何表示或者一些反例的具体形象，这就进入更高层次的能力水平，结合作图技能、表达技能和度量技能，学生将达到空间想象能力的水平，我们在能力维度中进行探讨.

5.2.2.2　几何表达

数学是一种语言，作为数学分支的几何，一个重要的教育价值就是训练人的逻辑思维能力.几何教学最重要的是学习用数学符号语言表达思维，掌握逻辑推理证明的方法，培养数学思维的能力（刘京莉，2007）.因此，在几何学习中，应该注重几何表达能力的培养.几何表达主要包括：认识图形的名称，并能够描述对图形的性质和结构，描述图形之间的关系，识别用语言给出的逻辑结构，以及能够进行抽象和概括的论述，能够符合逻辑地进行论证.

几何表达可以分成四个层次：名称，描述，解释，说理.

第一层次：名称.说出给出的图形正确名称，对于数学语言中出现的图形、位置等名称能够加以识别.

例 5 - 11　直角三角形的两个垂直的边称为 _____，第三边叫做 _____ .

例 5 - 12　如果沿某条直线对折，对折的两部分是完全重合的，那么就称这样的图形为轴对称图形，这条直线叫作这个图形的对称轴（王建磐，2006）.

第二层次：描述．根据图形描述图形的性质和构造．例如，平行四边形的性质是：两组对边平行且相等，对角线互相平分.

在这个水平，学生不仅可以描述图形的特征，也可以通过描述想象图形的具体形象，提高几何直观技能．结合其他技能，学生将在几何表达上取得进步.

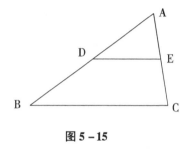

图 5 - 15

例如，根据几何语言来作图，"过三角形的顶点 A 作直线 l，使得 l 和顶点 A 对的边平行."通过几何语言描述图形、概念、性质等，可以使学生逐步准确地表达自己的意思.

第三层次：解释．在这个水平学生将对自己的想法做出解释，这种解释是对描述对象的进一步澄清，使思维更加清晰.

例 5 - 13　如图 5 - 15，在 △ABC 中，D、E 分别是 AB，AC 的中点，若 DE = 5，那么 BC 的长是（10），因为（DE 是 △ABC 的中位线，等于底边 BC 的一半，所以是 10.）

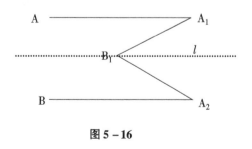

图 5 - 16

第四个层次：说理．学生在理解定义、定理和公理的基础上，能够按照逻辑对于要解决的问题进行说明解释，并且有理可依，有据可循.

例 5 - 14　如图 5 - 16 所示，$AA_1 \parallel BA_2$，求 $\angle A_1 - \angle B_1 + \angle A_2$.

学生回答：过点 B_1 作 AA_1 的平行线 l，因为 $AA_1 \parallel BA_2$，所以 l 和 BA_2 平

行；再由两直线平行，内错角相等，就可以知道$\angle A_1 - \angle B_1 + \angle A_2 = 0$.

当学生说理比较清楚了，就锻炼了逻辑思维能力．同时，也能更好地表达自己的思维，和他人更好地交流．

5.2.2.3 几何作图

作图一方面可以培养学生动手操作能力，另一方面可以增加对图形和空间的理解．几何学是给学生提供几何，用图形和图式来表达各种观念和思想，在今后的生活中，一些学生可能不仅需要证明定理，而且更需要会画各种几何图形．在几何教学中应该培养学生绘图的能力，这种训练对今后学习几何图形间的关系将十分有用．学生通过尺规作图掌握线段和角度的度量公理；有助于理解图形的性质，分析图形等．

作图技能主要包括：作已知图形画出草图并标出指定的点；根据描述语言画出草图；画出或作出具有给定性质的图形；作出和已知图形具有一种指定关系的图形；画出已知图形的平面截面以及已知图形间的相交部分；给一个图形添加有用的辅助元素；认识草图和所作出图形的作用和局限；画出几何模型或反例的草图或作出它们的图形．

根据上述的技能和学生对图形的认知，我们对作图技能设置了四个水平：模仿，绘制，构造，推演．

第一层次：模仿．这里的模仿不是生搬硬套，而是在理解原有图形的结构的基础上，进一步画出草图，并且标出指定的部分．

例 5 - 15 已知图 5 - 17 的（a）中是一个直角三角形，请在（b）中画出和（a）中一样的三角形，在（c）中画出不同的直角三角形．

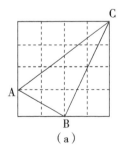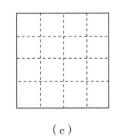

（a）　　　　　　　　（b）　　　　　　　　（c）

图 5 - 17

第二层次：绘制．根据语句表达的内容画出图形，或者根据图形的性质画出图形．在这个水平，学生要理解几何的语言，并根据这些指令性的语言作图．如，

例 5 - 16　画一个具有 5 个顶点和 5 个面的多面体．再画出一个具有 5 个顶点和 6 个面的多面体．

例 5 - 17　四个国家的地图都是三角形形状．如果每个国家与其他三个国家都有公共边界，国家彼此位置怎样？画出它们的位置．

第三个层次：构造．在给出某些图形后，根据图形的变换或运动构造出其他和这些给定图形相关的图形．

例 5 - 18　（2005 年福建省南平中考题）请在下列网格图（图 5 - 18（a））中画出所给图形绕点 O 顺时针依次旋转 90°，180°，270° 后所成的图形．

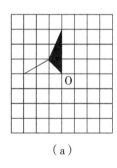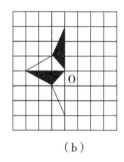

（a）　　　　　　　　　　（b）

图 5 - 18

其中图 5 - 18 中的（b）是旋转 270° 的结果．

第四层次：推演．能够从所给的条件推知如何构造一个特殊的图形，知道在一个图形中什么时候和怎样使用辅助线．

例 5 - 19　如图 5 - 19，两个大小相等，形状相同的圆柱体互相嵌合在一起，请你画出它们公共部分的图形．

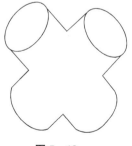

图 5 - 19

5.2.2.4　几何度量

度量在日常生活的许多方面都有实际应用，而且是普遍存在的．度量的学习更提供了学习和应用其他数学概念的机会，包括数的运算、几何概念、统计概念和函数概念．因此，学习有关度量的知识对于各年级的学生都是重要的（NCTM，2000）．度量的初步是和物体的接触，对物体的基本感知，例如大小、长短等．在初等几何度量中，有三种基本量，即线段的长度、角度以及弧长．周长、面积和体积都是根据这三种基本的量来确定的．在几何度量中，学生将更有机会对图形、度量公式（关系）进行分析，这对于学生几何素养的发展有着积极的意义．

例 5 - 20　（PISA 试题）楼梯：图 5 - 20 是一个具有 14 级台阶的楼梯，总高度为 252，每一级台阶的高度是多少？

图 5 - 20

高度：_____cm.

学生将对图形进行分析，然后再进行计算．这是度量的简单问题．

例 5 - 21　大陆面积：图 5 - 21 是南极洲的地图．利用比例尺估计南极洲的面积．给出解决问题的过程，解释你是如何估计的．（你可以在地图上作图，如果能够帮助你估计面积）

这个问题不仅要学生能够理解比例，而且还要进行作图，使用基本的度量技能，最后能够通过估算得出结论．

度量能力可以分成三个层次：对应，比较，转化．更高的层次是结合其他技能形成高层次能力．

图 5 - 21

第一层次：对应. 根据标准的基本图形选择对应的度量公式，计算得出结论. 在这个层次的学生，只会寻找基本图形，如矩形、正方形、正方体等，通过记忆基本图形周长、面积和体积公式，找出相应的基本量，如长、宽、高等，套入公式得出结论.

例 5 - 22　上海外滩海关大钟钟面的直径是 5.8 米，钟面的面积是多少平方米？时针长 2.7 米，时针绕一圈时针尖端走过途径的长度是多少米？

第二层次：比较. 除了对于基本图形之外，学生可以根据图形和概念比较度量的方法，从而找到解决问题的方法.

例 5 - 23　（2004 北京中考题）如果圆柱的底面半径为 4 厘米，母线长为 5 厘米，那么它的侧面积是（　　　）平方厘米.

第三层次：转化. 对于图形，通过直接的度量方法不能解决的，可以转化成标准的或者已知面积、体积的图形，这个层次的学生不仅要熟悉基本图形的度量方法，同时，要能够灵活地处理新图形问题.

例 5 - 24　如图 5 - 22（a），已知正方形 ABCD 的边长是 5 厘米，又 EF = FG，FD = DG，求三角形 ECG 的面积.

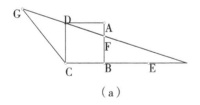　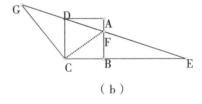

（a）　　　　　　　　　　　　　　　（b）

图 5 - 22

如果这个问题没有转化的度量思想，那么问题就比较复杂了，不仅要用到相似，而且可能还要用到勾股定理. 但是通过转化，问题就简单了，联结 CF，△CFD 的面积就是正方形 ABCD 的一半，而要求的三角形 ECG 的面积是这个三角形的面积的 4 倍，问题迎刃而解.

5.2.2.5　基本的几何推理

皮亚杰（1950）在《智力心理学》中曾这样认为，"公理化的使用……不仅仅是证明……它使我们构建简单的现实模型，因此成为后来研究不可替代的工具……然而，公理化不能成为相应的经验科学的基础，并且很少能替代这一点"．公理化的几何不能教会我们理解现实世界的空间．

尽管如此，在几何中，人们学习得更多的是推理能力．

"几何是逻辑决策的最完美的范例（Buckle，H. T，1891）．"

"几何学把严格的逻辑推理应用于空间和图形的性质，不论这些性质本身是何等明显与无懈可击，几何学的严格推理还要把它向前推进一步．亦即无论什么性质，不论它多么明显，在几何学中仍然不允许不加证明，因此，几何学是从最少的前提出发而证明全部几何真理的（De Morgan. A，1902）．"

"几何学的惊人成就表明几何学是演绎形式的一种强有力的武器，它把那些本身不可分割的事物人为地加以分割，并且由北而进入演绎推理（Buckle，H. T，1891）．"

几何的一个重要价值就是发展演绎推理和逻辑思维能力．当学生掌握了定义的作用并且学习只运用这些定义而不运用他的直觉知识时（这些知识常常凌驾于具有定义所呈现的性质的对象上），当他不得不谨慎地区分直觉的途径、直觉的真实性和证据与推理的方法时，他就开始理解什么是论证．正是在几何中（而不是在代数中）产生的这种直觉和形式化的十分特殊的联系，使得几何仍然成为启发逻辑思维和培养演绎推理能力的最有效的途径（鲍建生，2000）．

但是在学生形成正式的逻辑推理能力之前，他们已经具有几何推理的技能，这种技能可能不是完全符合逻辑推理的规则，但是学生具有基本的逻辑常识．例如，当学生对于不同的图形进行相同点和不同点的区分时，他们是按照常识性的逻辑进行推理的．在接触逻辑法则之前，我们需要在几何语言和几何概念方面做些非正式的工作，使得学生知道日常语言中存在的模糊性．因此，在学生未形成严谨的逻辑推理能力之前，他们要获得基本的几何逻辑推理技能．

按照范·希尔的几何思维水平理论，学生在直观、分析和抽象水平时，他们的逻辑推理是技能，而未达到能力水平．所以，在几何素养的技能方面，我们按照这三个层次来划分．

第一层次：直观．在这个层次学生能认识到各个图形存在着差异，并懂得在各种不同的位置，图形保持形状不变．

例如，把一个三角形进行平移或旋转，在新的位置图形和原来的图形是全等的．

第二层次：分析．图形可以分成很多类，通过图形的性质可以区分不同的图形；根据图形的性质和基本定理分析结论的正确性．

例如，当一个封闭图形的周长增加时，面积是否也会随着增加（Liping，Ma，1998）？

例 5 – 25　在 $\triangle ABC$ 中，$\angle C$ 是直角，若 $\frac{3}{4}\angle A = EQ \frac{4}{3}\angle B$，则 $\angle A =$ _____，$\angle B =$ _____．

第三层次：抽象．学生能够理解定义的含义，并且使用定义．根据图形的性质进行非正式的论证，并进行演绎的论证．

例 5 – 26　判断：$\triangle ABC$ 中，若 $AC = EQ \frac{1}{2}AB$，则 AC 边所对的角是 $30°$．

例 5 – 27　已知一个多边形的内角和是 $2340°$，且各个内角都相等，求这个多边形每一个外角的度数．

几何推理技能的高级形式是逻辑推理能力，我们将在接下来的能力中进行讨论．

5.2.3　几何能力

在几何学习中，应该培养学生的两种能力：逻辑推理能力和空间想象能力．在数学学习中，提出问题、解决问题、数学交流能力等，也是学生不可缺少的能力，然而和几何素养直接相关的就是前两大能力．因此，我们在这部分重点分析这两个能力，其他能力在几何应用中会相应提到．

首先，我们要分析一下能力．能力是指影响人的心理活动的效果和效率的心理特征，数学能力是顺利而有效地完成数学活动的个性心理特征，它是在数学活动过程中形成和发展起来的，并且在这类活动中表现出来的比较稳定的心理特征，是系统化、概括化了的个体经验，是一种网络型的经验结构（冯忠良，1999）．如果一个人能够迅速地、成功地掌握某种活动，比其他人较容易得到相应的技能和达到熟练程度，并且能取得比中等水平优越得多的成果，那么这个人被认为是有能力的（B. A. 克鲁捷茨基，赵璧如译，1984）．胡中锋（2001）建立了高中生数学能力结构的四因素模型．四因素为逻辑运演能力、逻辑思维能力、空间思维能力、思维转换能力，这四种主要能力之间两两均存在高度相关．

张奠宙（2002）对常规思维数学能力和创新能力进行了界定，常规数学思维能力的 10 个方面：（1）数形感觉与判断能力；（2）数据收集与分析；（3）几何直观和空间想象；（4）数学表示与数学建模；（5）数学运算与数学变换；（6）归纳猜想与合情推理；（7）逻辑思考与演绎证明；（8）数学联结与数学洞察；（9）数学计算和算法设计；（10）理性思维与构建体系．

从我国《普通高中数学课程标准》（中华人民共和国教育部，2003）来看，基本数学能力主要包括：空间想象、抽象概括、推理论证、运算求解、数据处理；一般能力包括：数学地提出、分析和解决问题（包括简单的实际应用问题）的能力，数学表达和交流的能力，独立获取数学知识的能力．

关于能力的论述还有很多，在此不再一一论述．但是无论是哪一种关于"数学能力"的认识，"推理"和"空间想象"两种能力都不可缺少，而这两个能力在几何的学习中更是占有主要地位．

数学能力是数学技能的进一步发展，是对保证活动顺利完成的某些稳定的心理特征的概括，它所体现的是学习者在数学学习活动中体现出来的个体特征（刘丹，2008）．在本研究中，几何能力是比几何技能高级的能力层次，当学生对于直观、作图、表达、度量和基本推理达到更加稳定的心理状态，体现出在几何推理和直观方面更突出，这时候就具有了在几何方面的高级能力．

5.2.3.1　空间想象能力

几何教学的任务主要是帮助学生认识反映现实的几何空间，学会几何思维方法，培养学生的空间想象能力及逻辑推理能力（邵光华，1996）．加德纳（2008）认为空间能力是"人类智力"的几种相对自发的"人类智能"中的一种，空间智力的核心是准确感觉直观世界的能力，依靠人最初的感性认识形成变换和作出修正，即使在缺少相关物质刺激的情况下也能重建人们直观经验的方面.

空间思维对于科学思维是必不可少的；在学习和问题解决中经常用它表达和操作信息. 识别跨越不同领域相似性的隐喻能力，是从许多空间智力证明的实例中获得的. 哈达玛德（Hadamard）论证道，在高层次的数学中所需的多数思维本质是空间思维. 爱因斯坦（Einstein）评论道，他的思维要素不是词汇，而是"某些符号和多多少少能够有意地被重建和组合的清晰图像"（道格拉斯·阿·格劳斯，1998）. 克鲁捷茨基（1984）提出两种不同的思维方法：言语逻辑和直观想象.

对于空间想象能力，曹才翰和蔡金法（1989）认为空间想象能力就是以现实世界为背景，对几何表象进行加工改造，创造新的形象的能力. 20 世纪80 年代的十三院校协编的《中学数学教材教法》对空间想象能力这样解释：人们对客观事物的空间形式进行观察、分析和抽象的能力，主要包括四个方面的要求：

● 对基本的几何图形必须熟悉，能正确画图，能在头脑中分析基本图形的基本元素间的度量关系和位置关系.

● 能借助图形来反映并思考客观事物的空间形状及位置关系.

● 能借助图形来反映并思考用语言或式子所表达的空间形状及位置关系.

● 有熟练的识图能力，即从复杂的图形区分出基本图形，能分析其中的基本图形和基本元素之间的关系.

这四点要求，既包括几何的一般技能，又有高层次的空间推理和想象，有学者认为这个要求缺少对"想象"的强调，过多地依赖、借助图形的帮助，缺少依据"表象"进行认知操作的要求（邵光华，1996）. 钟善基、丁尔升、曹才翰（1982）进一步补充说明：所谓空间想象能力，不仅在于把立体形象的事物抽象成几何图形并把这图画出，以及能就立体的图形观察并想象出它所反映的实际形象，而且还要能把用语言表达的立体图形想象清楚并把图画出来. 丁尔升在《中学数学课程导论》中提出了四个方面的要求：

● 能够由形状简单的实物想象出几何图形，由几何图形想象出实物的形状.

● 由较复杂的平面图形分解出简单的基本的图形.

● 在基本的图形中找出基本元素及其关系.

● 能够根据条件作出或画出图形.

显然，这四点是从几何技能方面，或者基本的空间观念提出的，按照曹才翰和蔡金法的提法，还达不到"能力"要求. 在此基础上，邵光华（1996）提出空间想象能力的三个层次：空间观念，建构几何表象的能力，几何表象的操作能力. 关于空间观念，刘晓枚（2007）提出三个水平的划分标准，水平1：（完全）直观想象阶段；水平2：直观想象与简单分析抽象阶段；水平3：直观想象与复杂分析阶段. 这是对小学生空间观念的研究得到的结论. 美国 NCTM 的数学课程标准对学生的空间想象能力培养有着五个阶段：启蒙、形成、发展、完善和运用.

我国的高考对于空间想象能力有这样的要求：能根据条件做出正确的图形，根据图形想象出直观形象；能正确地分析出图形中基本元素及其相互关系；能对图形进行分解、组合；会运用图形与图表等手段形象地揭示问题的本质（广东教育考试院，2007）. 有的老师进一步的解读：对图形的想象主要包括有图想图和无图想图两种，是空间想象能力高层次的标志；高考对空间想象能力的考查划分为无图想图、无图画图、有图想图、有图变图四种类型（谭国华，2006）. 但是我们看得出，高考侧重点也是"图形"的想象，对于空间涉及较少.

从几何直观、表达、度量和作图技能来看，当这些技能达到水平4，综合起来就达到了"空间想象能力"的水平. 因此，我们可以根据几何技能的水平划分和其他的研究对"空间想象能力"进行划分. 在几何直观达到水平4——"类比"时，学生对图形熟练把握，并对图形进行操作，例如平移、旋转、对称等；而在作图技能也到了"推演"的水平，也就是从无图想到图形，至少在脑海中有一个"表象"；学生在几何表达上达到形式化的说理，根据图形或者内隐的"表象"论述自己的观点；在度量上，能够想象空间中的大概位置和距离，图形的大小和形状，并和各种基本的图形（如正方形、长方形、圆、球体、锥体等）相匹配，比较他们之间的关系，找出问题解决的策略．在更高层次的空间想象能力上，是"表象"的操作．几何表象的操作能力是指对大脑中建立的表象进行加工或操作以便建构新表象的能力（邵光华，1996）．在这个层次学生不仅能够无图想图，而且能在空间、图形之间建立联系，从而找寻到解决问题的最佳方案，例如空间的转换，构建辅助线，图形分解、组合、变化等．

我们把空间想象能力分成两个水平，显然是高于几何技能的．它们分别是：联想和运演．

第一个层次（能力的第四个层次）：联想．如果说直观技能是在有图的指导下对图进一步操作的技能，那么空间想象能力就是对于图形的进一步联想，或者无图联想，进而到表象的运演．联想是从图形或空间的局部，想象到图形的整体和结构，空间的形式和构成，能够在二维和三维图形之间进行灵活的转换．

例 5-28　（PISA 2006 测试题）弯曲的建筑物：在现代建筑中，建筑物常有不同寻常的形状．下图展示的"弯曲建筑物"的计算机模型和底层的平面图．界点说明了建筑物的方位．其底层包含了入口和商店，以上有 20 层公寓，每层的平面图与底层相似，但均有微小的偏角．圆柱形柱体中有电梯，每层都能停留，升降．

问题：这个建筑的每层都有和第一层相似的"螺旋状"，最高层（第一层上面的第 20 层）正好和第一层成直角．图 5-23（a）是第一层的平面图，请在这个图中画出第 10 层的平面图．

这个问题就需要学生发挥联想，去掉多余的细枝末节的东西，把立体的问题转化为平面图形，然后再根据立体图形，想象出每一层相对于第一层的旋转方向，同时还要确定第一层的方位，因为最高层第 20 层的方位已知了，而第一层和第 20 层成 90 度角，所以方向就容易确定了．这样就得到了 5-23 中（b），也就是逆时针旋转 40°～50°．之所以是 40°～50°，而不是 45°，因为存在着误差．

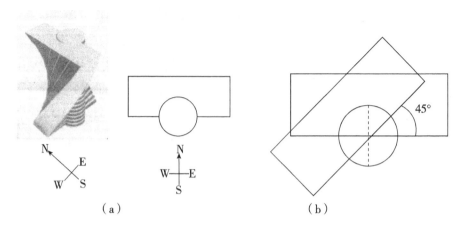

图 5 - 23

该问题很好地考查了学生的空间想象能力，虽然有立体和平面图形，但是在解答过程中，蕴含着旋转变换，也就是运动，这是一种重要的数学思想．另外，这个问题涉及的几何知识又不是很多，难度也不大，所以，这是学生通过充分地联想，就可以获得解答的方案和结论．

第二个层次（能力的第五个层次）：运演．这是空间想象能力的最高层次，在这个层次上，学生不仅要会联想，而且要熟练掌握几何的知识，灵活运用几何中的"关系"，把具体形象化的实物抽象为思维的对象，同时把这样的"对象"作为基本元素，进行演绎推理活动．

例 5 - 29　（IMO - 6 竞赛题）平面上给定五个定点，这些点两两之间连线互不平行，又不垂直，也不重合．从任何一点开始，向其余四个点两两之间的连线作垂线，如果不计已知的五点，所有这些垂线之间的交点数最多是多少？

准确地说，这个问题并不完全是一个几何问题，而是一个组合问题．但是在这个问题的解决过程中，空间想象能力发挥了重要的作用．

首先，根据五个定点的特征：两两之间的连线不平行，又不垂直，也不重合，容易联想到五边形；接下来是做垂线，从某个点向其他四点的连线作垂线，问题是交点的个数．

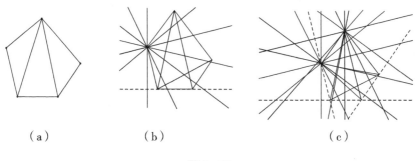

（a）　　　　　　　（b）　　　　　　　（c）

图 5 - 24

如果按照图 5 - 24 的画法，试图从具体图形中得出结论，我们从（c）中已经看出，这是不太实际的，这时候要充分发挥想象能力，同时又要结合着点和线的特点来思考，而此时空间想象能力不仅是头脑中的建立"表象"，而是对这些"表象"进行推理演算．

空间想象能力是几何直观在作图、度量和表达过程中的进一步发展，培养学生的空间想象能力，无论是对数学学习，还是其他学科，例如美术、物理、化学等，都有很好的帮助．

5.2.3.2　逻辑推理能力

与几何密切相关的另一个重要的数学能力是逻辑推理能力．高年级的学生必须获得演绎理论的结构的思想，因为这是区分数学和实验科学的主要特征……在几何课程的初期，应该鼓励学生采用"自然（local）"的演绎证明．当然，要注意的是，在任何阶段，不管是正式还是非正式的证明，其依据必须是被清晰表示的，并且在直观上是认可的，如熟知公理的直观形式（鲍建生，2005）．

关于几何推理的论述很多，包括范·希尔的几何思维水平理论，讨论的重点就是学生的几何推理能力．李红婷（2007）对几何推理有着详细的论述，她设计出几何推理层级结构模型．在这个模型中，隐含了几何推理发展的两条线：一条是按照直观推理、描述推理、结构关联推理、形式逻辑推理的层级不断提升顺序发展学生的几个推理能力．另一条是随着年级的升高发展学生几何证明能力，经历：证明预备、证明入门、证明发展．事实上，还是没

· 97 ·

有脱离范·希尔的几何思维水平理论.

根据我们前面对基本的几何推理的讨论,在高级能力方面,我们依然采用范·希尔后面的两个水平,也就是形式演绎水平和严谨水平.

第一层次(能力的第四个层次):形式演绎.学生在公理化系统中建立定理.他们识别未定义术语、定义、公理和定理之间的差异.他们能构造原始的证明;也就是说,他们可以作出一系列陈述,对作为"已知条件"的结果的结论作逻辑判断.

在这个水平,通过逻辑解释像公理、定义和定理的几何陈述,学生能进行形式推理,推理的对象是图形分类性质的关系,推理的产物是建立亚序关系——关系之间的关系——并在一个几何系统中用逻辑链来表述.

例5-30 求证:等腰三角形腰上的高与底边的夹角等于顶角的一半.

根据题目要求,要写出命题的已知和求证,学生要理解等腰三角形腰和底边的夹角的概念,然后再和顶角建立联系,从而构造证明.他们能够进行形式化的推理.例如,有下面的证明:

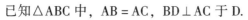

已知△ABC 中, AB = AC, BD⊥AC 于 D.

求证:$\angle DBC = \frac{1}{2} \angle BACEQ$

分析:要证$\angle DBC = \frac{1}{2} \angle BAC$,则需作$\angle BAC$ 的平分线,通过等腰三角形的"三线合一"的重要性质即可得.另外,还可以通过证明$2\angle DBC = \angle BAC$ 来解决,则需作$\angle CBE = \angle DBC$,问题转化为证明$\angle DBE = \angle BAC$.

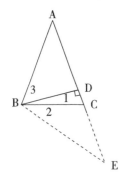

证明:(一) 作$\angle BAC$ 的平分线 AE 交 BC 于 E.

∵ AB = AC, AE 平分$\angle BAC$

∴ AE⊥BC (等腰三角形三线合一)

即$\angle EAC + \angle C = 90°$

∵ BD⊥AC

∴ $\angle DBC + \angle C = 90°$

∴∠EAC = ∠DBC（同角的余角相等）

∴∠DBC = $\frac{1}{2}$∠BAC

证明：（二）作∠CBE = ∠DBC，BE 交 AC 延长线于 E，

∵AB = AC，

∴∠ABC = ∠ACB（等边对等角），

又∵∠1 = ∠2（辅助线所作），

∠ACB = ∠2 + ∠E（外角定理），

∠ABC = ∠1 + ∠3，

∴∠3 = ∠E（等式性质），

又∵BD⊥AC（已知），∠3 + ∠A = 90°，∠1 + ∠2 + ∠E = 90°

∴∠1 + ∠2 = ∠A（同角余角相等）．

∴∠DBC = $\frac{1}{2}$∠BAC

第二个层次（能力的第五个层次）：严谨．学生在数学系统中进行形式推理．懂得公设或公理的作用和局限性．知道什么时候一个公理系统是独立的、相容的或绝对的．即便没有参照模型，他们也能研究几何，而且还能通过形式化地操作，如公理、定义、定理等几何陈述进行推理．推理的对象是形式化构造间的关系．他们推理的产物是几何公理系统的建立，及其详尽的阐述与比较．

例 5 - 31　已知一个圆，问仅用圆规和直尺是否可以作一个矩形使其面积和已知圆的面积相等？

尽管这个问题是一个作图题，但是考查了学生推理方面，不仅仅是几何问题，学生还要考虑圆的面积和矩形面积公式，从而确定是否可以转化．这是历史有名的作图问题：画圆为方．有的学生可以从实数的性质来解释，说明不仅能理解平面几何，而且对于实数的性质也非常熟悉．

例 5 - 32　地图上一块矩形区域在地球上的实际形状是什么？

例 5 - 33　在单位球面上．若△ABC 和△A′B′C′三内角对应相等，则其三边边长亦对应相等．

5.2.4 几何应用

几何的产生就是来自于应用．我国古代的数学特别注重实际应用，"规矩"的产生始于测量．《周髀》首章记载："周公曰，大哉言数，请问用矩之道．商高曰，平矩以正绳，偃矩以望高，复矩以测深，卧矩以知远……"矩是工人所用的曲尺，是两条互相垂直的直尺做成的（钱宝综，1964）．《史记》"夏本纪"记载说：夏禹治水，"左规矩，右准绳"，"规"是圆规，"矩"是直角尺，"准绳"则是确定铅垂方向的器械．这些都说明了早期几何学的应用．从战国时代的著作《考工记》中也可以看到与手工业制作有关的实用几何知识（李文林，2004）．而英文"Geometry"一词据说来自古埃及，意思是测量大地，而史学家认为埃及的几何起源于尼罗河泛滥后土地的重新测量．

尽管古希腊发展了论证几何，但是几何的实用性却一直没有被遗忘，即使对于《几何原本》这样的公理体系巨作，其思想都应用到现实生活中．

法国大革命形成两部基础文献《人权宣言》和《法国宪法》，是资产阶级民主革命思想的结晶．《人权宣言》开宗明义："组成国民议会的法国人民的代表们……决定把自然的、不可剥夺和神圣的人权阐明于庄严的宣言之中，以便……公民们今后以简单而无可争辩的原则为根据的那些要求能经常针对着宪法与全体幸福之维护．"

再如美国的独立战争所产生的《独立宣言》开头也说："我们认为下述真理乃是不言而喻的：人人生而平等，造物主赋予他们若干固有而不可让与的权利，其中包括生存权、自由权以及谋求幸福之权．"

把大家认为"简单而无可争辩的原则"和"不言而喻的真理"作为出发点，按照数学的逻辑，这就是从公理出发．显然，领导法国大革命和美国独立战争的思想家、政治家们都接受了欧几里得公理化思想的影响（黄志达，王林全，2004）．

几何在文化艺术等方面有着更深刻的影响，这种影响遍及绘画、音乐、建筑和文学众多方面，例如绘画：一幅中世纪的油画（图5-25），明显没有远近空间的感觉，显得笔法幼稚，像幼儿园孩子们的作品．另一幅是文艺复兴时代的油画（图 5 - 26），同样有船、人，但远近分明，立体感很强（吴跃忠，2004）．

图 5 - 25

图 5 - 26

另外一个例子就是透视学应用到绘画中．丢勒是 15 世纪有名的画家，他除了创作绘画作品之外，还是一位成功的雕刻家和理论家，他使用了透视作图法的几何思想来绘画（图 5 - 27）．另一位画家拉斐尔根据自己的想象，使用透视法再现了古希腊的文化繁荣（图 5 - 28）．透视法绘画同时也促进了几何的发展——射影几何产生．

图 5 - 27

图 5 - 28

几何在艺术中的应用还有很多，例如"对称"在古代、现代都被很好的使用（图 5 - 29 和图 5 - 30）．

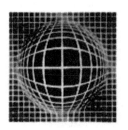

图 5 - 29

图 5 - 30

除了在绘图方面，几何在机械制作、天文、地理、物理、化学、生物等学科也有着广泛的应用.

例如，在竖直安装的马达与水泵问题中，通过建立几何模型、数学计算，得出一种有效解决竖直式转动设备对心的方法. 几何模型在这类问题解决中起到重要的作用（丁海波，2008）.

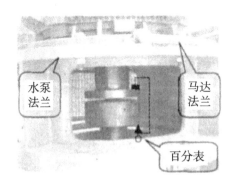
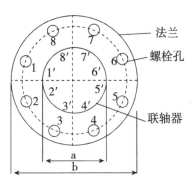

图 5 - 31　联轴器平行度校正图　　图 5 - 32　联轴器及法兰在水平面的投影图

水泵联轴器安装的实物简化图和几何模型，计算过程略．

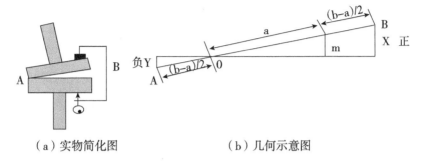

（a）实物简化图　　　　　（b）几何示意图

图 5 - 33　一个读数为 0，另一个读数 m 为正时水平度测量计算示意图

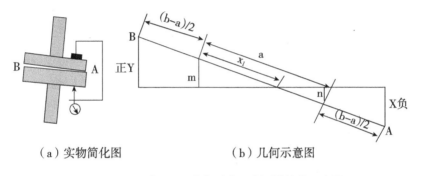

（a）实物简化图　　　　　（b）几何示意图

图 5 - 34　m 为正，n 为负时水平度测量计算示意图

通过几何示意图，变得直观化，再经过几何模型的推理与计算，问题就得到了解决．

在生物教学中，使用几何图形表述生物体的结构．生物体的生命活动主要是以细胞为基本单位进行的．细胞表面有细胞膜，它使每个细胞与周围环境隔离开，维持着相对稳定的细胞内部环境，并且具有保护细胞的作用．例如，物质进出细胞的方式也可以使用几何表示，给人直观的感觉，容易理解（图 5 - 35）．

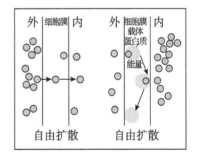

图 5 - 35

几何几乎在各个学科和生活的各个领域都有所应用，因此几何的应用是学生几何素养的重要组成部分．Gabriele Kaiser（2005）等认为，数学素养的研究离不开数学应用和建模；同样，研究几何素养也离不开学生几何应用，通过应用几何的知识，学生不断提高几何的技能，并形成空间想象能力和逻辑推理能力，这对于形成一定的数学素养是至关重要的．在几何应用中，学生也可以发展其他数学能力，例如数学地提出问题、解决问题的能力；通过多重表征理解相关的数学概念和定理；通过解决问题提高数学建模能力；在和其他同学合作中，数学地交流，提高抽象归纳能力、计算能力等．

几何应用主要包括：识别出几何图形的实际模型，能够制作实物的几何模型或绘制图形，理解坐标系统表示的现实空间；使用几何模型的性质去推测实物的性质，理解表示事物间关系的数学模型的概念；认识几何模型对于实际情形和实物的用处，解决和客观事物有关的问题；能根据自然现象、自然科学的原理或者社会科学的原理提出几何模型，用几何模型描述它们，从而解决问题．

从几何应用的内容可以看出，学生应该能熟悉知识，理解几何知识，从而根据背景或现实情境，提出问题，进行数学地探究．一般来说解决应用类问题的整个过程就是一个建模过程，也就是学生能够根据问题情境利用相应的模型解决问题，并且检验模型的合理性．

因此，几何应用可以划分为五个层次：识记，理解，探究，建模，反思．

第一层次：识记．几何应用是一个动态的过程，就是在一个问题情境下，学生做出的数学反应．那么识记是对几何知识的提取，然后由此判断解决问题的方法，也就是模式匹配，如果相同，就可以解决问题，否则就不知所措．

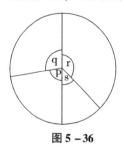

在这个水平的几何应用表现为：记忆几何公式、图形的性质和简单的定理，面对常规问题，直接由记忆中的概念判断正误，得出结论；而对于非常规问题，不能和记忆中的模式匹配，问题得不到解决．

图 5-36

例 5-34 （TIMSS 2003）如图 5-36 哪一个角度接近于 45°？

例 5 - 35　（人民教育出版社数学八年级下）下面哪些图形（图 5 - 37）是轴对称图形？如果是，画出对称轴.

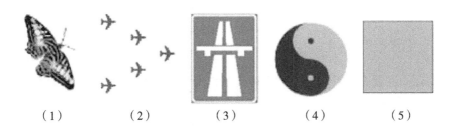

（1）　　　　（2）　　　　　（3）　　　　（4）　　　　（5）

图 5 - 37

识记在布鲁姆的教育目标分类学中属于最低层次. 从知识维度来看，学生使用的知识主要是事实性知识. 在几何中，主要是图形的基本模式或者空间的基本位置关系，例如认出一个三角形、正方形，根据有序数对在坐标中找到相应的点等. 在这个水平，学生主要靠记忆来完成任务. 学生并不能解释为什么，前后知识也不能相互联系.

第二层次：理解. 学生认识客观事物具有的几何性质，并根据性质进行分类，能够在纸上画出图形或者做出实物的立体模型，理解几何的基本思想，能用常规方法解决问题，理解几何对象之间的关系.

例 5 - 36　如图 5 - 38，请作出由 A 地经过 B 地去河边的较短路线. （要求：用尺规作图，保留作图痕迹）

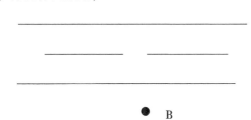

图 5 - 38

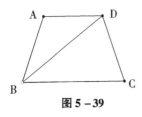

图 5 – 39

学生不仅要理解两点之间，直线段最短，同时还有理解从 B 点到河边的垂线段最短．由此，可以解决问题．

例 5 – 37 已知：如图 5 – 39，等腰梯形 ABCD 中，AD∥BC，BD 平分∠ABC，求证：AB = AD．

这个问题是考查的是：对梯形的对角线和两个底边互相平行的理解．

证明：

∵ AD∥BC，

∴ ∠ADB = ∠CBD（两直线平行，内错角相等）

又∵ BD 平分∠ABC，

∴ ∠ABD = ∠CBD

∴ ∠ABD = ∠CBD = ∠ADB

则 AB = AD

在布鲁姆的教育分类学中，理解是从教学信息包括口头，书面和图形等交流形式中建构意义．又分为六个子类别：解释，举例，分类，总结，推断，比较．在几何应用中，学生通过对几何进行建构，在表达、度量、作图、直观和简单推理技能上表现出中等水平，初步解决相关问题．

第三层次：探究．在几何应用中，探究是在理解事物间的数学模型基础上，从给出的或者得到的条件推导事物的性质，解决和客观事物相关的问题．在几何问题情境下，学生能够分析任务，从中找寻图形或数量关系，形成假设，并使用数学的方法进行解决．

例 5 – 38 八等分正方形：有一个正方形的花坛，现要将它分成面积相同的八块，分别种上不同颜色的花：

（1）如果要求这样分成的八块的形状也相同，请你画出几种设计方案；

（2）为了画出更多的设计方案，你能从中找出一些规律吗？

（3）如果要求八块中的每四块形状相同，应如何设计？试尽可能精确地画出你的创意（戴再平，2000）．

这个问题是希望学生能够探究图形的面积和图形分割的问题，学生要对基本图形有一定的理解，同时要有发散的思维，从不同角度思考，得到好的创意.

关于第（1）问，可以参考下面一些图形（图 5 - 40）：

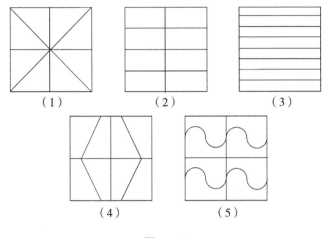

图 5 - 40

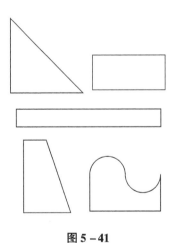

图 5 - 41

（2）图 5 - 40 中的图形都是由一些基本图形拼成的，如图 5 - 41，如果用 8 个相同的基本图形拼成一个正方形的各种不同拼法，那么就能画出更多的设计方案.

（3）按照（2）的思路继续探究，可以使用2种不同的图形拼正方形，于是可以得到图5-42的图形.

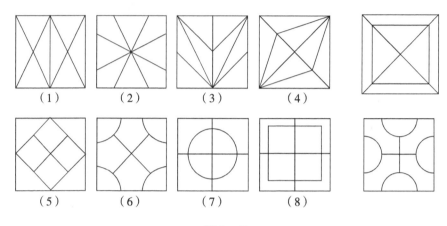

图 5 - 42

例 5 - 39　（2004 沈阳中考题）某地有一居民楼，窗户朝南，窗户的高度为 h 米，此地一年中冬至这一天的正午时刻，太阳光与地面的夹角最小为 α，夏至这天正午时刻，太阳光和地面的夹角最大为 β（如图5-43）.

小明想为自己家的窗户设计一个直角形遮阳篷 BCD，要求它既能最大限度地遮挡夏天炎热的阳光，又能最大限度地使冬天温暖的阳光射入室内. 小明查阅了有关资料，获得了所在地区 ∠α

图 5 - 43

和 ∠β 的相应数据：∠α = 24°36′，∠β = 73°30′，小明又量得窗户的高 AB = 1.65 米.

若同时满足下面两个条件，（1）当太阳光与地面的夹角为 α 时，要使太阳光刚好全部射入室内；（2）当太阳光与底面的夹角为 β 时，要使太阳光刚好不射入室内. 请你借助下图（如图5-45），帮助小明算一算，遮阳篷 BCD 中，BC 和 CD 的长各是多少？（精确到0.01米）

　　例 5 – 40　（2003 江苏南京中考题）如图 5 – 44，∠POQ = 90°，边长为 2 厘米的正方形 ABCD 的顶点 B 在 OP 上，C 在 OQ 上，且∠OBC = 30°，分别求点 A、D 到 OP 的距离．

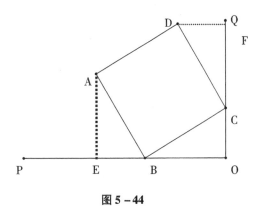

图 5 – 44

　　解答这个问题，学生要理解这样的定理：在直角三角形中，30 度角所对的直角边是斜边的一半．

　　过点 A 做 OP 的垂线，垂足为 E，由余角的定义，得∠BAE = 30°，从而 BE = 1，AE = $\sqrt{2^2 - 1}$ = $\sqrt{3}$．

　　同理可得 CF = $\sqrt{3}$，OF 即为 D 到 OP 的距离，OF = CF + CO = $\sqrt{3}$ + 1．

　　第四层次：建模．数学建模是把现实世界中的实际问题加以提炼，抽象出数学模型，求解模型，验证模型合理性，并用该数学模型所提供的解答来解释现实问题．在几何应用中，当学生能够从问题情境中探索出数学模型，无论是几何模型还是代数模型，然后使用这个模型解决问题，那就达到了建模水平．

　　在几何应用中进行建模要思考：解决问题需要知识的再现，知识的联结还是知识的迁移？是否存在多种解决可能？需要处理多少变量？问题是否与情境相联系？知识属于哪个课程阶段？是否需要论证、证明或反思？这些数学问题的指标以及解答问题的结果，是否可以反映出学生的能力水平（徐斌艳，2006）？

　　基于这些问题的考虑，有时候建模能力被定义为："能够在给出的现实世界中识别问题、变量或者提出假设，然后将它们翻译成数学问题加以解决，紧接着联系现实问题解释和检验数学问题解答的有效性．" Penrose（1978）提出"建模循环七阶段"：（1）确定真实问题；（2）建立数学模型；（3）确定数学问题；（4）解决数学问题；（5）解释数学结果；（6）检验数学模型；（7）修正改善并撰写报告．Blum. W. & Niss. M（2007）的数学建模步骤分下面七步：

- 理解现实问题情境；

- 简化或结构化现实情景，形成现实模型；

- 将被结构化的现实模型翻译为数学问题，形成数学模型；

- 用数学方法解决所提出的数学问题，获得数学解答；

- 根据具体的现实情景解读并检验数学解答，获得现实结果；

- 检验现实结果的有效性；

- 反馈给现实情景.

他使用图 5-45 来表示数学建模的过程.

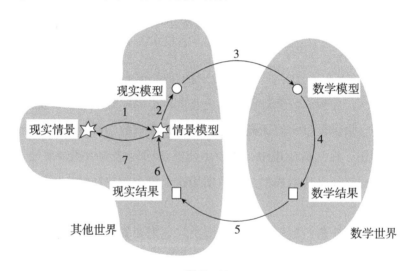

图 5-45

在几何应用中，达到建模水平的学生具有较高的几何素养，他们不仅能够理解知识，熟练应用几何技能，并且能够灵活地应用知识和能力，解决相关问题.

例 5-41 （袁震东，2005）小明从上海乘飞机去美国首都华盛顿旅行. 他惊奇地发现，虽然华盛顿在上海的东方，但是飞机并不是朝东飞行的，而是向东北方向飞行，经过日本东京、阿留申群岛、底特律到达华盛顿的. 这是为什么呢？

问题解决的过程就是一个几何建模的过程.

地球近似于一个球体．·············（现实模型）

球面几何告诉我们：任何一个平面与球面相交，其交线必为一个圆．当平面通过球心时，其交线称为大圆．通过球面上不是对径点（球直径的两端点）的任意两点 A 与 B，可以画出唯一的一个大圆．

假设 1：地球是一个半径为 R 的球．

假设 2：上海和华盛顿分别为球上的点 A 和点 B．

为了解决问题，我们讨论球面上三个点 A、B、C 在同一个大圆平面的条件．分别过赤道、0°经线和东经90°的经线各作一个平面，分别为平面 α、β、γ，由地理知识可知 α，β，γ 相互垂直，其交点 O 为球心．

设它们的交线分别为 Ox，Oy，Oz，构成空间直角坐标系 O－xyz（如图 5－46），设点 ABC 的坐标分别为 (a_x, a_y, a_z)、(b_x, b_y, b_z)、(c_x, c_y, c_z)．令，$\vec{a} = (a_x, a_y, a_z)$，$\vec{b} = (b_x, b_y, b_z)$，$\vec{c} = (c_x, c_y, c_i)$，点 A、B、C 在同一个大圆上的充要条件是向量 $\vec{a}$，$\vec{b}$，$\vec{c}$ 在同一个平面上，而向量 $\vec{a}$，$\vec{b}$，$\vec{c}$ 在同一个平面上的充要条件是 $\vec{a} \cdot (\vec{b} \times \vec{c}) = 0$，即行列式：

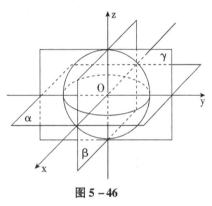

图 5－46

$$\begin{vmatrix} a_x & a_y & a_z \\ b_x & b_y & b_z \\ c_x & c_y & c_z \end{vmatrix} = 0$$ ·············（数学模型）

上海到华盛顿间的距离等于大圆上过上海和华盛顿的 A，B（较短的那条）的长度．

球面的大圆也叫做球面的测地线．它们在球面几何中的作用与直线在平面几何中的作用相同．在平面上，联结两点的所有连续线中，直线段最短．在球面上，联结 A，B 两点的曲线中，过 A、B 的大圆弧 A，B 是最短的（图 5－47）．接下来就是解决这个数学模型的过程．（略）

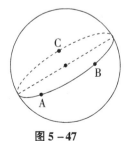

图 5－47

经过计算上述城市几乎在同一个大圆上，即经过上述城市的路径是上海到华盛顿的近似最短路径 . …………………………………………（数学结果）

验证和讨论：用一个地球仪和一根绳子做实验验证 . 先把绳子过两极绕地球仪的球体一周，截取绳子长等于大圆周长 . 然后用该绳子过上海和华盛顿绕大圆，可以发现：阿留申群岛和底特律等都在绳子附近 .

…………………………………………………………………（验证现实情境）

数学建模是一个复杂的过程，不同的学生可能会处于不同的层次，因此，数学建模能力可以分成不同的水平 .

如果按照水平导向，建模能力可以分为三个水平（Herbert Henning and Mike Keune，2007）：

水平一：辨识、描述建模过程 . 包括辨识、描述建模过程，区分、辨别、特征化、落实建模的能力 .

水平二：独立建模 . 包括分析、建构问题，抽象数量、协调不同角度、建立数学模型；解决模型，解释结果，描述模型，检验模型的能力 .

水平三：反馈 . 包括批判性分析模型，拟定模型的评价标准，思考建模目标及数学应用的能力 .

当学生能达到水平二时，他便能够独立解决问题，并且在面临问题情景或范围发生变化时，学生能改造模型，进行新的建模过程 . 当学生达到水平三时，表明他已很好地理解了建模的概念，发展了批判性诊断和辨识关系的能力，并能建立模型的评价标准 .

如果从建模的过程来划分层次，建模可以分成六个水平（徐斌艳，Matthias Ludwig，2008）：

水平零：学生无法理解具体的情景，不能识别出任何问题 .

水平一：学生能够理解给出的现实情景，但是不能将情景结构化，并简化问题，或者无法找到任何与数学之间的联系 .

水平二：分析给出的情景，学生简化情景后，能发现某个真实模型，但不知道如何转化为数学问题 .

水平三：学生不仅能找到某个真实模型，而且能够将其转化为数学问题，但是不能在数学世界中准确地解决这数学问题.

水平四：学生从现实情景中找出数学模型，并且在数学世界中解决问题，或者答案.

水平五：学生体验数学建模过程，并且结合现实情景，检验数学问题解答的合理性.

尽管在建模能力方面可以分成三个或六个水平，但是从学生在几何应用的维度来看，建模的过程包括了识记、理解和探究，因此，可以这样认为，达到"建模"水平，事实上就是学生建立了数学模型，并且用这个模型解决现实问题.

例 5 – 42　（2002 年山东省济南市）　如图 5 – 48 所示是某家具（角书橱）的横断面，请你设计一个方案（角书橱高 2 m，房间高 2.6 m，所以不必从高度方面考虑方案的设计），按此方案，可使该家具通过图 5 – 49 中的长廊搬入房间，在图 5 – 50 中把你设计的方案画成草图，并说明按此方案可把家具搬入房间的理由（注：搬运过程中不准拆卸家具，不准损坏墙壁）.

虽然这个问题是一个已经初步"数学化"的问题，但是仍然较好地考查了学生的几何应用能力.

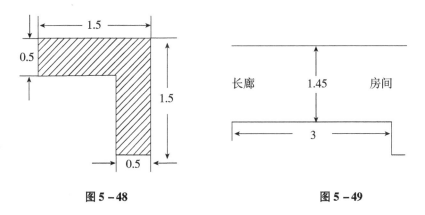

图 5 – 48　　　　　　　　　　　　　图 5 – 49

首先，按照要求不准拆卸家具，不准损坏墙壁，思考如何把现实问题转化为几何问题. 显然按照图 5 – 48 所示是不能进入的，一个想法就是把两个拐角放下来，摆成如图 5 – 51 的形式.

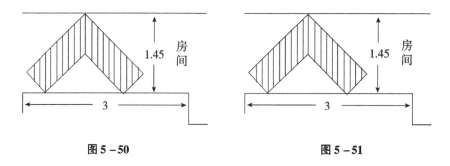

图 5 – 50   图 5 – 51

接着，就是考虑这个图形，建立一个几何模型（等腰直角三角形），解决数学问题. 过顶点 A 做 AB 垂直于底边，只要计算 AB 的长度，和 1.45 米比较就可以了；

经过计算，得出 AB 的长度是 $\sqrt{2}$ 米，小于 1.45 米，验证现实情境. 于是问题得到解决.

虽然这个建模过程不如上一个例子那么复杂，但是在数学应用方面，学生同样要具有一定的探究和建模能力，因此，如果学生能够通过几何的方法解决问题，我们认为他们已经在应用维度达到了几何建模的水平. 这是几何素养的一个重要方面.

第五层次：反思. 几何应用的最高水平，是对所做的工作进行反思，建模是使用数学的方法解决实际（或初步数学化）的问题，最高层次的建模是批判性地分析模型，拟定模型的评价标准，思考建模目标及数学应用的能力等.

例如在例 5 – 41 从上海飞往华盛顿的建模中，解决问题之后，作出下面的反思：

●数学建模不仅可以解决实际问题，也可以帮助我们解释某种现象；

●利用几何知识建模是数学建模的重要方法之一，而向量是解决这一几何问题的有效工具.

例 5 – 43　图 5 – 52 中的瓶子有个特点，那就是瓶子的下半部分是圆柱体；我们想知道瓶子内部的直径，在保证瓶子完好无损的情况下，使用什么数学的方法可以测得呢？请详细写出你的解决方案，选择其中一个瓶子对你的方法进行验证.

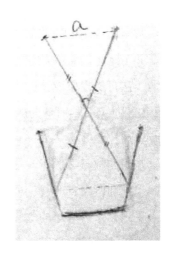

图 5 - 52　　　　　　　　　　　　　　　　　图 5 - 53

有的学生利用三角形全等的判断定理解决问题（如图 5 - 53），并且在解决问题之后提出这样的反思：

- 解决方法的数学原理：全等三角形的对应边相等；
- 这种方法产生的误差较小，方法简单易行；
- 但是受到一定限制，也就是有时候测量的值，并不一定是瓶子的最大内直径；
- 方法需要进一步改进.

5.2.5　几何背景

数学不同于其他科学，它产生并且一直产生于普通常识的现实——广阔的常识和现实……在数学曾经被创造的地方，它现在还应该被再创造.背景就意味着现实的领域，在一些特殊的学习过程中为了数学化而将背景展现给学生（弗莱登塔尔，1999）.

弗莱登塔尔的"现实数学"的观点是：强调数学概念、结构以及思想是人们解释物理现象、社会现象以及精神世界的工具，数学及其组织本身都不是目的.作为一种有用的工具，数学已经征服和覆盖了随着科学和社会领域快速发展而来的丰富变化，而且作为一种工具，它已经成为迅速增长的人群所必不可少的东西．

数学教育改革的首创者英国的 J. 彼利（J. Perry，1850～1920）认为：数学，并不是将抽象的数学理论，如何应用于自然现象或社会现象的说明；相反地，从自然现象或社会现象，由实践发现数学的法则，这才是数学（陈建功，1952）．彼利所认为的数学，实际上是认同数学来自于实践，要注重数学的背景．按照情境认知的理论，任何数学理论都是情境相关的，也就是说将数学知识的教与学置于一个情境脉络之中，不仅仅是基于教学上的考虑，而是知识本性所决定的（谢明初，2007）．

受到弗莱登塔尔的"现实数学"思想的影响，PISA 对于数学素养的评价也侧重于检验学生是否深刻理解了数学概念，使得自己能够用这种工具处理来自不同情境下的问题．PISA 认为，数学素养的一个重要方面就是参与数学活动：在各种情境下使用数学，做数学．在处理问题中，适宜的数学化过程以及数学方法和表征的选择有赖于问题情境．

情境是学生解决问题过程中的一部分，但是情境对于学生来说有远有近．对于 PISA 而言，和学生最接近的是学生的个人生活，其次是学校生活、工作和休闲，接着是日常生活中遇到的社区和社会生活．科学情境是距离学生最远的情境．在 PISA 中，数学情境主要包括四种类型：个人的，教育的或职业的，公共的和科学的情境．

鉴于 PISA 主要评价学生"实际背景中的问题解决"，所以对于没有背景的问题，它没有作为评价的对象，但是，在学校教育中的学生，必然面对各种各样的问题，没有背景的问题对学生的问题解决不会产生太大的影响，相反，从个人背景到科学背景，学生在理解问题过程中就有难易分别．

在此，我们依据 PISA 和鲍建生（2002）的博士论文对"背景"的层次划分，把几何素养中的背景维度分为五个水平：无背景、个体背景、学校背景、公共背景和科学背景．

第一层次：无背景．在几何中，很多问题是由图形或形式化的语言构成，根本和生活或其他学科没有关系，对于这样的问题就是"无背景"．没有背景，在学生解决问题过程中，将减少思维的负荷，从这个角度来说，这是最低层次的.

例 5 - 44　如图 5 - 54，直线 a∥b，直线 AB 交 a 与 b 于 A，B，CA 平分∠1，CB 平分∠2，求证：∠C = 90°.

例 5 - 45　△ABC 中，AB = AC，D 为 AB 上一点，E 为 AC 延长线上一点，且 DB = CE. DE 交 BC 于 F，求证：DF = FE.

第二层次：个体背景. 这是和学生日常生活紧密相关的情境. 这种问题情境比较常见，无论是课堂教学还是各种测试中，学生经常遇到有关个人生活的问题.

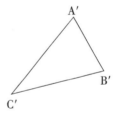

图 5 - 54

例 5 - 46　用硬纸板剪出两个全等的△ABC 和△A′B′C′，按照下列两种情况将△ABC 和△A′B′C′放在桌面上（如图 5 - 55）.

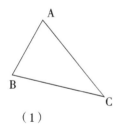

（1）

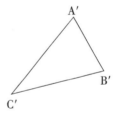

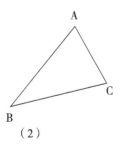

（2）

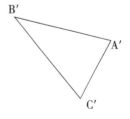

图 5 - 55

动手试一试，如何通过平移、旋转与轴对称等变换将△ABC 运动到△A′B′C′上，使两者互相重合．与你的伙伴们交流一下，看看谁的方法多．

例5－47 （澳大利亚维多利亚州课标）在图5－56 把左图中三列的点在右图中标出并连起来，写出小狗眼睛的坐标和小孩鼻子的坐标．

Column 1	Column 2	Column 3
Join:	Join:	Join:
（3,3）	（3,12）	（9,17）
（3,1）	（3,3）	（3,12）
（9,1）	（7,2）	（8,8）
（7,2）	（8,8）	（11,13）
STOP	STOP	STOP

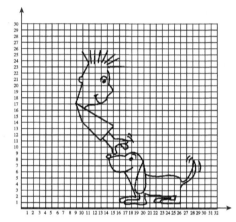

图5－56

图5－57

例5－48 如图5－57，一棵树在一次强台风中于离地面4 米处折断倒下，倒下部分与地面成30°夹角，这棵树在折断前的高度为多少米．

第三层次：学校背景．学校是学生生活的另一个环境，可以说学生在学校生活的时间甚至超过了在家的时间，学生除了对个人的生活背景熟悉之外，那就是学校情境了．

例5－49 （湖北省黄冈市中考题）蓝天希望学校正准备建一个多媒体教室，计划做长120cm，宽30cm 的长条形桌面．现只有如图5－58 所示的长80cm，宽45cm 的木板，请你为该校设计不同的拼接方案，使拼起来的桌面符合要求．（只要求画出裁剪、拼接图形，并标上尺寸）

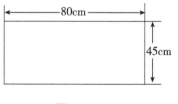

图5－58

例 5 – 50　高为 12.6 米的教学楼 ED 前有一棵大树 AB（如图 5 – 59）.

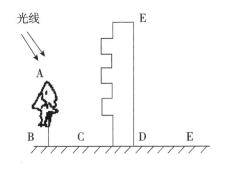

图 5 – 59

某一时刻测得大树 AB、教学楼 ED 在阳光下的投影长分别是 BC = 2.4 米、DF = 7.2 米，求大树 AB 的高度.

第四层次：公共背景. 公共背景包括社会环境下的情境，以及经济、职业的情境等，这些情境离学生的经历比较远，学生需要重新理解新的情境，然后再利用几何知识解决问题.

例 5 – 51　如图 5 – 60，牧童在 A 处放牛，其家在 B 处，A、B 到河岸的距离分别为 AC、BD，且 AC = BD，若 A 到河岸 CD 的中点的距离为 500 米.

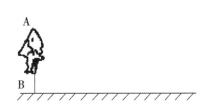

图 5 – 60

例 5 – 52　两条公路交叉成 α 角（α < 90°）（如图 5 – 61），在两条道路中间的 P 点有一个油库，如果要在两条公路上各设置一个加油站，设置在何处，可使运油车从油库出发，经过一个加油站，再到另一个加油站，最后回到油库所走的路程最短.

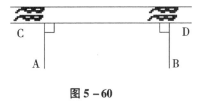

图 5 – 61

例 5 – 53　（2004 年南宁市实验区）某生活小区的居民筹集资金 1600 元计划在一块

上、下底分别为 10m 和 20m 的梯形空地上种植花木（如图 5 – 62）.

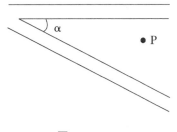

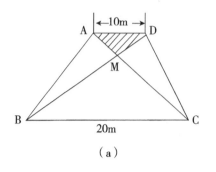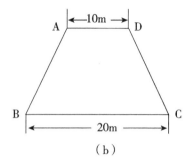

图 5 - 62

（1）他们在 △AMD 和 △BMC 地带上种植太阳花，费用为 8 元/m²，当 △AMD 地带（如图 5 - 62（a）阴影部分）种满花后，共花了 160 元，请计算种满 △BMC 地带所需的费用；

（2）若其余地带要种的有玫瑰花和茉莉花两种花木可供选择，费用分别为 12 元/m² 和 10 元/m²，则选择种哪种花木，刚好用完所筹集的资金？

（3）若梯形 ABCD 为等腰梯形，面积不变（如图 5 - 62（b））．请你设计一种花坛图案，即在梯形内找到一点 P，使得 △APB ≌ △DPC，且 S △APD = S △BPC，并说明理由．

第五层次：科学背景．这个背景主要是科学知识或者科学实验的过程（鲍建生，2002）．学生在这个背景下，面对的问题可能是其他学科的和几何相关的问题，例如物理、化学中的问题，或者就是进行一个实验研究的过程．

例 5 - 54 高致病性禽流感是比 SARS 病毒传染速度更快的传染病．

（1）某养殖场有 8 万只鸡，假设有 1 只鸡得了禽流感，如果不采取任何防治措施，那么，到第 2 天将新增病鸡 10 只，到第 3 天又将新增病鸡 100 只，以后每天新增病鸡数依此类推．请问：到第 4 天，共有多少只鸡得了禽流感病？到第几天，该养殖场所有鸡都会被感染？

（2）为防止禽流感病毒蔓延，政府规定：离疫点 3 千米范围内为扑杀区，所有禽类全部扑杀；离疫点 3 至 5 千米范围内为免疫区，所有的禽类强制免疫；同时，对扑杀区和免疫区内的村庄、道路实行全封闭管理．现有一条笔直的公路 AB 通过禽流感病区，如图 5 - 63，O 为疫点，在扑杀区内的公路长为 4 千米，问这条公路在该免疫区内有多少千米？

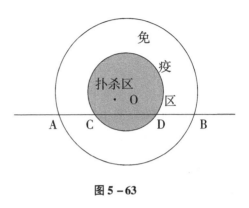

图 5 - 63

例 5 - 55 2003 年 10 月 15 日 9 时整，"神舟"五号载人飞船腾空飞起，急速飞向太空．假设飞船先竖直地上升 43 千米，然后以仰角为 5°的路线飞行，于 9 时 9 分 50 秒准确地进入离地 343 千米的预定轨道，开始巡天飞行，飞船绕地球飞行 14 周后，于 10 月 16 日 56 分 0 秒返回舱与推进舱成功分离，结束巡天飞行．飞船巡天飞行了大约 5.91×10^5 千米，飞船脱离预定轨道并以仰角 5°的路线返回路面．

（1）飞船巡天飞行的平均速度是多少千米/秒（结果精确到 0.01 千米/秒）？

（2）请你估算航天员杨利伟"天宫一日游"（从飞船发射到返回地面）的行程（结果精确到 1000 千米）．

Tamsin Meaney（2007）通过探究真实情境对学生的论证能力的影响，说明问题背景影响学生选择相关的解决方法，这在他们的论证中有所反映，紧接着也就是影响了他们的数学素养水平．

5.2.6 几何文化和信念

在几何素养的模型中，我们将单独探讨几何文化对学生的影响，同时也将把分析学生的数学信念对几何学习的影响．尽管这两个方面对学生的几何学习起着重要作用，但是，作为几何素养的重要表现形式，我们希望通过学生在知识、技能、应用和背景四个维度的表现来评价，虽然在本研究中，也提到了几何文化和信念，但是不作为主要的影响因素．

5.3　影响几何素养的因素之权重分析

通过讨论各个国家和地区的几何课程，以及数学专家和数学教师对几何的认知，我们研究了几何素养各个维度的水平，通过对学生在各个维度的表现，判断他们的水平，就可以评价他们的几何素养了．然而，不同的维度在评价学生的几何素养方面所起到的作用是如何的呢？这就需要讨论几何知识、技能、能力、应用和背景对于学生几何素养的贡献．

5.3.1　课程角度的几何素养指标权重分析

世界各国或地区的课程在对几何素养的影响因素上的重视并不完全一致，为了更好地体现出各国各地对不同因素的强调程度，我们从四个主要因素综合考虑，从而获得基于课程研究的几何素养因素的权重．

根据各国（或地区）数学课程标准的表述，我们把课程对"几何知识""几何能力""几何应用"和"几何背景"的重视程度分为三个层次：非常重要，重要，一般；把三个层次分别赋值为：3，2，1．从前面的分析可以看出，对于以上各个影响因素，各个课程都有所涉及，所以不存在不重视的意见．

鉴于第二个因素"几何能力"又分为"技能"和"高层次能力"两个二级指标，"技能"分为"直观""表达""作图""度量"和"基本推理"五个三级指标，"高层次能力"分为"空间想象能力"和"逻辑推理能力"，因此，我们首先分析课程在"能力"上的强调程度．和几何素养的四个维度相同，重视程度也分成三个层次，并按相同的方法赋值，通过平均加权法就可以得到"能力"的重视程度．

首先是关于几何技能重视程度的分析．根据十一个不同的课程，可以看出：在几何直观上，每个国家都非常重视．例如美国（NCTM）课程标准指出，用直观、空间推理和几何模型解决问题；英国强调用二维图形表示三维物体的能力；俄罗斯重视发展学生的几何直觉，学生要能够掌握空间图形的直观表示……在几何表达上，要求有所不同，例如美国，虽然提到了几何表征，但是并不强调几何表达；英国比较重视描述性的几何语言；而澳大利亚注重空间语言的发展；中国以往比较重视几何表达，但是 2001 年的课标降低了几何表达的要求．在作图方面，各个国家和地区对计算机作图有所加强，但是对传统的尺规作图的要求有所下降．英国、德国、澳大利亚非常重视作图，不仅能够画出图形，还要能够制作模型．在度量上，很多国家并不把它作为几何的内容，强调的重点在计算，但是又和图形的变化有关，例如割补，因此我们把这样的认识作为"重要"，也就是赋值为"2"．在几何的基本推理方面，美国也比较重视，提出"分析二维和三维几何图形的性质，并具有关于几何关系的数学推理能力"，但是在初中并不是很重视严密的逻辑证明；而英国、俄罗斯、新加坡、中国香港和香港比较重视基本推理，日本则降低了推理难度．

在高层次几何能力方面，主要是空间想象能力和逻辑推理能力．事实上，每种课程都重视空间想象能力的培养，除了日本没有明显的说明之外．在逻辑推理能力方面，英国、俄罗斯、新加坡和中国香港是非常重视的，其他课程并不是非常强调初中学生的逻辑推理能力．

根据对课程的分析，我们可以得到下面关于几何技能和能力的重视程度表．

表 5 - 1　课程中初中几何技能各级指标重视程度

地区 i＼因素 j	美国	英国	俄罗斯	澳大利亚	德国	日本	新加坡	中国香港	PISA	TIMSS	中国大陆
直观	3	3	3	3	3	3	3	3	3	3	3
表达	1	2	1	2	2	2	1	2	1	2	2
作图	2	3	2	3	3	2	2	2	2	2	2
度量	2	3	2	2	2	1	2	2	2	3	2
基本推理	3	3	3	1	2	2	3	3	3	2	3

下面我们通过求各个国家或地区在每一个因素中所占的百分比，求加权平均数的方法计算各个因素的权重．

设各个国家和地区对各个因素的强调程度为 A_{ij}（$i = 1, 2, \cdots, 11$；$j = 1, 2, 3, 4, 5$），则我们可以得到各个不同因素的权重：

以"直观"为例，先算出每个国家或地区"直观"因素强调程度占这个国家几何素养整体的百分比，加和并除以 11，得到了"直观"在十一个国家和地区的强调程度平均权重；同理，求其他四个因素的平均权重．我们可以使用下面的公式表示：

$$W_j = \frac{1}{11} \sum_{i=1}^{11} \overline{w_{ij}}, \left(\text{其中} \overline{w_{ij}} = \frac{A_{ij}}{\sum_{j=1}^{5} A_{ij}} = , i = 1, 2, , \cdots, 11; j = 1, 2, 3, 4, 5 \right)$$

根据这个公式，依次可以计算出十一种课程对于几何技能各级指标的平均权重．

几何直观的平均权重计算过程：

（1）$\overline{w_{11}} = \dfrac{3}{3 + 1 + 2 + 2 + 3} = 0.273$，

（2）同理可得，$\overline{w_{21}} = 0.214$，$\overline{w_{31}} = 0.273$，$\overline{w_{41}} = 0.273$，$\overline{w_{51}} = 0.25$，$\overline{w_{61}} = 0.3$，$\overline{w_{71}} = 0.273$，$\overline{w_{81}} = 0.25$，$\overline{w_{91}} = 0.273$，$\overline{w_{101}} = 0.25$，$\overline{w_{111}} = 0.25$；

（3）$W_1 = \dfrac{1}{11}$（$0.273 + 0.214 + 0.273 + 0.273 + 0.25 + 0.3 + 0.273 + 0.25 + 0.273 + 0.25 + 0.25$）$= 0.262$ 即几何直观在几何技能中的权重是 $w_1 = 0.262$.

同样的方法，我们可以求得 $W_2 =$ "表达"，$W_3 =$ "作图"，$W_4 =$ "度量"，$W_5 =$ "基本推理"．

$W_2 = 0.141$，$W_3 = 0.197$，$W_4 = 0.179$，$W_5 = 0.221$

则五个指标的权重就是：

$W_1 = 0.262$，$W_2 = 0.141$，$W_3 = 0.197$，$W_4 = 0.179$，$W_5 = 0.221$

（考虑到四舍五入，可能加和不等于 1.）

按照同样的方法，计算高层次能力的权重．

表 5 - 2　课程中的初中几何高层次能力各级指标重视程度

地区 i 因素 j	美国	英国	俄罗斯	澳大利亚	德国	日本	新加坡	中国香港	PISA	TIMSS	中国大陆
空间想象	3	3	3	3	3	2	3	3	3	2	3
逻辑推理	2	3	3	2	2	2	3	3	2	2	2

设各国或地区课程中对于两种高层次能力强调程度为 a_{ij}，只要把上述的公式改为：

$$C_j = \frac{1}{11}\sum_{i=1}^{11} C_{\overline{ij}},\left(\text{其中}\overline{c_{ij}} = \frac{a_{ij}}{\sum\limits_{j=1}^{2} a_{ij}}, i = 1,2,,\cdots,11; j = 1,2\right)$$

同理可以计算得到：

$C_1 =$ "空间想象能力"，$C_2 =$ "逻辑推理能力"

$C_1 = 0.545$，$C_2 = 0.455$

接下来，我们把上述的十一种课程从知识、能力、应用和背景四个因素综合分析，从而得到不同课程对这四个因素的强调程度（表 5 - 3）.

设各地区的课程中对于知识、能力、应用和背景强调程度为 n_{ij}，计算权重公式记为：

表 5 - 3　课程对影响几何素养的各因素的重视程度

地区 i \ 因素 k	知　识	能　力	应　用	背　景
美国	2	3	3	2
英国	3	3	3	2
俄罗斯	3	3	2	1
澳大利亚	2	3	3	3
德国	2	3	3	2
日本	2	3	2	1
新加坡	3	3	2	1
中国香港	3	3	2	1
PISA	2	3	3	3
TIMSS	3	2	2	1
中国大陆	3	2	1	2

$$L_k^{课} = \frac{1}{11}\sum_{k=1}^{11}\overline{n_{ik}},(\text{其中 }\overline{l}_{ik} = \frac{n_{ik}}{\sum\limits_{k=1} n_{ik}}, i = 1,2,,\cdots,11; k = 1,2,3,4)$$

$L_1^{课}$：知识；$L_2^{课}$：能力；$L_3^{课}$：应用；$L_4^{课}$：背景

计算可得：

$L_1^{课} = 0.276$；$L_2^{课} = 0.299$；$L_3^{课} = 0.246$；$L_4^{课} = 0.178$

（考虑到四舍五入，可能加和不等于 1.）

5.3.2　数学家角度的几何素养指标权重分析

根据数学家对于几何素养各项影响因素强调的不同，采用课程角度分析的方法，可以计算数学家在几何素养各个维度的权重.

设数学家对于每个技能的重视程度为 B_{ij}（$i = 1, 2, \cdots, 12$；$j = 1, 2, 3, 4, 5$），则我们可以得到各个不同因素的权重：

$$M_j = \frac{1}{12}\sum_{i=1}^{12}\overline{m\,ij},(\text{其中 }\overline{m_{ij}} = \frac{B_{ij}}{\sum\limits_{j=1} B_{ij}}, i = 1,2,,\cdots,12; j = 1,2,3,4,5)$$

M_1：直观；M_2：表达；M_3：作图；M_4：度量；M_5：基本推理.

那么各个技能的权重分别是：

$M_1 = 0.280$；$M_2 = 0.155$；$M_3 = 0.191$；$M_4 = 0.123$；$M_5 = 0.251$.

（考虑到四舍五入，可能加和不等于 1.）

同理，我们可以计算高层次能力的权重

$C'_1 =$ "空间想象能力"，$C'_2 =$ "逻辑推理能力"

计算可得：

$C'_1 = 0.525$ ；$C'_2 = 0.475$

同样的方法计算数学家对于几何素养影响因素的强调程度，它们分别是：

$L_1^{数}$：知识；$L_2^{数}$：能力；$L_3^{数}$：应用；$L_4^{数}$：背景

$L_1^{数} = 0.274$；$L_2^{数} = 0.357$；$L_3^{数} = 0.233$；$L_4^{数} = 0.137$.

（考虑到四舍五入，可能加和不等于 1.）

5.3.3　中学教师角度的几何素养指标权重分析

和上述的方法类似，我们也可以计算中学数学教师对技能、能力，以及几何素养各项影响因素的强调程度.

设中学教师对于每个技能的重视程度为 D_{ij} （$i=1$，2，…，20；$j=1$，2，3，4，5），则我们可以得到各个不同因素的权重：

$$T_j = \frac{1}{20} \sum_{i=1}^{12} \overline{t_{ij}}, （其中 \overline{t_{ij}} = \frac{D_{ij}}{\sum_{j=1}^{5} D_{ij}}, i=1,2,,\cdots,20; j=1,2,3,4,5）$$

T_1：直观；T_2：表达；T_3：作图；T_4：度量；T_5：基本推理.

那么各个技能的权重分别是：

$T_1 = 0.262$；$T_2 = 0.141$；$T_3 = 0.191$；$T_4 = 0.17$；$T_5 = 0.237$.

（考虑到四舍五入，可能加和不等于1.）

同理，我们可以计算高层次能力的权重

$C''_1 =$ "空间想象能力"，$C''_2 =$ "逻辑推理能力"

计算可得：

$C''_1 = 0.605$；$C''_2 = 0.395$

同样的方法计算中学教师对于几何素养影响因素的强调程度：

$L_1^{中}$：知识；$L_2^{中}$：能力；$L_3^{中}$：应用；$L_4^{中}$：背景

$L_1^{中} = 0.314$；$L_2^{中} = 0.302$；$L_3^{中} = 0.208$；$L_4^{中} = 0.176$.

5.3.4　几何素养的维度及指标的权重

综合国际视野下的课程分析、数学家访谈和中学数学教师访谈，我们通过加权平均法，可以得到技能、高层次能力和几何素养影响因素的权重. 设技能为 S_p（$p=1$，2，3，4，5），高层次能力为 N_q（$q=1$，2），几何素养为 L_r（$r=1$，2，3，4）.

首先是各个技能的权重：

$$S_1 = \frac{11 \cdot W_1 + 12 \cdot M_1 + 20 \cdot T_1}{11+12+20} = \frac{11 \times 0.262 + 12 \times 0.28 + 0.262 \times 20}{11+12+20}$$

$= 0.267$

同理可得

$S_2 = 0.145$；$S_3 = 0.193$；$S_4 = 0.159$；$S_5 = 0.237$

也就是在几何技能这个维度上，"直观"的影响占到了 0.267，"表达"是 0.145，"作图"是 0.193，"度量"是 0.59，而"基本推理"是 0.237.

根据这样的算法，可以得到高层次能力的权重：

$N_1 = 0.567$，$N_2 = 0.433$. 也就是"空间想象能力"是 0.567，"逻辑推理能力"是 0.433.

最后算出几何素养各因素的权重：

$L_1 = 0.293$；$L_2 = 0.317$；$L_3 = 0.225$；$L_4 = 0.166$.

这就是说："知识"在其中占 0.293，"能力"占 0.317，"应用"占 0.225，"背景"占 0.166.

5.4 几何素养的评价体系的模型构建

根据几何素养四个维度的水平划分，各级指标水平的分析，以及各个影响因素和各个指标的权重计算，我们可以将图 5-3 的模型修订为图 5-64 形式.

在这个模型中，主要从四个维度来评价学生的几何素养，即：几何知识、能力、应用和背景，而把几何文化和几何信念作为参考的指标.

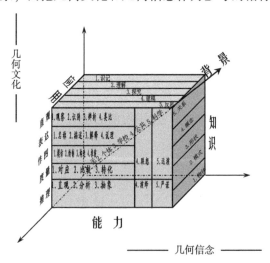

图 5-64

假设几何素养使用字母"L"表示，知识、能力、应用和背景分别使用"z"、"n"、"y"和"b"（四个维度的汉语拼音首个字母）表示．这样，我们就可以结合 5.3 中的权重分析，得到多元一次函数：

$$L(z,n,y,b) = L_1z + L_2n + L_3y + L_4b \qquad (\sum_{i=1}^{4} Li = 1)$$

$$= 0.293z + 0.317n + 0.225y + 0.166b \quad \cdots\cdots\cdots\cdots (1)$$

也就是如果测得了学生在几何知识、能力、应用和背景四个维度的水平，我们可以综合地评价他们的几何素养．

对于二级指标"能力"，我们可以通过同样的方法来建立函数关系．

假设"能力"用字母"n"表示，在"技能"层次，设直观、表达、作图、度量和推理分别使用"v"、"e"、"d"、"m"和"r"来表示，则

$$n(v,e,d,m,r) = S_1v + S_2e + S_3d + S_4m + S_5r \qquad (\sum_{j=1}^{5} Sj = 1)$$

$$= 0.267v + 0.145e + 0.193d + 0.159m + 0.237r \quad \cdots\cdots\cdots (2)$$

设高层次能力的两个方面"空间想象能力"和"逻辑推理能力"分别为"s"和"l"，同样我们可以得到

$$n(s,l) = N_1s + N_2l \qquad\qquad (N_1 + N_2 = 1)$$

$$= 0.567s + 0.433l \quad \cdots\cdots\cdots\cdots\cdots\cdots\cdots\cdots (3)$$

这里要说明的是，当逻辑推理能力较高，例如达到了水平 4：演绎水平，但是在另一个能力方面还达不到空间想象能力，也就是处于技能水平，就使用第（2）个公式计算能力的综合水平，此时的直观、表达、作图、度量再重新评定；如果已经达到了"空间想象能力"，但是推理还没有达到高层次水平，除了基本推理，其他技能忽略不计，使用第（3）个公式计算．（经过检验，这样做的误差在千分之一至千分之五，可以忽略不计）

公式（1）（2）（3）是初步评价学生几何素养的基本依据，通过对学生测试和调查，使用教育统计和测量的方法，对以上三个公式的权重再加以讨论修正，从而得到比较合理的评价方案．

5.5　本章总结

在本章，我们解析了几何素养评价维度，初步构建了几何素养评价模型. 我们对于几何素养的四个主要维度：几何知识、能力、应用和背景进行了详细的分析，并对每个维度划分了层次，对每个层次的学生表现结合具体例子进行了具体论述. 这为几何素养的评价体系和模型构造建立了基础.

基于第 4 章对几何素养内涵的分析，我们从几何课程、数学家和数学教师三个角度分析几何素养的四个主要维度在几何素养评价模型中的权重. 通过建立一个权重公式，设定了每个维度的权重，从而构建了完整的几何素养评价体系.

第6章 中学生几何素养的评价分析

在本章，我们将通过对初中学生的几何素养的测试，分析当前初中生几何素养的水平．

6.1 被试

选取广州市 A、B、C 三所初中的七、八年级共 1000 多人参加测试，有效试题为 820 份．其中 A、B 两个学校的学生参加七年级测试，三所学校的学生都参加了八年级测试．基本统计特征见表 6-1.

表 6-1 被试的统计学特征

	七年级	八年级
学校 A	60 人	410 人
学校 B	340 人	180 人
学校 C	0 人	80 人
平均年龄	12.7 岁	14 岁

6.2 测试题与程序

在正式测试之前，我们根据几何素养评价体系设计了一套预测试题，这套试题只是作为参考，而不进行统计分析．选择七年级学生 100 人进行预测试，根据学生的答题情况，修改试题，确定正式的测试问题．

6.2.1 预测试

几何素养包括四个维度，而低层次能力又由"直观""表达""作图""度量""基本推理"构成，高层次能力由"空间想象能力"和"逻辑推理能力"构成．为了预先了解学生在各个维度和二级、三级指标上的表现，我们先为七年级学生设计了几何素养的测试题．

七年级预测试题共有 7 个大题目，其中蕴含的几何知识包括：图形、周长、面积、视图、平行线、角等；将考查学生各种技能和能力，以及对背景的理解和几何应用水平．（见附录 4）

在对 100 名七年级学生测试以后，经过评析试题答卷情况，发现有这样几个特点：

• 学生对于没有背景的图形识别能力较好，对于含有多个基本图形的复杂图形，大多数学生都可以从中找出基本图形，并且数出个数；

• 学生对于尺规作图中的无理数和有理数问题比较模糊，画圆为方的题目对于初中生有些难度；

• 七年级学生在几何证明和几何表达方面还处于初级阶段，这和几何课程有很大关系；

• 对于一些非常规问题，学生能够设计一些解决问题的策略，这些策略体现了他们在几何应用方面的不同；

• 题目的数量过大，影响学生的答题效率和信心．

• 大多数问题没有背景，这不利于考查学生对于几何背景的理解．

根据预测试题的特点和学生解答的这些情况，我们重新修订测试题，分为七年级和八年级两份试题．两份试题中的大部分题目是一样的，只有第 2 题有所不同，在七年级是预测试题中的作图题；在八年级是一个判断题和几何证明题．这两个问题都是以考查学生的几何作图为主．

尽管我们希望设计的试题能够全面测试学生的几何素养，也就是每一个问题都试图把学生在各个维度的水平区分开，但是在实际操作中，这是很难做到的．我们设想可以根据试题的难度，结合学生完成试题的结果，综合评价学生的几何素养水平.

6.2.2　测试题

七年级的测试题共 5 个大问题，它们的主题分别是：从背景中识别图形；根据已知图形画出位置图形；判断图形的大小和长度；图形的空间位置和变换；几何问题解决.

八年级的测试题也是 5 个大问题，主题和七年级类似，不同的是在第 2 大题中除了作图之外，学生要书写推理证明的过程.

问题有的是研究者自己编制的，有的是选自 PISA 测试题，还有的改编自各地中考、高考题. 每个问题都能呈现不同水平的知识和背景水平，注重考查学生的几何能力和应用（见附录 2 和附录 3）.

6.2.2.1　测试题难度分析

下面我们分析试题的难度. 以八年级试题为例，根据几何素养的评价体系的模型，可以得到试题的难度. 首先，我们列出八年级试题的各个维度的不同指标的水平细目表.

表 6 – 2　八年级试题的各个维度的不同指标的水平细目表

维度 题目		能力							知识	应用	背景
		技能					高层次能力				
		直观	表达	作图	度量	基本推理	空间想象	逻辑推理			
题目 1		3	1	1	1	1			3	1	3
题目 2	(1)	3	3	3	1	2			4	2	1
	(2)	3	4	2	1	3			5	2	1
题目 3	(1)	4	3	3	3	2			4	3	5
	(2)	4	3	3	3	3			4	3	5
	(3)	4	3	3	3	3			4	3	5
题目 4	(1)					2	4		3	3	2
	(2)					3	5		5	3	2
题目 5		4	4	4	3	3			5	4	5

为了得到试题的难度，我们使用下面计算试题难度的方法.

以第1题为例，分析八年级试题的几何能力水平.

在第一题中，直观达到了水平3，因此在水平1到水平5中，在水平3一列标注1，其余水平为0；同理可得其他二级指标水平.

表6-3 题目1能力水平分布表

指标＼水平	水平1	水平2	水平3	水平4	水平5
直观	0	0	1	0	0
表达	1	0	0	0	0
作图	1	0	0	0	0
度量	1	0	0	0	0
基本推理	1	0	0	0	0

题目1的技能水平可按照下面的方法计算.

为了区分不同水平，可以对水平等级赋值，设水平1到水平5分别赋值为：

水平 $1=0$；水平 $2=25$；水平 $3=50$；水平 $4=75$；水平 $5=100$

设技能各项指标的权重矩阵为 $X_1=(0.267, 0.145, 0.193, 0.159, 0.237)$，

$$水平等级矩阵为：Y_1=\begin{pmatrix}00100\\10000\\10000\\10000\\10000\end{pmatrix}，赋值矩阵为：F_1=\begin{pmatrix}0\\25\\50\\75\\1000\end{pmatrix}$$

$$n_1=(0.267, 0.145, 0.193, 0.159, 0.237)\begin{pmatrix}00100\\10000\\10000\\10000\\10000\end{pmatrix}\begin{pmatrix}0\\25\\30\\75\\100\end{pmatrix}=13.35$$

同理可以计算题目 2、3、5 的难度，$n_{21} = 36.18$，$n_{22} = 40.9$，$n_{31} = 50.8$，$n_{32} = 56.73$，$n_{33} = 56.73$，$n_5 = 65.18$.

由于第四题只有"推理"和"空间想象"，按照另一个权重矩阵 $X_2 =$（0.433，0.567）. 例如题目 4 的第（1）问等级水平分布如下：

表 6 - 4　题目 4（1）能力水平分布表

指标＼水平	水平 1	水平 2	水平 3	水平 4	水平 5
推理	0	1	0	0	0
空间想象	0	0	0	1	0

水平等级矩阵：$Y_2 = \begin{pmatrix} 0 & 1 & 0 & 0 & 0 \\ 0 & 0 & 0 & 1 & 0 \end{pmatrix}$，赋值矩阵 $F_1 = \begin{pmatrix} 0 \\ 25 \\ 50 \\ 75 \\ 100 \end{pmatrix}$

同理，可以求得

$$n_{41} = (0.433, 0.567) \begin{pmatrix} 0 & 1 & 0 & 0 & 0 \\ 0 & 0 & 0 & 1 & 0 \end{pmatrix} \begin{pmatrix} 0 \\ 25 \\ 50 \\ 75 \\ 100 \end{pmatrix} = 53.35$$

应用同样的方法，可得第 4 题的第 2 小题的难度水平：

$n_{42} = 78.35$

同理，可以计算每个题目在知识、应用和背景维度的难度；再根据知识、能力、应用和应用的不同权重，计算每道题的综合难度水平，把它们加和求平均，就得到了试题的综合难度水平.

经过计算，八年级试题的难度是 57.29. 这是一份中等偏上难度的题目，如果学生能够在各个水平达到最高值，那么他的几何素养属于中等偏上．我们将根据学生的答题情况，使用统计方法进一步处理学生测试的水平．

同样的方法可以计算七年级测试题的难度，经计算，和八年级的难度一样．

6.2.2.2 测试题编码

我们对有效答题进行了编码，编码信息包括学校、年级和序号．每个学生有一个编码，例如学生的编码是18001，表示她是第一所中学的八年级学生，在试卷编码中的第一个．

为了便于按照几何素养的各个维度批改试卷，我们设计了评卷卡，每张评卷卡包括了学生在知识、能力、应用和背景所达到的水平．

评卷卡对于数据的录入有着很大的便利，不需要再翻阅试卷就可以得到所有的信息，评卷卡和试题的水平细目表类似．

6.2.2.3 测试题的批改和数据录入

在第3章的研究方法中，我已经论述过数据的收集和处理．测试题回收以后，在数名本科生的帮助下，我们先对试卷进行了编码．与此同时，根据几何素养的评价体系模型，制定评分标准，进行试评．在试评过程中，修订评分标准，使之尽可能真实反映学生几何素养的各个维度．

测试题的批改是一项很费时费力的工作，每一份试题要得到66个数据，共有800多份试题；在10余名硕士研究生的帮助下，我们用了接近20个小时，接近一周（每天工作3小时）的时间，把所有题目批改完毕．

批改完试卷以后，把所有的评卷卡收集在一起，进行数据录入．在录入数据中，考虑到每个题目的评分情况不同，因此按照题目分知识、背景、应用和能力的各个指标录入，这也是一份繁杂而容易出错的工作，经过3天的时间，把所有的数据录入EXCEL表格．

6.2.2.4 数据的处理和分析

在本研究中，数据处理和分析使用的是软件SPSS14.0和EXCEL．所有的试题使用评分卡得到原始的水平分数，这些分数包括几何素养的四个维度和能力的五个三级指标．根据评价体系的数学模型，将能力的指标：直观、表达、作图、度量和推理，或空间想象和逻辑推理，综合计算，得出能力的分值；再由几何素养的综合模型，计算得出几何素养的分值；为了统计的方便，对最初的得分使用赋值的方法，得到百分制的分数，计算方法和计算试题难度类似.

进一步，为了综合地评价学生的几何素养，我们把百分制的分数转化为标准分. 原始分转化为标准分是线性转换，不改变原始分的分布形态，也不改变原始分的排位顺序，但是它的分值扩大了，有利于进一步区分学生的差异.

6.3　学生几何素养的水平划分

几何素养是由多维度的分量评价综合而得到的，根据学生的测试情况以及第 5 章关于几何素养评价的模型，我们可以将几何素养划分成不同的水平，通过对这些水平描述和学生测试结果，可以评价学生的几何素养.

根据调查的情况，结合几何素养评价体系，本研究把学生的几何素养分成五个水平：孤立性、功能性、多元性、综合性和评判性水平.

6.3.1　水平 1：孤立性水平

在这个水平的学生，在几何素养的表现有这样的特点：学生能使用日常语言描述熟悉的几何背景，例如大、小、高、低、远、近等，他们或许可以识别出基本图形，例如正方形、圆、长方形、三角形，但都是基于生活的常识而不是几何的概念；他们不能设计问题解决的策略，记忆的公式或概念都是孤立不相联系的；能够解决表征单一的常规问题，使用最基本的方法，应用最基本的几何概念（例如：相交、平行）.

表 6 - 5　孤立性水平的几何素养

几何素养的标准（水平 1）	达到该标准的学生的行为情况或举例
1.1 学生能从实物中找出几何模式和图形，可能了解一些几何概念或定理，但是不能把图形和概念、定理建立联系，他们在这个水平的知识是孤立的、零散的、不确定的	• 太阳是圆的；杯子是柱体；图中有三角形、长方形； • "两直线平行，内错角相等"这是什么意思？ • 这是圆周角，那是圆心角，没有什么关系
1.2.1 从直观上能够把一个图形作为一个整体识别，可以从图形中，图示中或图案中发现简单图形．根据物体或图形的外表进行分类或比较	• 从一些图形中找出少量基本图形，通过观察区分基本图形，例如，这是长方形，那是梯形； • 从不同角度认识图形，正着的三角形，倒立的三角形；旋转的正方体
1.2.2 能够说出图形的名称或者几何名称	• 这个图形是一个圆，那是一个正方体； • 角 A 和角 B； • ∠ABC 和∠CBA 是同一个角
1.2.3 能够模仿着画平面图	• 使用直尺画出三角形或长方形，使用圆规画出圆
1.2.4 使用带有刻度的直尺测量规则图形长度	• 测量矩形的长和宽
1.2.5 认识到图形的差异，但不能根据图形的组成分析一个图形；不能使用图形的性质把图形归类；不能使用语言归纳图形的特征	• 认识平行四边形，但是不能根据平行四边形的判定定理来确认； • 这两个三角形相等，他们看起来是相等的； • 不会使用"所有的、有些、每一个或没有"这些词语概括图形的特征，例如不知道全等三角形所有对应边相等
1.3 根据生活经验或猜测解决最基本的几何问题，能够记起几何知识，但是很多时候是不相关的，不理解几何知识的作用，和情境没有联系	• 用绳子绕着瓶子一周，就可以测得内部直径的长度； • 使用计算圆的面积公式求瓶子的内部直径； • 把图形分割……
1.4 理解熟悉的背景，但是不能和几何概念相联系，只能从自然语言描述背景	• 这是一个瓶子； • 这里有图形，圆的、方的

6.3.2　水平 2：功能性水平

功能性水平的几何素养有这样的特点：按步骤解决问题，包括熟悉的背景下平面或空间的推理论证问题；理解不熟悉的几何情境中的背景描述，具有基本的问题解决技能（例如根据经验设计一个简单方案）；在熟悉对象的不同表征之间建立联系，使用给定的或熟悉的数学模型处理问题；运用简单运算（例如：刻度转换、比例推理、体积、面积、周长公式等）解决几何问题.

表 6-6 功能性水平的几何素养

几何素养的标准（水平 2）	达到该标准的学生的行为情况或举例
2.1 了解基本的几何概念，认识图形，在基本概念之间建立联系，几何知识是线性的分布或者间断性的	• 等腰三角形就是两个腰相等； • 对角线把长方形分成两个三角形； • 梯形有两个边平行； • 正方形是正方形，不是平行四边形
2.2.1 识别图形并检验图形组成部分之间的关系；发现不熟悉的图形的性质；根据图形的性质比较图形，从不同的角度划分图形	• 这是一个梯形，有两边平行，另外两边不平行； • 根据矩形和平行四边形的性质辨析他们的相同点和不同点
2.2.2 根据图形的性质，理解并使用合适的词语描述图形及其构造；描述一类图形的性质和结构	• 等腰直角三角形就是有一个角是直角，并且两个边相等. • 这个图形是由六个正方体组成：
2.2.3 根据图形的性质或者语句表达的内容画出图形	• 画出一个四边都相等的封闭图形； • 已知一个平行四边形，AB∥CD，AD∥BC
2.2.4 使用公式计算常规图形的周长、面积和体积	• 已知梯形的两个底分别是 20 厘米，30 厘米，高是 15 厘米，请问梯形的面积是多少
2.2.5 通过观察、测量等归纳一些图形的性质和模式；根据基本定理分析结论的正确性	• 经过测量，发现三角形的外角和是 360°，另一个也是 360°，推测所有的三角形外角是 360°； • 根据两直线平行，同位角相等，分析两个角度是否相等
2.3 使用基本的方法解决问题，设计一个相对比较简单的方案；使用图形的性质或简单定理解决几何问题	• 使用割补法求平行四边形的面积； • 把三角形的三个角转移到一条直线上，证明三个角的和是 180°
2.4 理解关于不熟悉的几何情境的语言描述	• 测量瓶子的内部直径就是测量瓶子的里面的那个圆的直径，瓶子的壁有厚度

6.3.3 水平3：多元性水平

在这个水平，学生将应用几何概念、性质、定理等，解决各种问题，包括不熟悉的背景下的平面或空间的推理论证问题，能够解释几何问题的复杂背景；在不同的表征之间建立联系，并进行整合；利用二维模型来处理三维空间不熟悉几何情景的表征；应用几何直观和推理解决问题；发展并使用几何情境中的问题解决策略；熟练运算．

表6-7 多元性水平的几何素养

几何素养的标准（水平3）	达到该标准的学生的行为情况或举例
3.1 理解几何概念和定理，在不同的概念之间能够建立基本的联系，能够使用公式表示概念，并下定义	●解释复杂的几何情境，推理和讨论几何背景中的数字关系； ●比较熟悉基本的几何图形，掌握基本的几何公理和定理； ●学生可以计算三角形的内角，四边形的内角，五边形的内角，但是不能发现外角的特点
3.2.1 根据图形的概念和观察到的性质对图形进行分类，分析图形之间的内部联系，比较相同点和不同点；理解平移、旋转、全等、相似等，但是这些概念之间不能整合	●学生可以根据图形的特征给出定义，例如平行四边形，同时还可以发现图形其他的性质； ●图形转过一个角度，它的大小和形状没有变化；可以补全简单立体图形割掉的部分，有一定的视图能力
3.2.2 按照步骤分析图形的性质，并且和他人进行交流；分析简单的几何命题，能够完整地写出简单的证明过程	●根据三角形全等，证明两个角相等或者两条边相等； ●使用几何推理的语言表达自己的想法
3.2.3 能够根据图形的特征构造出新的图形；或者添加合适的辅助线	●在已知两条平行的直线中间，过点 P 作一条直线和已知直线平行
3.2.4 能用割补的方法转化图形，但是方法不一定可行，或者转化后的图形更为复杂	●求一个不规则图形的面积，使用标准的几何图形进行分割或填补，例如正方形、矩形

几何素养的标准（水平 3）	达到该标准的学生的行为情况或举例
3.2.5 学生能够理解演绎推理的规则，并且使用基本的推理方法解决问题；但是不理解公理体系下的推理的意义；不能区分命题和逆命题	● 学生能够根据基本的事实进行演绎推理，或者符合逻辑的解释问题，例如，不用测量，我就知道八边形的内角和是 1080° ● "两直线平行，内错角相等；内错角相等，两直线平行"没有区别
3.4 应用空间可视和图形变换解决二维或三维图形的问题；有解决问题的几何方法和策略，探究问题并能够使用给出的几何模型解决问题	● 把对空间的观察应用到不标准的几何情境中； ● 能够使用基本的几何模型解决现实问题，例如，使用水测量瓶子的体积；把一个三角形纸板剪成一个最大的圆
3.5 能够解释几何问题的复杂背景，并使用不标准的数学语言进行论述，理解学校和生活中的几何背景	● 学校的办公楼是轴对称图形； ● 从学校到家的距离大概是 5 千米； ● 我家在学校南面偏东的方向

6.3.4　水平 4：综合性水平

达到综合性水平的学生在几何方面有这样的表现：制定合理的设想来解决问题，或者使用提供的设想来解决问题，通过假设来化简并解决现实背景中的几何问题，例如：现实世界情境下量的估算，并能交流解释；在二维和三维问题中，使用空间推理论证、反思和观察（解决问题），包括常规的和非常规的；在不熟悉的情境下，会使用常见的几何原理；发展良好的空间推理能力，利用这种能力，以及论证和观察力来辨别相关信息，解释或说明几何问题的不同表征，在不同表征之间建立联系；设计多种策略解决几何问题．

表 6-8　综合性水平的几何素养

几何素养的标准（水平4）	达到该标准的学生的行为情况或举例
4.1 理解几何概念和图形，在不同的概念和定义之间建立联系，构建简单的知识结构图；熟悉公理、定理和定义，运用他们解决问题；了解一些关于方法和策略的知识，例如，数形结合，归纳猜想等	● 熟悉三角形全等的判定定理； ● 三角形的中垂线的概念； ● 中垂线和中线、角平分线等概念有着重要的区别； ● 分析轴对称和中心对称的相同点和不同点
4.2.1 能够灵活处理图形，在二维和三维图形之间转换，从实际情境中出抽象出几何图形，具有一定的空间想象能力	● 在一个圆柱体内放入一个长方体，画出图形 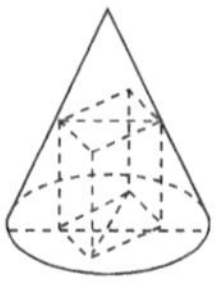 ● 一个图形旋转一周得到什么图形？ ● 三视图问题． ● 将一个图形的纸片对折再对折，然后沿着虚线减去一个角，如图所示，展开后的图形是： 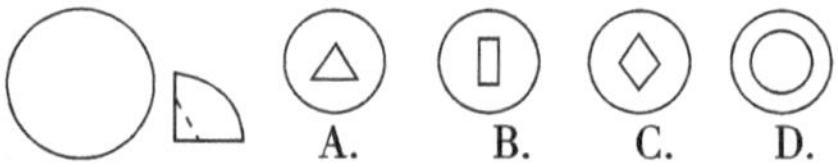
4.2.2 能够分析一个正式定义的特征，充分性和必要性，以及等级定义；在公理系统内进行证明；能够证明定理和相关命题的关系；比较不同的证法；能够使用正式的演绎推理，但是不能分析证法的公理系统或比较公理系统	● 依据三边对应相等证明两个三角形全等； ● 如果一个三角形是等腰三角形，那么两个底角相等． ● 使用平行于同一条直线的两直线平行这样的定理，分析其他平行线定理
4.3 应用几何的概念和性质解决生活中的问题，设计问题解决的过程和策略，从问题情境中找出数学模型，选择合适的几何模型解决相关问题	● 把削去皮的菠萝抽象为一个柱体或椭球；使用解析几何的方法解决体积或面积问题； ● 使用体积公式解决生活中的问题； ● 从各种几何现象中找到具有一般规律的数学模型
4.4 理解复杂的几何背景，从具有公共性质或科学性质的情境中寻找几何概念，抽象出几何模型	● 建筑中使用铅锤测量墙面是否和底面垂直； ● 木匠使用的拐尺； ● 经济中的股票走势图形等

6.3.5　水平 5：评判性水平

评判性水平的几何素养有这样的特点：对问题情境做出评判，提出自己的观点；辨别、精选相关信息，解释说明复杂的问题背景，以及和这些背景相关的多重表征，并且将不同的相关信息联系起来；能够解决复杂的几何问题，包括多重表征的问题，在不熟悉或复杂情境中使用几何推理论证，熟练而正确地进行复杂的多步计算；在复杂几何情境概念化过程中，或者在不熟悉的复杂表征过程中，具有较强的推理能力、敏锐的观察能力和反思能力；归纳猜想发现的结果，数学地交流问题解决的方法，并且能够进行书面的数学解释和论证．

表 6 - 9　评判性水平的几何素养

几何素养的标准（水平 5）	达到该标准的学生的行为情况或举例
5.1 在不同的公理系统严格建立几何概念、定理等；在平面、立体和解析几何中，理解并使用几何概念、定理	• 使用向量的方法解决空间直线的夹角问题
5.2.1 能够把具体的图形或者语言描述的情境抽象为心理表象，对这些表现进行运算推演；把这种心理行为转化为图形和数字	• 在他人叙述或根据文字表达形成图形表象，例如，空间中的一个四面体，直线 AB 和 CD 是异面的，在这个四面体中有一条过点 A 的垂线，垂足为 O……在这样的叙述中，能够形成图形的表象
5.2.2 能够严格地在不同的公理系统中建立定理，分析比较这些公理系统	• 使用向量法和演绎推理的综合法解决空间中的距离问题
5.3 把问题情境数学化，寻找合适的模型解决问题，评价和批判地分析使用的几何模型	• 在使用空间解析几何中的几何模型解决问题之后，反思这个模型的优点和不足，修正模型
5.4 理解各种各样的几何或数学的情境，包括带有科学背景的问题	• 竖直安装的马达与水泵（参见第 5 章）

6.4 学生几何素养的评价分析

通过对数据的处理，结合学生几何素养的水平划分，我们对当前初中生（七年级和八年级）的几何素养进行评价分析.

6.4.1 学生几何素养的总体表现

尽管七年级和八年级的试题有一些差异，但是从难度上来看，两套试题相差无几，因此，两者可以进行比较.

从总体上来看（表6-10），学生的几何素养最高分是695.90，最低分是253.29，对应的原始分是45.54和3.51，而试卷的总分是57.29，也就是最高分的得分率是79.5%，最低分的得分率是6.1%. 标准分的标准差是9.976，反映出学生的几何素养有着较大的差异. 结合几何素养水平划分以及学生的答题情况，可以按照标准分进行分类.

表6-10 学生得分总体情况表

N	Valid	820
	Missing	0
Std. Error of Mean		3.48361
Median		503.8435
Std. Deviation		9.9755
Variance		99.511
Minimum		253.29
Maximum		695.90
Percentiles	25	427.3813
	50	503.8435
	75	576.2628

表6-11 学生几何素养水平基本统计量

几何素养水平	标准分值	人数	百分比
水平1：孤立性	253—380	120	14.6
水平2：功能性	380.01—550	435	53.0
水平3：多元性	550.01—650	210	25.6
水平4：综合性	650.01—699	55	6.7
水平5：评判性	——	——	——

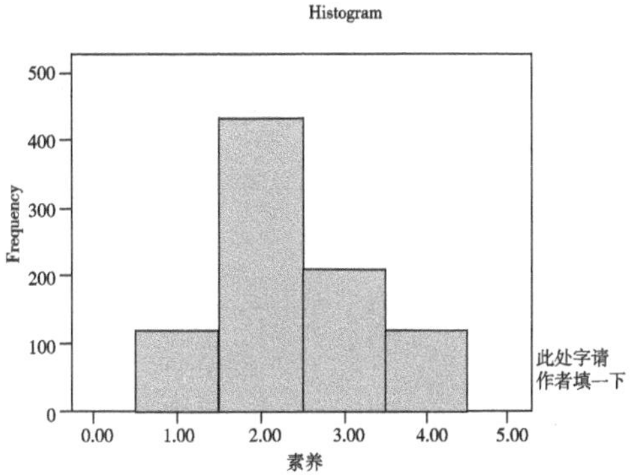

图6-1 几何素养水平频数直方图

从学生几何素养水平基本统计量（表6-11）和学生几何素养水平频数直方图（图6-1）可以看出，大部分学生的几何素养处于水平2和水平3，即在功能性水平和多元性水平. 达到水平4：综合性水平的学生只占全体的6.7%，而处于孤立性水平的学生有14.6%.

接下来，我们按照年级分组，分析不同年级学生几何素养表现的差异. 两个年级的基本统计量如表6-12.

表6-12 七年级和八年级的基本统计量

年级	平均数	方差	最高分	最低分
七年级	460.37	8.74	669.94	308.21
八年级	522.86	9.94	695.90	253.29

两个年级的学生在各个不同几何素养水平的统计结果：

表6-13 七年级和八年级学生几何素养水平统计

年级			Frequency	Percent	Valid Percent	Cumulative Percent
7	水平	1.00	65	21.7	21.7	21.7
		2.00	190	63.3	63.3	85.0
		3.00	40	13.3	13.3	98.3
		4.00	5	1.7	1.7	100.0
		Total	300	100.0	100.0	

续表

年级			Frequency	Percent	Valid Percent	Cumulative Percent
8	水平	1.00	55	10.6	10.6	10.6
		2.00	245	47.1	47.1	57.7
		3.00	170	32.7	32.7	90.4
		4.00	50	9.6	9.6	100.0
		Total	520	100.0	100.0	

使用 SPSS14.0 进行两个年级的单因素方差分析，得到表 6 – 14.

表 6 – 14　七年级和八年级学生几何素养的方差分析 ANOVA—几何素养

	Sum of Squares	df	Mean Square	F	Sig.
Between Groups	742855.347	1	742855.347	82.036	.000
Within Groups	7407147.025	818	9055.192		
Total	8150002.372	819			

在表 6 – 14 中，第一列为方差来源，第二列是平方和；第三列为自由度；第四列为均方和；第五列为 F 值，是组内均方与组内均方之和，最后是 F 值的显著性水平，这个值是 0.000，小于 5%，因此否定原假设，认为两个年级的几何素养有显著差异.

从不同水平的人数统计看，八年级学生在水平 3 和水平 4 的人数明显多于七年级，在百分比方面也是八年级多一些；尽管在水平 2 的人数上，八年级多于七年级，但是百分比相比较而言，七年级的大于八年级（如图 6 – 2）.

从上述的统计分析可以看出，初中学生的几何素养主要在功能性水平（2）和多元性水平（3）. 能达到综合性水平的学生相对较少，只有 55 名学生. 这基本符合学生的几何学习规律. 在初中，学生对于几何知识的掌握相对较少，在几何技能和能力方面还处于发展阶段，他们的应用水平和对背景理解的水平都受到很多因素的限制，所以整体表现主要集中于水平 2 和水平 3.

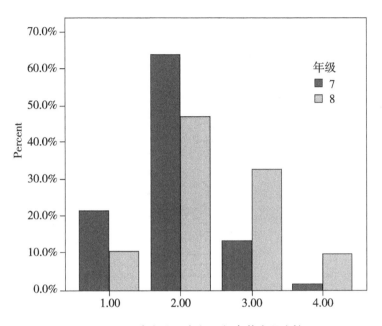

图 6 - 2　七年级和八年级几何素养水平比较

我们选择了三个学校进行了几何素养的测试，其中有两所学校的七年级学生参加了测试，三所学校的八年级学生参加了测试. 我们分析这三所学校不同年级的学生是否存在显著性差异.

表 6 - 15 是两所学校七年级学生的几何素养的方差分析，可以看出，F 值的显著性水平是 0. 001，小于 5%，因此两所学校的七年级学生的几何素养有着显著性差异.

表 6 - 15　学校 A 和 B 七年级学生几何素养的方差分析 ANOVA——七年级几何素养

	Sum of Squares	df	Mean Square	F	Sig.
Between Groups	195838. 706	1	195838. 706	27. 964	. 001
Within Groups	2086995. 806	298	7003. 342		
Total	2282834. 512	299			

从各个不同水平来看，他们的百分比也有着不同（表6-16），其中学校 A 的学生几何素养在水平1的有8.3%，学校 B 则有25%；水平2的 A 校学生有50%，B 校有66.7%；水平3的 A 校学生有33.3%，B 校则有8.3%；A 校在水平4的学生有8.3%，但是 B 校没有学生达到这个水平．显然，A 校七年级的学生几何素养要好于 B 校的学生．

表6-16　学校 A 和 B 七年级学生几何素养水平百分比

学校			Frequency	Percent	Valid Percent	Cumulative Percent
A	水平	1.000	5	8.3	8.3	8.3
		2.000	30	50.0	50.0	58.3
		3.000	20	33.3	33.3	91.7
		4.000	5	8.3	8.3	100.0
		Total	60	100.0	100.0	
B	水平	1.000	60	25.0	25.0	25.0
		2.000	160	66.7	66.7	91.7
		3.000	20	8.3	8.3	100.0
		Total	240	100.0	100.0	

下面是三个学校八年级学生的几何素养方差分析，从表6-17中可以看出三所学校的几何素养有显著性差异．

表6-17　学校 A、B、C 八年级学生几何素养的方差分析 ANOVA—几何素养

	Sum of Squares	df	Mean Square	F	Sig.
Between Groups	423043.942	2	211521.971	23.261	.000
Within Groups	4701268.571	517	9093.363		
Total	5124312.513	519			

表 6 – 18　学校 A、B、C 八年级学生几何素养不同水平百分比

学校			Frequency	Percent	Valid Percent	Cumulative Percent
A	水平	1.000	40	15.4	15.4	15.4
		2.000	140	53.8	53.8	69.2
		3.000	55	21.2	21.2	90.4
		4.000	25	9.6	9.6	100.0
		Total	260	100.0	100.0	
B	水平	1.000	10	5.6	5.6	5.6
		2.000	90	50.0	50.0	55.6
		3.000	65	36.1	36.1	91.7
		4.000	15	8.3	8.3	100.0
		Total	180	100.0	100.0	
C	水平	1.000	5	6.3	6.3	6.3
		2.000	15	18.8	18.8	25.0
		3.000	50	62.5	62.5	87.5
		4.000	10	12.5	12.5	100.0
		Total	80	100.0	100.0	

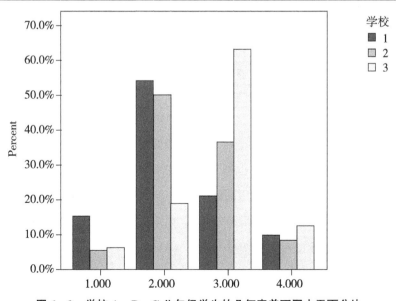

图 6 – 3　学校 A、B、C 八年级学生的几何素养不同水平百分比

从图6－3和表6－18可以看出，学校 A、B 学生的几何素养以功能性水平（2）为主，而学校 C 则在多元性水平（3）为主，占 C 校的八年级人数的62.5％．

6.4.2　学生在各个维度上的表现

几何素养受到四个维度的影响，即几何知识、能力、应用和背景，学生在这四个方面的发展将直接影响着他们的几何素养水平，下面我们分别讨论学生在这四个维度上的表现．

6.4.2.1　几何知识

在学生的几何素养中，知识占有重要地位，学生对知识的理解和掌握都会对其几何素养产生重要的影响．在本研究中，为了测试不同年级学生的几何素养水平，我们并不刻意考查学生了解的几何知识的范围，而是通过考查学生对知识的理解和掌握的程度，分析学生的知识水平和几何素养发展之间的关系．

首先，我们先看两个年级学生在几何知识维度水平是否存在显著性差异．

表6－19　七年级和八年级学生在几何知识维度的方差分析

	Sum of Squares	df	Mean Square	F	Sig.
Between Groups	1449654.369	1	1449654.369	176.978	.000
Within Groups	6700351.547	818	8191.139		
Total	8150005.916	819			

从表6－19可以看出，两个年级在几何知识维度存在着显著性差异．我们根据几何素养的水平划分，也把学生在知识维度的表现分成四个水平，因为都是标准分数，因此可以采用同样的分段，即表6－9的分段方法．转化为水平之后，我们可以统计不同年级的学生在不同水平下的人数百分比，直观了解两个年级在这个维度上的差异（图6－4）．

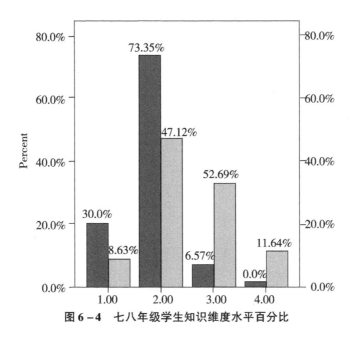

图 6-4 七八年级学生知识维度水平百分比

七年级学生的知识主要处于水平 1 和水平 2，这说明他们对知识的理解和掌握明显不如八年级学生．这无疑就影响了他们的几何素养水平．知识的不足使得他们在解决问题过程中受到很大的限制．以测试题中第一题为例：识别现实背景中的基本几何图形（图 6-5）．在这个图中蕴含着各种各样的多边形，例如：三角形、四边形、平行四边形、梯形、矩形（或长方形）、菱形、五边形、圆弧等．然而，由于七年级学生主要学习过三角形、长方形、平行四边形，因此在分析图形的过程中，仅仅抓住这三种图形，对于梯形、菱形、五边形等就没有特别注意了．我们相信，如果学生在几何的后续学习中，进一步熟悉认识这些图形，将会大大提高他们识别出这些图形的概率．再如，在最后一个问题，关于测量瓶子的内部直径问题，许多七年级的学生没有解答这个问题，而解答的学生主要采取体积转换的方法；但是八年级的学生，除了使用体积转化方法之外，还使用了三角形全等的判定定理和勾股定理．从这儿，我们可以看出，知识对于学生设计问题解决的方法和策略，有着重要的影响；也就是，基本的几何知识是学生理解背景知识，应用知识解决问题的前提．

图6-5　天桥和瓶子

　　七年级的学生在校学习的几何主要包括图形的认识和简单的公理、定理，在他们的几何知识结构中，几何中的"关系"只占少数，因此，他们的知识水平主要在"图形"和"概念"上，随着年龄的增长，他们学习的几何内容逐步增多，那么"定理、命题、定义"等将丰富他们的几何知识结构，帮助他们解决问题．

　　八年级学生对几何知识的掌握也集中于水平2和水平3．在几何素养水平2中，功能性水平的学生熟悉基本的几何概念和定理，在应用中常常出现错误，不能将知识相互联系在一起；尽管他们在一些问题中能够利用一些几何知识解决问题，例如勾股定理，但在总体上，他们的知识是零散不联系的．可能他们在策略性知识上不会比几何素养水平高的学生差，然而对于基本知识的掌握程度却影响了他们进一步分析和探索问题的能力．

　　经过方差分析，A、B两个学校的七年级学生在几何知识的表现也有着明显差异（表6-20），A、B、C三所学校的八年级学生在此维度也存在着显著性差异（6-21）．

表 6 – 20　学校 A、B 七年级学生在几何知识维度的方差分析

	Sum of Squares	df	Mean Square	F	Sig.
Between Groups	109906.474	1	109906.474	21.141	.000
Within Groups	1549226.344	298	5198.746		
Total	1659132.818	299			

表 6 – 21　学校 A、B、C 八年级学生在几何知识维度的方差分析

	Sum of Squares	df	Mean Square	F	Sig.
Between Groups	441286.274	2	220643.137	24.799	.000
Within Groups	4599932.456	517	8897.355		
Total	5041218.730	519			

6.4.2.2　几何能力

在本研究中,我们把几何能力分为低层次能力和高层次能力,低层次能力就是技能,主要包括:几何直观、表达、作图、度量和基本推理;高层次能力主要是空间想象能力和逻辑推理能力.从学生完成的测试来看,在推理方面,主要是基本推理,包括归纳猜想和演绎证明,没有学生达到更高层次的逻辑推理能力.因为几何能力分成两个层次,而每个层次又有不同的因素,所以,在结果分析中,我们采取从低到高的方法,逐步得到学生的几何能力水平.

6.4.2.2.1　几何直观

学生的空间能力包括很多方面,直觉地理解、操作、知识重组、解释关系等是一个重要方面(Tartre, L. A. 1990);直觉想象是空间能力的一个重要方面,主要是从图片、语言或想法中构造一个表象(Wheatley, 1991). Premeg(1986)把直觉想象定义为:一种描述直观或空间信息的心理图式.一般来说,空间能力包括在数学概念的学习和理解中,许多研究表明在学生的空间能力和数学成绩之间存在着正相关关系(Bishop, 1980;Brown & Wheatley, 1989;Guay & McDaniel, 1977;McGee, 1979).这些文献表明空间想象能力,

包括几何直观，不仅仅影响学生学习几何，而且在数学的其他分支学习中，也起着重要作用.

在本研究中，几何直观主要考查学生识图、想图和分析图形的技能，学生在这个指标上最高层次是类比辨析，超过这个水平就达到了空间想象能力.

七年级和八年级学生在几何直观的表现可以通过表 6 – 22 和图 6 – 6 简单描述.

表 6 – 22　学生的几何直观表现情况

N	Valid	820
Missing		0
Mean		499.9999
Median		505.0850
Std. Deviation		99.75550
Variance		9951.160
Minimum		242.54
Maximum		736.74

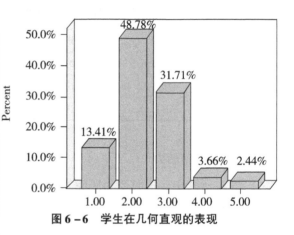

图 6 – 6　学生在几何直观的表现

从表中我们可以看出，学生在几何直观的最高分是 736.74 分，比几何素养的最高分（695.9）要高；最低分是 242.54. 按照几何素养水平分值分段，超过 700 的记为水平 5（这里的水平是为了统计的需要，和评价体系模型中的水平并不一致.），通过图 6 – 5 可以看出，在直观方面，学生还是在水平 2 和水平 3 的居多数，达到水平 4 和水平 5 的仅仅占总体的 6%，也就是学生在几何直观技能处于中等水平.

两个年级在直观技能方面是否有显著差异呢？首先我们随机选取七年级和八年级 100 名学生，然后进行 Q – Q 图检验正态性，得到图 6 – 7 和图 6 – 8，结果认为两个年级的直观变量的正态性都可以接受，可以使用 t 检验.

使用 SPSS 进行验证，得到表 6 – 23，由样本计算的 t 值等于 8.034，显著性概率（双侧）是 0，单侧也是 0，小于 0.01，拒绝零假设，八年级的成绩显著高于七年级.

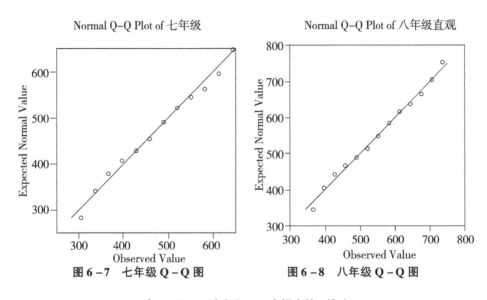

图 6 – 7 七年级 Q – Q 图 　　　　　　图 6 – 8 八年级 Q – Q 图

表 6 – 23 两个年级 100 个样本的 t 检验

		Paired Differences					t	df	Sig. (2-tailed)
		Mean	Std. Deviation	Std. Error Mean	95% Confidence Interval of the Difference				
					Lower	Upper			
Pair 1	7 – 8	100. 74840	124. 567609	12. 456761	75. 357924	124. 791756	8. 034	99	100

从图 6 – 9 可以直观的看出，七年级学生在几何直观方面多集中于水平 1 和水平 2，从学生的答题来看，水平 1 的学生在直观上主要特点是能从整体上认识一个图形，可以从图形中发现一些容易辨认出、对他们而言比较熟悉的图形，能够根据外

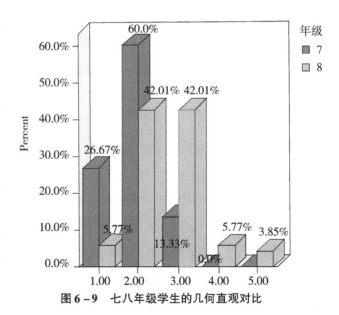

图 6 – 9 七八年级学生的几何直观对比

表的形状进行分类，例如他们能从图 6 - 5 中的天桥上识别出三角形、矩形等，但是不能分析出更多的图形，瓶子对于很多水平 1 的学生而言是平面图，或者主要从瓶子作为一个物体来思考，而没有抽象出一个立体的几何体．这种情况在七年级学生的答题中可以看出，要么直接装入水，使用体积转换的方法；要么直接使用直尺测量．对他们而言，瓶子就是瓶子，虽然题目已经指出是一个柱体，但是他们仍然脱离不开具体的实物，这无疑阻碍了他们使用数学的方法解决问题，也就是不能使用合适的几何模型解决问题．

比较而言，水平 3 和水平 4 的学生能够对辨析出的图形进一步处理．例如在图 6 - 5 中的瓶子，他们能够想象瓶子的底是一个圆，由此想到了圆的周长或面积公式，只要有周长或面积，直径也就是可以求出了．更进一步的，学生使用圆柱体的体积，考虑到瓶子本身有一定厚度，所以采取注水的方法测体积，并使用体积公式求底面积，进而求直径．在八年级，42.3% 的学生能够将瓶子是柱体这一个条件利用起来．水平 5 的学生不仅可以辨析瓶子的柱体形状，而且可以画出平面图形，例如为了使用三角形全等或勾股定理，只是把柱体的切面（矩形）画出来，然后使用几何的推理来解决问题．

直观的更高层次是空间想象能力，在图 6 - 5 中，不需要学生对图形进行过多的处理，而是从实物中分解出几何图形，或者利用已有的图片，使用合适的数学模型来解决问题，例如勾股定理、体积公式或三角形全等，因此，在这个问题中，直观的最高水平就是抽象出图形，使用数学模型解决问题．但是，如果学生的直观水平比较低，那么必然影响他们作图、推理、度量等技能．

为了检验直观对于几何能力的影响程度，我们根据学生在直观、表达、作图和度量四个三级指标的表现（排除基本推理、逻辑推理和空间想象），使用探索性回归分析法来研究四个指标对于几何能力的影响．这里要说明的是，几何能力是由直观、表达、作图、度量、基本推理、空间想象和逻辑推理的线性方程得到的（参见第 5 章），但是我们选择四个指标，只是为了研究它们对于几何能力的影响程度，通过回归分析得到的方程没有实际意义．

使用 SPSS 软件进行数据处理，得到结果如表 6 - 24 和 6 - 25.

表 6 - 24　模型摘要和回归显著性检验

Model	Change Statistics					Durbin-Watson
	R Square Change	F Change	df1	df2	Sig. F Change	
1	.643	1474.349	1	818	.000	
2	.018	43.800	1	817	.000	
3	.005	11.658	1	816	.001	
4	.002	4.573	1	815	.033	1.709

a. Predictors：（Constant）. 直观
b. Predictors：（Constant）. 直观，作图
c. Predictors：（Constant）. 直观，作图，度量
d. Predictors：（Constant）. 直观，作图，度量，表达
e. Dependent Variable：能力

表 6 - 25　回归系数的估计值及其显著性检验

Model		Unstandardized Coefficients		Standardized Coefficients	t	Sig.
		B	Std. Error	Bate		
1	（Constant）	99.013	10.649		9.298	.000
	直观	.802	.021	.802	38.397	.000
2	（Constant）	79.393	10.796		7.354	.000
	直观	.590	.038	.590	15.565	.000
	作图	.251	.038	.251	6.618	.000
3	（Constant）	70.767	11.019		6.422	.000
	直观	.542	.040	.542	13.493	.000
	作图	.194	.041	.194	4.705	.000
	度量	.122	.036	.122	3.414	.001
4	（Constant）	66.362	11.187		5.932	.000
	直观	.460	.056	.460	8.248	.000
	作图	.182	.042	.182	4.380	.000
	度量	.126	.036	.126	3.514	.000
	表达	.100	.047	.100	2.139	.033

a. Dependent Variable：能力

表 6 - 24 给出了逐步回归法选择变量的每一个结果. 最先进入方程的是
"直观"，说明直观对于几何能力的影响最大. 从表 6 - 25 的模型 4 可以知道，
如果可以得出一个回归方程，那么在这个方程中，直观的系数是 0.460，远远

大于其余的三项. 我们已经声明过, 这个模型没有实际的意义, 因为几何能力还包括其他几个因素. 但是, 从这个模型可以了解到直观在学生的几何能力中占有重要地位.

总的来说, 七年级学生的直观水平比八年级学生要低, 他们大多数处于水平 1 和水平 2, 相当于几何素养评价模型（简称"模型"）中的直观水平的 1 和 2, 说明学生对于图形的分类和辨析能力还需要进一步的提高. 八年级学生的直观水平主要在水平 2 和 3, 相当于模型中的水平 3; 接近 10% 的学生达到了水平 4 和水平 5, 相当于模型中的水平 4, 他们能够对图形进行分类, 并熟悉图形之间的关系, 能够对图形进行变换处理.

6.4.2.2.2 几何表达

学习几何可能比其他数学分支在语言要求上都要高, 学生不仅要熟悉各种各样的几何名词, 清晰几何的定义, 以及描述图形性质和关系的定理、命题等. 更重要的是学生要学会表达自己的几何证明. 清楚而有系统的讲述, 可以帮助学生学会用自己的语言严谨地描绘各种概念（Alan Hoffer, 1981）.

几何表达包括很多方面, 例如说出几何图形的名称、并讲出基本元素之间的关系、说明自己的问题解决策略和方法, 表达自己的观点; 进行符合逻辑的几何证明, 前后相符, 不出现矛盾. 在本研究中, 我们主要通过学生书写几何图形的名称, 表达自己的方法和策略, 几何证明来评价学生的几何表达技能. 从学生学习的内容来看, 七年级学生刚刚学习几何证明, 而八年级学生已经学过了全等三角形、勾股定理等, 因此, 从知识的角度来看, 八年级学生在表达上比七年级学生更有优势. 那么, 在此进行两个年级学生在几何表达技能方面的比较, 意义不是很大. 我们主要分析几何表达和其他技能的相关性, 如几何表达和几何直观、推理、作图等有着怎样的影响.

我们依然按照前面的分数分段法, 将学生的几何表达得分分成 5 个水平, 其中前三个水平和几何素养评价体系模型中的几何表达水平相似, 水平 4 和水平 5 相当于模型中的水平 4（说理）. 从图 6-10 和图 6-11 可以看出, 七年级学生的几何表达主要在水平 2, 也就是主要描述几何问题, 解释还不清晰; 八年级学生的几何表达在水平 2 和水平 3 的居多, 也就是, 有一半的学生

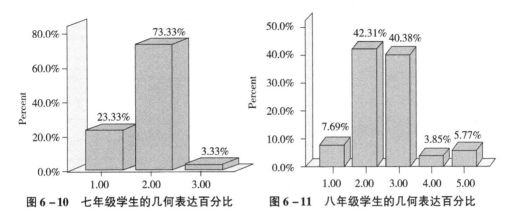

图 6 - 10　七年级学生的几何表达百分比　　图 6 - 11　八年级学生的几何表达百分比

还处于描述概念、图形，但是在解释问题，说理证明方面还存在着很大问题；另有 50% 左右的学生已经能够解释自己的观点，并能进行说理，甚至证明．如果不分水平，我们从图 6 - 12 来分析，标准分超过 600 分的学生有 20% 多．这部分学生能够进行说理证明，但是还有一些不太完善的地方，例如，顺序混乱、语句啰唆等．

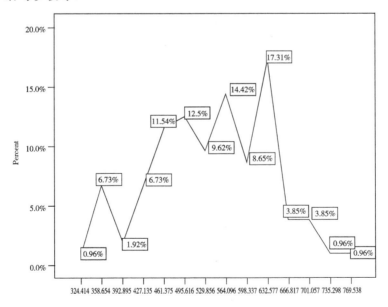

图 6 - 12　八年级学生几何表达标准分百分比情况

几何表达和几何素养的其他很多方面都有着重要关系，尤其在几何推理中，表达起着重要的作用．柳本（2003）为学生提供了一个逻辑推理的模式

（图 6 – 13），在这个模式中，几何表达起着重要的作用. 下面我们分析一下八年级学生几何素养中的各个因素和几何表达的关系.

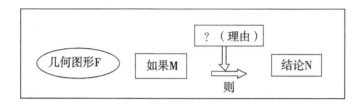

图 6 – 13　逻辑推理模式

首先，我们分析几何表达和几何能力其他指标之间的相关性. 通过 SPSS 软件分析，我们发现表达和直观、作图、度量、基本推理之间的相关系数（Pearson 相关系数）比较大，说明表达和这几个指标密切相关（如表 6 – 26）.

表 6 – 26　几何表达和其他指标之间的 Pearson 系数相关分析

		直观	表达	作图	度量	基本推理
直观	Pearson Correlation Sig. (2-tailed) N	1 520	.895** .000 520	.862** .000 520	.781** .000 520	.866** .000 520
表达	Pearson Correlation Sig. (2-tailed) N	.895** .000 520	1 520	.838** .000 520	.733** .000 520	.900** .000 520
作图	Pearson Correlation Sig. (2-tailed) N	.862** .000 520	.838** .000 520	1 520	.778** .000 520	.897** .000 520
度量	Pearson Correlation Sig. (2-tailed) N	.781** .000 520	.733** .000 520	.778** .000 520	1 520	.786** .000 520
基本推理	Pearson Correlation Sig. (2-tailed) N	.866** .000 520	.900** .000 520	.897** .000 520	.786** .000 520	1 520

** Correlation is significant at the 0. 01 level (2-tailed)

为了进一步验证表达和其他指标之间的相关性，我们使用斯皮尔曼和肯德尔相关系数来分析他们的相关性.

这两个相关系数都是关于等级值相关性的分析，所以我们采用水平划分后的数据，得到表 6 – 26'，从这个表可以看出，几何表达和其他指标依然是高度相关.

表 6 – 26'　　几何表达和其他指标之间的 Kendall 和 Spearman 系数相关分析

			直观	表达	作图	度量	基本推理
Kendall's tau_ b	直觉	Correlation Coefficient	1.000	.791**	.678**	.585**	.734**
		Sig. (2-tailed)		.000	.000	.000	.000
		N	520	520	520	520	520
	表达	Correlation Coefficient	.791**	1.000	.679**	.516**	.748**
		Sig. (2-tailed)	.000		.000	.000	.000
		N	520	520	520	520	520
	作图	Correlation Coefficient	.678**	.679**	1.000	.595**	.762**
		Sig. (2-tailed)	.000	.000		.000	.000
		N	520	520	520	520	520
	度量	Correlation Coefficient	.585**	.516**	.595**	1.000	.532**
		Sig. (2-tailed)	.000	.000	.000		.000
		N	520	520	520	520	520
	基本推理	Correlation Coefficient	.734**	.748**	.762**	.532**	1.000
		Sig. (2-tailed)	.000	.000	.000	.000	
		N	520	520	520	520	520
Spearman's rho	直觉	Correlation Coefficient	1.000	.824**	.717**	.629**	.780**
		Sig. (2-tailed)		.000	.000	.000	.000
		N	520	520	520	520	520
	表达	Correlation Coefficient	.824**	1.000	.723**	.554**	.790**
		Sig. (2-tailed)	.000		.000	.000	.000
		N	520	520	520	520	520
	作图	Correlation Coefficient	.717**	.723**	1.000	.629**	.791**
		Sig. (2-tailed)	.000	.000		.000	.000
		N	520	520	5.20	520	520
	度量	Correlation Coefficient	.629**	.554**	.629**	1.000	.573**
		Sig. (2-tailed)	.000	.000	.000		.000
		N	520	520	520	520	520
	基本推理	Correlation Coefficient	.780**	.790**	.791**	.573**	1.000
		Sig. (2-tailed)	.000	.000	.000	.000	
		N	520	520	520	520	520

** Correlation is significant at the 0. 01 level (2-tailed)

6.4.2.2.3 几何作图

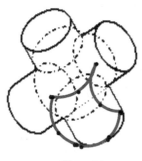

图 6-14

在几何学习中，作图是必要而且是非常重要的，这对培养学生的几何直观也非常有帮助，再者，作图能力增强，学生就能在度量中灵活处理图形，解决问题．作图对于学生的推理能力培养至关重要，在平面几何中，会作辅助线，能够从图形中分解基本图形，都会影响推理论证．从表 6-26 我们也可以看出，作图和其他指标也是高度相关的．

在测试题中，我们为八年级学生设计了一个有学校背景的几何作图辨析题，也就是当学生作出一个辅助线之后，让学生判断这条辅助线是否合理；在七年级的试题中，我们设计了一个作图题目，画出两个镶嵌在一起的圆柱体之间的公共部分，这是一个需要学生有着很好的直观技能，又有较高的作图能力的问题．除了单独设计作图题目之外，在其他题目中也考查了学生的几何作图能力，只不过他们各自的难度不同．

考查学生的几何作图，我们遵循这样的原则：

第一，学生要有作图的意识，能够在需要作图的地方，留有作图的痕迹；

第二，能够从几何的角度思考作图，而不是作为一般的绘图，能够使用尺规作图的方法作图．

通过方差分析来看，两个年级在作图的表现上，有显著性差异（如表 6-27）．

表 6-27 七、八年级几何作图的方差分析

	Sum of Squares	df	Mean Square	F	Sig.
Between Groups	394763.23	1	394763.231	41.638	.000
Within Groups	7755246.9	818	9480.742		
Total	8150010.1	819			

从学生的标准分统计频率来看，八年级学生在作图能力上好于七年级．虽然从方差分析来看两个年级有显著性差异，但是从频率上来看，二者的差

异并不是很大（图 6-15）. 如果我们将所有的分值化为水平，将得到七八年级在各个水平上的频数（图 6-16），二者几乎重合，也就是把学生分组之后，他们的差异变小了. 这说明，两个年级在几何作图能力上有差异，但是这种差异不是很大.

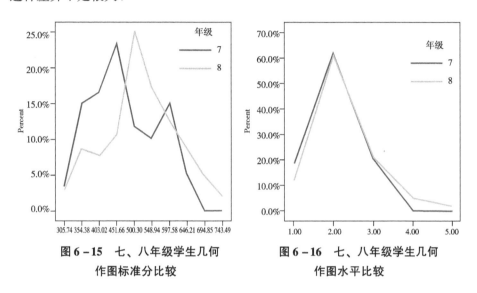

**图 6-15　七、八年级学生几何
作图标准分比较**

**图 6-16　七、八年级学生几何
作图水平比较**

从测试卷的答题情况来看，56% 的八年级学生在分析作法："过三角形的一个顶点 A，作这个顶点的对边的中垂线 AD，垂足为 D."是否正确的时候，并没有完全理解"中垂线"的作法，因此，不能给出正确的作法，从而导致在后续的解题过程中，使用错误条件证明. 73% 的七年级学生不能画图 6-14，大多数是画成直线，得到一个正方形，缺乏立体感. 其次，许多学生没有作图、标识的意识，在解决问题中不会恰当地使用图示、图形的方法帮助他们解决问题. 从相关分析（表 6-26 和 6-26'）来看，学生的几何作图技能和基本推理相关系数非常高，除了几何表达之外，就是几何作图和基本推理高度相关. 但是从图 6-15 和 6-16 来看，学生的几何作图水平主要在水平 2 和水平 3，从得分来看，大都在低于 600 分，这对于学生进一步的几何推理将造成一定的影响.

6.4.2.2.4　几何度量

几何度量包括测量图形的长度和面积、体积，同时也包括解决不规则平面或立体图形的面积和体积问题．度量的最低层次是直接将数值带入公式，得出面积或体积，这在小学阶段，学生接触得比较多．我们在测试题中主要考查学生如何解决不规则图形或物体的度量问题，考查学生不仅仅是度量公式的使用，而且还包括度量的策略和方法，例如割补、分解、求和等．考查学生度量技能的试题主要是第 3 题和第 5 题．第 3 题是选自 PISA 试题：有三个图形 A、B、C，哪一个图形的面积最大？哪个最小？你判断的理由是什么？设计一个估计图形 C 的面积的方法．如何估计图形 C 的周长？

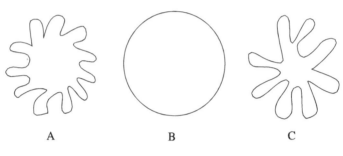

A   B   C

图 6 - 17   三个图形

除此之外，就是第 5 题，测量瓶子内部的直径，如图 6 - 5．这两个大问题并不仅仅包括度量问题，还包括几何应用，背景理解等方面．

从整体上看，七、八年级的学生在几何度量方面没有显著性差异．表 6 - 28 是对两个年级学生在度量技能水平上的方差分析．

表 6 - 28   七、八年级学生在度量水平上的方差分析

	Sum of Squares	df	Mean Square	F	Sig.
Between Groups	.706	1	.706	1.440	.231
Within Groups	400.849	818	.490		
Total	401.555	819			

从该表可以看出，$F = 1.440$，显著性概率 $P = 0.231 > 0.05$，所以检验结果是接受零假设，两个年级在度量的水平上并无显著性差异．我们可以通过频率直方图直观分析一下（图 6 - 18）．

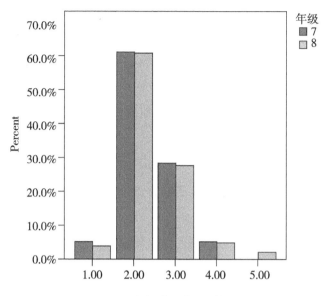

图 6 – 18　七、八年级学生的度量技能水平比较

从图 6 – 18 可以看出，两个年级的学生都处于水平 2 和水平 3，不同水平的百分比几乎持平，相差无几.

根据初中生的几何知识学习和测试题的特点，我们分析可能存在下面几个原因：

首先，学生学习度量的公式、单位和方法，大多数都是在小学阶段，在七年级、八年级并不把测量作为学习的重点. 那么从这个角度来看，不同年级的学生在解决度量问题的过程中，在几何知识上是比较公平的.

其次，这两个问题包括的度量都是使用周长、面积或体积公式，这些公式七年级和八年级学生都已经熟悉了.

第三，问题都属于非常规问题，尽管八年级学生可能在解决问题的熟练程度上可能比七年级学生要好一些，但是在非常规问题面前，这种"熟练"的优势就失效了.

6.4.2.2.5　基本推理和逻辑推理

从测试的结果来看，初中生的几何推理都是在基本推理的水平，没有学生达到逻辑推理能力，也就是没有学生能够在推理上达到几何素养评价体系模型中的水平 4. 但是由于在测试题第 4 大题中，我们要考查学生的空间想象能力，这是高过直观、作图、表达和度量的高层次能力，为了计算的方法，我们把第 4 题中考查学生的推理水平记在了逻辑推理能力的指标上，但是这些推理的水平均不超过 3，也就是在基本推理的技能水平上. 在计算几何能力的时候，把这个指标上推理的水平和空间想象能力水平按照下面的公式计算：

$$n\ (s,\ l)\ = N_1s + N_2l = 0.567s + 0.433l \qquad (N_1 + N_2 = 1)$$

这种算法与把推理作为基本技能的方法计算，误差在千分之一，可以忽略不计，但是省去了转化的不便.

正是由于把第 4 题的推理单独列出，导致了推理和逻辑推理计算的标准分偏高，为了和几何素养评价体系的模型保持一致，我们把划分后的水平与模型中的水平对应. 标准分划分后的水平 1 对应模型中的水平 1 （直观），水平 2 和 3 对应模型中的水平 2 （分析），水平 4 和 5 对应模型中的水平 3 （抽象）.

经过方差分析（和前面的方法类似，分析表格略），七年级和八年级在基本推理和逻辑推理上都有显著性差异. 从他们在不同水平的百分比直方图可以看出，八年级学生的推理能力水平比七年级学生要高，大多数在分析水平和抽象水平之间；但是七年级学生的推理还处于分析水平或之下.

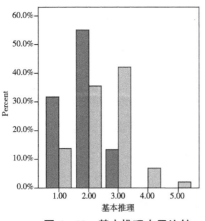

图 6 - 19　基本推理水平比较

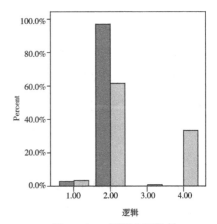

图 6 - 20　逻辑水平比较

从学生的答卷情况来看，学生在常规问题的解答中，推理证明出现两极分化，要么详细正确地写出推理过程，要么完全错误或没有答出，这主要体现在八年级学生的答题中．以八年级第 2 大题中的第 2 小题为例，我们分析学生的演绎推理能力．

证明：有两个角相等的三角形是等腰三角形（参见附录 5）．

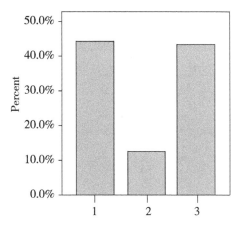

图 6 – 21　题目 2.2 正确率

在这个证明题中，要求学生写出已知、求证，进行详细论证．从原始数据的正确率来看，学生的两极分化比较严重，如表 6 – 29 和图 6 – 21，有 44.2％的学生完全错误或没有答，也有 43.3％的学生能够完全答对．

表 6 – 29　八年级学生在题目 2.2 中正确情况

		Frequency	Percent	Valid Percent	Cumulative Percent
Valid	Ⅰ	240	44.2	44.2	44.2
	Ⅱ	65	12.5	12.5	56.7
	Ⅲ	225	43.3	43.3	100.0
	Total	520	100.0	100.0	

说明：Ⅲ代表学生完全正确，Ⅱ代表有部分错误，Ⅰ是完全错误或没答

在完全做错的学生中，有两种情况，一种是没有答，这种情况占没得分的学生总体的 32％左右，而其他完全错误的学生主要是在大前提上出错，因为第 2 大题的第 1 问是让学生判断"在△ABC 中，过点 A 做 BC 的中垂线，垂足为 D"是否正确，很多学生对于"中垂线"的概念不清晰，在证明中使用有问题的结论，导致整个证明过程错误．

完全正确的解法是首先作出正确的辅助线，也就是修改"过点 A 做 BC 的中垂线"的错误．学生还要根据命题"有两个角相等的三角形是等腰三角

形"，写出已知，求证，接着给出正确的论证. 在新课程改革前期，我们一直担心学生的推理论证能力会降低，但是从这次调查来看，学生在几何证明上的表现比较令人满意，无论是书写还是推理论证，都比较清楚且符合逻辑（图 6 - 22 和图 6 - 23）.

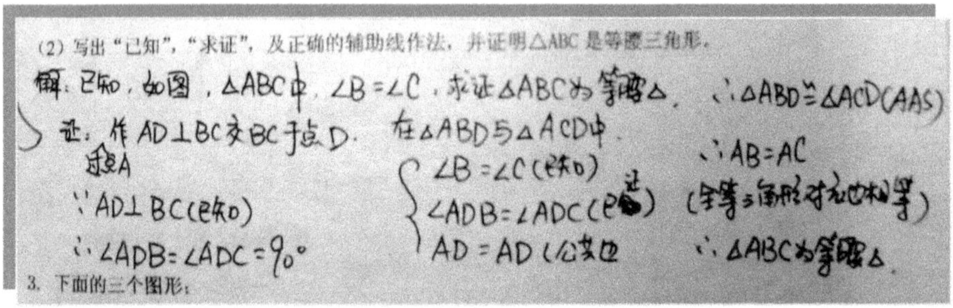

图 6 - 22　学生几何证明过程示例（1）

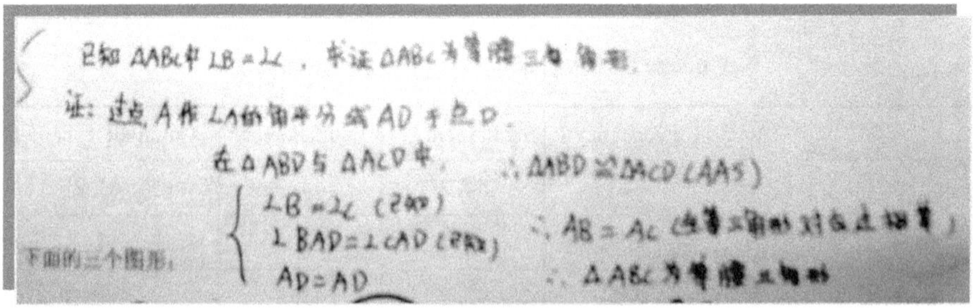

图 6 - 23　学生几何证明过程示例（2）

除了这个常规问题之外，选自 PISA 的试题（测试题的第 3 大题）考查了学生合情推理的能力，如图 6 - 17. 在学生设计求图形 C 的面积和周长方法中，都是依据合情推理的. 以第 2 问估计面积为例，学生的得分百分比如表 6 - 30，可以发现，学生的推理基本集中在水平 1 和水平 2，达到水平 3 的仅有 3.8%，也就是学生的合情推理能力不是很高，有 57.7% 的学生没有正确的推理方法和策略.

从整体分析学生的推理能力，主要是处在直观和分析水平，无论是演绎推理和合情推理. 对于数学学习来说，发展学生的推理能力至关重要，然而，从学生的表现来看，他们的推理能力并不是很强，除了和学生的年龄有关，这和我们的数学教学或课程是否有关呢？

表6-30 学生在合情推理的得分百分比

		Frequency	Percent	Valid Percent	Cumulative Percent
Valid	1.00	473	57.7	57.7	57.7
	2.00	315	38.5	38.5	96.2
	3.00	32	3.8	3.8	100.0
	Total	820	100.0	100.0	

6.4.2.2.6 空间想象能力

空间想象能力是学生在几何直观、推理、作图、表达等技能基础上发展起来的高层次能力，这是学生在空间与视觉表现方面的能力，在本研究中，我们把空间想象能力分为两个水平：联想和运演。通过两个问题来测试学生的空间想象，简单的问题是把正方体切去一块，位置翻转，让学生在4个选项中找到切去的那块；复杂的问题是选自广东省2008年高考试题，这个问题让学生选择合适的左视图。这两个问题有着难度区分，第一个只是涉及图形的旋转和割补，第二不仅包括割补，还有视图问题，同时图形是一个三棱柱，比正方体要复杂。

首先，我们对两个年级学生的得分情况进行方差分析，得到表6-31.

表6-31 七、八年级学生空间想象能力方差分析

	Sum of Squares	df	Mean Square	F	Sig.
Between Groups	12.147	1	12.147	.001	.972
Within Groups	8149942.551	818	9963.255		
Total	8149954.698	819			

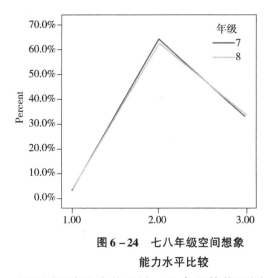

**图6-24 七八年级空间想象
能力水平比较**

从表中可以发现，F = 0.001，概率 P = 0.972，接受原假设，也就是两个年级在空间想象能力上没有显著性差异．为了进一步分析，我们作出了两个年级的空间想象能力水平的线性图（图6-24），从图中可以看出，两个年级的水平分布几乎是一致的．

这说明七年级和八年级的学生在空间想象上，没有因为年级的不同而产生大的差异．和直观技能不同，空间想象能力是一种稳定的心理状态，当学生达到空间想象能力的某个水平以后，能够解决相应难度的问题，而几何直观是一种技能，它可能随着学生年龄的变化和所学知识的变化而发生改变．

从整体来看，学生的空间想象能力主要在联想水平（表6-32），在频率统计上达到62.8%，有33.5%的学生超过了联想水平，但是否达到了运演的水平，还需要进一步的研究．

表6-32 学生空间想象能力水平分布

		Frequency	Percent	Valid Percent	Cumulative Percent
水平	1.00	30	3.7	3.7	3.7
	2.00	515	62.8	62.8	66.5
	3.00	275	33.5	33.5	100.0
	Total	820	100.0	100.0	

6.4.2.2.7 几何能力

综合以上分析可以看出，两个年级在几何能力中的四个基本技能指标上有着比较明显的差异，但是在度量技能和空间想象能力上没有显著性差异．七年级学生在四个基本技能指标上处于较低的水平，八年级的情况比七年级要好一些,但是高水平的人数比例也不高,尤其是在几何表达和作图方面.学生在几何度量上差异不大,这和几何课程的学习有着重要的关系,也说明学生对知识的掌握影响着他们的几何能力,当学生掌握的知识处于同一个水平的时候,他们的度量技能相差不大.学生的空间想象能力并没有年级的变化而产生大的差异,七年级和八年级学生面对同样的几何图形或空间位置变换问题的时候,他们的空间想象能力水平相差不大.

结合学生在几何能力的各个指标表现,我们分析学生综合的几何能力水平.我们同样把学生的能力划分为 5 个水平,分值的划分方法和前面类似.

首先我们分析两个年级在几何能力上的整体表现.

表 6 – 33 七年级和八年级学生几何能力水平分布

			Frequency	Percent	Valid Percent	Cumulative Percent
7	水平	1.00	65	21.7	21.7	21.7
		2.00	165	55.0	55.0	76.7
		3.00	55	18.3	18.3	95.0
		4.00	10	3.3	3.3	98.3
		5.00	5	1.7	1.7	100.0
		Total	300	100.0	100.0	
8	水平	1.00	60	11.5	11.5	11.5
		2.00	270	51.9	51.9	63.5
		3.00	150	28.8	28.8	92.3
		4.00	35	6.7	6.7	99.0
		5.00	5	1.0	1.0	100.0
		Total	520	100.0	100.0	

从表 6 – 33 和图 6 – 25 可以看出,学生的几何能力水平不高,主要集中在水平 2 和水平 3.七年级学生在水平 1 的比例也比较高,达到了 21.7%.七年级和八年级学生都有达到水平 4 和水平 5 的,这部分学生的几何素养也相对比较高.

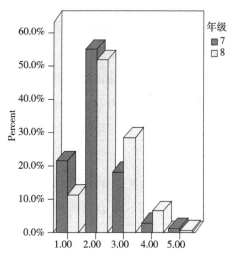

图6-25 七、八年级学生几何能力水平频率图

和学生几何能力密切相关的是几何应用，这也容易理解，学生的几何能力比较强，那么在几何应用水平也比较高．其次是几何知识，因为知识是能力的载体．最后是背景，背景对几何能力也有着重要的影响，如果背景水平较高，学生所需要的几何能力也相对较强．几何能力和其他三个维度的相关性可以通过相关系数来验证（表6-34）．

表6-34 几何能力和其他维度相关性分析

			直观	表达	作图	度量
Kendall's tau_ b	能力	Correlation Coefficient	1.000	.743 **	.784 **	.596 **
		Sig. (2-tailed)		.000	.000	.000
		N	820	820	820	820
	知识	Correlation Coefficient	.743 **	1.000	.829 **	.580 **
		Sig. (2-tailed)	.000		.000	.000
		N	820	820	820	820
	应用	Correlation Coefficient	.784 **	.829 **	1.000	.684 **
		Sig. (2-tailed)	.000	.000		.000
		N	820	820	820	820
	背景	Correlation Coefficient	.596 **	.580 **	.684 **	.771 **
		Sig. (2-tailed)	.000	.000	.000	.000
		N	820	820	820	820
Spearman's rho	能力	Correlation Coefficient	1.000	.903 **	.918 **	.771 **
		Sig. (2-tailed)		.000	.000	.000
		N	820	820	820	820
	知识	Correlation Coefficient	.903 **	1.000	.935 **	.738 **
		Sig. (2-tailed)	.000		.000	.000
		N	820	820	820	820
	应用	Correlation Coefficient	.918 **	.935 **	1.000	.825 **
		Sig. (2-tailed)	.000	.000		.000
		N	820	820	820	820
	背景	Correlation Coefficient	.771 **	.738 **	.825 **	1.000
		Sig. (2-tailed)	.000	.000	.000	
		N	820	820	820	820

** Correlation is significant at the 0.01 level (2-tailed)

通过方差分析，表明两个年级在几何能力上有显著性差异（表 6 – 35）.

在几何能力上，三所学校有无显著性差异呢？我们选择八年级的学生来分析．首先，我们对三所学校学生的几何能力进行方差分析，得到表 6 – 36，可以看出，他们在几何能力上存在着显著性差异．

表 6 – 35　七年级和八年级在几何能力上的方差分析

	Sum of Squares	df	Mean Square	F	Sig.
Between Groups	230736.928	1	230736.928	23.833	.000
Within Groups	7919267.132	818	9681.256		
Total	8150004.059	819			

表 6 – 36　三所学校八年级学生的几何能力方差分析

	Sum of Squares	df	Mean Square	F	Sig.
Between Groups	415457.744	2	207728.872	22.382	.000
Within Groups	4798369.451	517	9281.179		
Total	5213827.195	519			

通过三个学校学生在不同几何能力水平的百分比直方图（图 6 – 26）可以了解，学校 C 的学生在几何能力维度比其他两个学校表现要好，学校 A 的几何能力水平相对比较低．

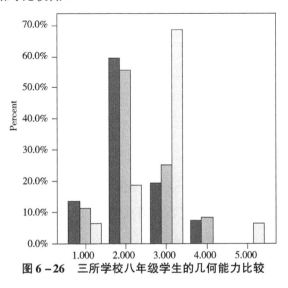

图 6 – 26　三所学校八年级学生的几何能力比较

6.4.2.3 几何应用

几何应用受到很多方面的影响，几何知识、几何能力和几何背景都是影响学生应用几何的重要因素，从表6-33中也可以了解他们之间的相关程度．方差分析发现，两个年级有着显著性差异（表6-37）．

表6-37 七年级和八年级学生的几何应用方差分析

Sum of Squares	df	Mean Square	F	Sig.	
Between Groups	26.117	1	26.117	54.104	.000
Within Groups	394.859	818	.483		
Total	420.976	819			

从应用水平划分来看，93.9%的学生在水平3或低于水平3，也就是在探究水平以下，其中59.8%的学生在"理解"水平．这说明学生的几何应用水平不高．事实上，我们并没有把几何应用水平分数定得太高，只要学生能够使用几何模型，正确地解决问题，就认为达到了水平4——建模水平，但是只有6.1%的学生能够找到数学模型解决问题．

表6-38 学生在几何应用维度的水平分布

几何应用		Frequency	Percent	Valid Percent	Cumulative Percent
水平	1.00	80	9.8	9.8	9.8
	2.00	490	59.8	59.8	69.5
	3.00	200	24.4	24.4	93.9
	4.00	50	6.1	6.1	100.0
	Total	820	100.0	100.0	

从两个年级的学生表现来看，八年级比七年级的学生表现要好，接近40%的学生达到探究水平之上，但是在水平2的百分比和七年级差不多．

考查学生几何应用的题目主要是测试题中的第5题，测量瓶子的内部直径（如图6-27）．从学生的答卷来看，能够找到解决方法的学生多是采用体积法，即，往瓶中注入适量的水，测出水的体积，再除以瓶中水的高度，得到瓶子内部圆柱体的底面积, 再由面积公式求得直径. 应该说, 这是一个不错的方法, 但是很多学生叙述比较简单, 没有考虑具体操作、误差、计算公式等. 这只能算是"探究"水平上的一种策略; 也有学生采用数学的方法解决问题, 但是书写混乱, 毫无条理性 (图 6 – 28).

有一些学生想到了三角形全等判定和勾股定理. 但是问题解决中并不按照数学建模流程进行, 他们没有把现实问题抽象成几何问题, 通过几何论证解决现实问

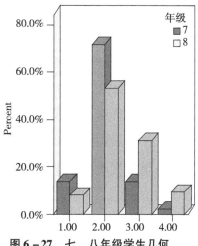

图 6 – 27　七、八年级学生几何
应用水平比较

题, 而是用自然语言描述解决过程. 在这些学生中, 只有 2、3 名画出了瓶子的切面图 (如图 6 – 29), 作出两个全等三角形, 并给出详细的论证. 在初中, 学生还没有学习规范的数学建模, 他们在几何应用方面还处于比较初级的阶段.

图 6 – 28　学生解决问题过程示例 (1)

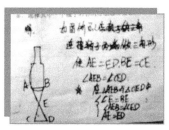

图 6 – 29　学生使用三角形
全等定理解决问题

从学生在几何应用的表现来看, 他们的水平并不高, 而且不知道如何把数学知识应用到生活中, 即使能想到使用数学的方法, 却又不能较好地通过数学建模的形式解决问题, 这也说明, 学生在初中学习解答缺乏使用数学解决问题、数学建模的训练.

6.4.2.4　几何背景

几何来自于现实世界，在学习几何的初级阶段，不可能脱离实际背景．设置适当的情境，可以帮助学生理解几何的性质、关系、定理等；反之，不同的背景知识，也将影响学生的几何思维．在基于考查学生综合能力的几何素养评价中，几何背景是另一个重要的维度．从前面的分析可以看出，几何背景和几何知识、能力、应用的相关度也是比较高的，也就是说，在学生应用几何知识和能力解决问题的过程中，"背景"的影响是比较大的．

在本研究中，背景主要涉及学校背景、公共背景和科学背景．我们首先把两个年级在背景维度的得分划分为水平，按照前面同样的方法，划分为5个水平；但是我们要说明的是，这5个水平和几何素养评价体系模型中的5个水平并不是完全相符，这里的水平划分是为了区分学生对"背景"综合理解的水平，而模型中的5个水平是指具体的问题中的背景的深度．

对两个年级学生的理解背景水平进行方差分析（表6－39）显示，P＝0.70＞0.05，所以两个年级在背景理解水平上的均值差异不显著．通过图6－30可以直观的分析两个年级学生在背景理解上的基本情况．

表6－39　七、八年级学生对背景理解水平的方差分析

	Sum of Squares	df	Mean Square	F	Sig.
Between Groups	2.422	1	2.422	3.294	.070
Within Groups	601.359	818	.735		
Total	603.780	819			

从图6－30可以看出，八年级学生在对背景的理解水平和七年级学生相差不大．结合测试题来看，虽然我们把试题中那些计算不规则图形的周长和面积（图6－17），以及解决瓶子内径的问题背景设置为水平5，认为是属于科学背景，但事实上对于七年级和八年级的学生来说，他们都能够比较清楚地理解题目的意思，因此，这些背景并没有使他们的理解产生大的差异．这也证明了，尽管七、八年级的学生相差一个年级，但是他们对于

现实背景的理解水平比较接近；如果把他们和高中学生进行对比，可能会出现一些新的结果．由于时间问题，我虽然在高中进行了几何项目活动，但是没有进行测试，所以没有能够进行对比研究，我将在后续的研究中关注这个问题．

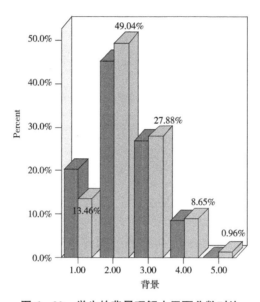

图 6 - 30　学生的背景理解水平百分数对比

　　总体上分析，学生对于背景的理解并不是非常的完善，大部分学生在水平 3. 特别是对于图 6 - 17 中的不规则图形的周长、面积计算，大部分学生理解题目的意思，但是却不能进一步将这些问题抽象化，或者进一步想象．许多学生只是想到在不规则图形外再画一个圆形，如图 6 - 31，然后计算圆的面积，再减去圆和不规则图形之间的部分．问题是两个图形之间的部分如何测

图 6 - 31

量，学生没有回答，事实是把原有的问题转化为一个更为复杂的问题，仍然没有解决问题．这是学生对背景理解存在误解，把一个复杂背景转换为另一个复杂背景，但他们认为简化了问题．

　　有的学生能够真正理解这个问题背景，他们知道直接计算或测量是无法完成任务的，因此从其他的角度解决问题，例如体积．有学生提出这样的设计，"（把这个图形）做成一个已知高度的模型，放入水中，看水溢出了多少，就是这个模型的容积，然后除以这个材料的密度，再除以高就可以了．"

虽然学生多做了一步工作（除以密度），但是他已经能够使用这种体积不变的思想解决问题．在 PISA 给出的答案中，有着类似的方法：做一个 3 维模型，用以 1 立方厘米为单位的水注入，测量注入的水的体积．

表 6 - 40 A、B、C 三所学校学生对背景理解水平的方差分析

	Sum of Squares	df	Mean Square	F	Sig.
Between Groups	2. 486	2	1. 243	1. 689	. 185
Within Groups	601. 295	817	. 736		
Total	603. 780	819			

从三个学校来看，学生对几何背景的理解水平不存在显著性差异，P = 0. 185 > 0. 05.

6.5 几何信念

在此，几何信念主要指的是学生对几何的基本看法，也是影响学生几何素养的一个重要因素，但是和其他维度不同，学生的几何信念并不能明显地在测试题中表现出来．因此，本研究设计了 6 个关于几何信念的问题进行问卷调查，这些问题包括：学习几何是靠天分还是需要勤奋？是否要选择学习几何？几何中的推理有什么帮助？教师的讲解和自己的努力在学习几何中，哪个更重要？怎样证明定理？为什么人们认为勾股定理正确？

通过调查这些问题我们希望了解学生的几何学习态度和对几何证明的基本认识．虽然问题比较少，但是从这几个问题我们或许能发现学生的一些几何学习信念，这对于了解学生几何素养水平起到一定的解释作用．

6.5.1　学习几何，靠天分，靠老师，还是靠自己的努力？

学生对于几何的学习，有着正确的态度．从统计上来看，如表 6 - 41，38.4% 的学生认为，学习几何努力比天分更重要；58.4% 的学生认为"既要努力，又要有天分"，只有 2.4 的学生认为天分比努力更重要，0.6% 的学生认为只要努力而不需要天分；其余的两个选项"只要天分，而不要努力"及"既不需要天分，也不需要努力"都没有学生选择．这说明学生对几何学习，不会盲目地认为需要天分，或者只需要努力就够了．在我们中国传统教育中，"勤能补拙"的思想还是有着深厚的影响，所以有 38.4% 的学生认为，在几何学习中，努力多过于天分；或许对于我国的学生来说，勤奋在学习中至关重要，无论天分如何．

表 6 - 41

	Frequency	Percent	Valid Percent	Cumulative Percent
A	5	.6	.6	.6
B	315	38.4	38.4	39.0
C	480	58.5	58.5	97.6
D	20	2.4	2.4	100.0
Total	820	100.0	100.0	

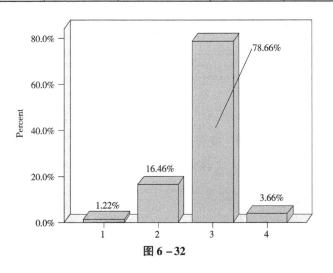

图 6 - 32

尽管学生认为勤奋很重要，但是在几何学习，学生认为教师的作用很大，从图6-32可以看出，78.6%的学生认为，几何学习既要自己付出努力，又要依靠教师在课堂中的讲解．

6.5.2 要选择学习几何吗？

是否要选择学习几何？这个问题可以反映出学生对几何是否感兴趣，或者学生认为几何的学习对自己是否重要．

从整体上来看（表6-42），34.1%（选项E）的学生考虑到自己的利益，一定要学习几何，也有20.7%的学生认为选择学习几何的可能性比较大，也就是有54.8%的学生选择几何的可能性比较大；然而，还有16.5%的学生犹豫不决，可能学习几何，也可能不学习几何，还有18.3%的人顺其自然，不作选择；更有10.4%的学生认为选择几何的可能性比较小，没有学生坚决不学习几何．

表6-42

	Frequency	Percent	Valid Percent	Cumulative Percent
B	85	10.4	10.4	10.4
C	135	16.5	16.5	26.8
D	170	20.7	20.7	47.6
E	280	34.1	34.1	81.7
F	150	18.3	18.3	100.0
Total	820	100.0	100.0	

虽然选择学习几何的人数超过一半，但是我们应该看到，还有将近一半的学生对几何不是那么感兴趣，或者没有认识到几何的重要性，学生可能在几何的学习中有个疑问：学习几何对我有什么帮助？尤其要注意的是，10.4%的学生对几何并不感兴趣，也想放弃几何学习．

两个年级的学生对几何的态度也存在着显著性差异，通过方差分析表明，$P = 0 < 0.05$（表6-43），他们对是否选择几何的认识不一致．

表 6 – 43

	Sum of Squares	df	Mean Square	F	Sig.
Between Groups	88.002	1	88.002	61.276	.000
Within Groups	1174.772	818	1.436		
Total	1262.774	819			

从两个年级的直方图对比来看（图 6 – 33），七年级学生选择几何学习的百分比高一些，但是顺其自然，不作选择的比例也大于八年级；同时还可以看出八年级学生在不选择几何的比例上比七年级学生要高出 3 个百分点．从这样的调查结果，似乎可以得出这样的结论：七年级学生选择几何学习的概率大一些，但是带有一定的盲目性，也就是他们接触的几何相对较少，没有感受到太多的兴趣或困难．

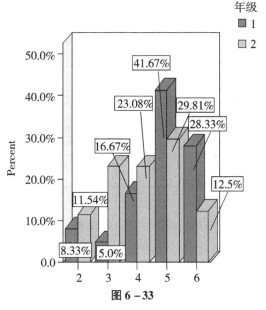

图 6 – 33

6.5.3 几何推理对哪些方面有帮助？

几何的一个重要的教育价值就是培养学生的推理论证能力，那么学生是怎样认识几何推理的呢？几何推理对于哪些方面有帮助呢？

对于这个问题，两个年级的学生没有显著性差异，68.9%的学生认为几何推理论证对日常生活和数学或物理等学科的学习一样有的帮助．还有14%的学生认为几何推理对日常生活的帮助比学习数学、物理或化学的帮助大．这表明，学生学习的几何和日常生活是比较接近的．

6.5.4　如何证明定理？

学生怎样认识数学中的定理证明呢？通过生活中的证据来证明定理，还是通过合理地逻辑推理？

根据表6-44，可以看出，87.2%的学生认为数学中的证明既要从现实中找证据，又要提供合理的逻辑论证，有6.1%的学生认为逻辑论证多过于现实生活中的证据；还有6.1%的学生认为证明要从现实生活中找证据．

表6-44

	Frequency	Percent	Valid Percent	Cumulative Percent
A	15	1.8	1.8	1.8
B	35	4.3	4.3	6.1
C	715	87.2	87.2	93.3
D	50	6.1	6.1	99.4
E	5	.6	.6	100.0
Total	820	100.0	100.0	

但是有趣的是，当问学生为什么"勾股定理"是正确的？47.6%的学生认为是经过了严格的逻辑证明，15.9%的学生认为多数情况下，是通过逻辑证明，很少通过测量验证的．两类学生的总和占总体的63.4%，有30.5%的学生认为既有证明，又有测量（表6-45）．这和上面的结论有些矛盾，大多数的学生一方面认为证明是既要从现实中找证据，又要提供合理的逻辑论证；另一方面他们认为勾股定理是通过逻辑证明过的，而不能依靠测量．

表 6 – 45

	Frequency	Percent	Valid Percent	Cumulative Percent
A	390	47.6	47.6	47.6
B	130	15.9	15.9	63.4
C	250	30.5	30.5	93.9
D	40	4.9	4.9	98.8
E	5	.6	.6	99.4
F	5	.6	.6	100.0
Total	820	100.0	100.0	

总的来说，学生对学习几何的态度还是比较积极的，几何的学习既要有天分，又要靠自己努力，还要有老师的帮助．大部分学生会选择学习几何，但是也有一些学生对几何并不感兴趣或者想放弃几何，这值得我们注意，这必然会影响学生的几何学习．68.9%的学生认为几何推理和生活、其他学科都是有关系的，对于其他学科和日常生活都有帮助，说明学生从几何的学习中得到了一些启发，这能促进他们的进一步学习．学生对几何证明的认识还存在着模糊性，表明学生学习几何还没有脱离现实世界的影响，大多数情况下，几何直观影响着学生的几何学习．

6.6　几何文化

在本研究中，从四个方面调查学生对几何文化了解的基本情况，即几何是研究什么的学科？几何和生活中的哪些方面有关？有哪些数学家研究几何？几何学习有助提高自身哪些能力？

从数学文化研究的角度的看，这几个问题是比较基础和简单的，然而对于初中生而言，不可能调查他们对于几何思想的认识或对几何历史人物的评述；再者，由于过于频繁地测试或调查，学生开始对调查问卷有所厌倦，过多的问题可能影响信度．所以，本研究只是希望通过这四个问题，了解学生在学习中对几何文化的最基本的认识.

调查问卷是多选题,共六个选项,前五个给出了具体的内容,第六个学生可以自由填写.

首先我们来看,学生对几何的基本认识.几何是研究什么的呢?其中有100%的学生选择了A选项"图形",因为他们学习几何的过程中,图形占了很大的比例,选择图形也很正常;B选项是"位置",结果有57.4%的学生选择了该项,但是其余的42.6%却没有选择,这是一个值得我们思考的问题,难道学生学习的几何仅仅是图形,"位置"就不属于几何研究的范围?有50.2%的学生没有选择C选项"三角形、四边形",在学生看来,似乎三角形、四边形太简单了,不值得几何研究;但是有65.4%的学生认为几何是研究"证明"(D)的,还有43.2%的学生认为,几何研究绘画(E),有4%的学生进行了补充,例如测量、立体图形.调查结果让人有些惊讶,但同时也能让人理解,学生选择较多的还是几何课本中常常出现的问题,但是这种认识确实比较狭隘.

几何和生活中的哪些方面有密切关系呢?我们通过表6-46来分析.

表6-46 几何和生活的相关

选项	(A)建筑	(B)艺术	(C)天文	(D)政治	(E)商业	(F)其他
百分比(%)	100	88.5	46.5	15.4	46.1	7.7

从这个表格可以看出,学生认为几何和建筑、艺术是密切相关的,同时和天文、商业比较相关,但是有学生认为几何和政治也是有关系的,可惜没有进一步的访谈,如果有机会一定让他们讲一讲为什么几何和政治是有关系的.还有的学生填写了:工业生产、发明创新、卜算等.总的来看,学生眼中的几何还是比较丰富多彩的.

学生了解哪些几何学家?我们列出了华罗庚、欧几里得、陈省身、陈景润、笛卡尔五位数学家,学生选择的情况如表6-47.

表 6 – 47　几何学家

选项	华罗庚	欧几里得	陈省身	陈景润	笛卡尔	其他
百分比（％）	27.1	72.9	15.6	46.1	53.8	7.8

从这些调查的结果可以看出，学生对数学家的了解是比较少的．除了课本上出现过欧几里得是《几何原本》的作者之外，他们对其他数学家的研究知之甚少，有的甚至都没有听说过，例如，很少学生选择陈省身；即使学生熟悉的数学家，他们也不清楚这些数学家是研究数学的哪一方面的，例如陈景润；还有的学生填写了高斯、哥德巴赫等．我们没有调查学生对于几何发展史的了解，也没有调查中国在几何发展中的成就，但是从学生对数学家的认知，我们可以断言：学生的几何文化知识比较贫乏．

那么学习几何能够提高自身哪些能力呢？

80.9％的学生认为，学习几何可以提高作图能力；77.1％的学生认为能够提高认识图形的能力；84.5％的学生认为能够帮助他们提高想象图形和图形位置关系的能力；84.6％的学生认为可以提高推理能力；61.8％的学生认为，可以提高测量物体的面积和体积的能力．还有学生认为可以提高艺术鉴赏能力、空间逻辑能力等．虽然这几个选项的百分比比较高，但是我们知道通过几何的学习，这些能力都能获得提高，可仍有部分学生没有认识到几何的这种价值．

学生对几何文化的理解并不是十分令人满意，他们对于一些基本的数学史和文化并不了解，对于几何的认识也比较狭隘；但是我们也应该看到，学生能够认识到几何和生活密切联系，这或许对他们的学习有一定的促进作用．

6.7　本章总结

在本章，我们从几何素养的六个维度评价初中生的几何素养，其中前四个维度是我们重点研究的对象．

我们根据第 5 章的几何素养评价体系的数学模型，结合学生的测试结果，把学生的几何素养划分为五个水平，它们是：孤立性、功能性、多元性、综合性和批判性水平．我们对每一个水平进行了描述，并制定了评价的标准．根据这个标准，以及学生的测试结果评价七年级和八年级学生的几何素养．

总体分析，学生的几何素养水平主要在功能性和多元性水平，只有少数学生达到了综合性水平；七年级和八年级学生的几何素养水平有显著性差异．不同学校的学生的几何素养也有显著性差异，其中 A 校七年级学生的几何素养比 B 校的学生要好；三所学校的八年级学生也存在显著性差异，其中 C 校学生的表现比其他两个学校要好．

在几何知识维度，七年级学生主要在水平 1 和水平 2，他们的知识水平不如八年级的学生，八年级学生对知识的掌握水平集中在水平 2 和水平 3；同时，我们发现，不同学校之间的几何知识水平存在显著性差异．

几何能力维度由多个指标构成，包括：几何直观、表达、作图、度量、基本推理，空间想象．在几何直观方面，学生主要处于识别和辨析水平，八年级学生的直观水平高于七年级，有 10% 的学生达到了分类水平．模拟回归分析表明，几何直观对几何能力影响最大．七年级学生在几何表达方面主要在水平 2——描述水平；八年级学生以水平 2 和水平 3 为主，能够解释问题，说理证明；几何直观和其他几个指标密切相关．两个年级在几何作图上有差异，但是在水平差异上不大，他们主要集中在水平 2（绘制）和水平 3（构造），几何作图和基本推理相关程度较高．七八年级的学生在几何度量上没有显著性差异．学生的推理主要在基本推理水平，七年级学生在分析水平或之下，八年级学生达到了抽象水平，并且对于常规的推理问题解答得比较好，但是对于非常规问题的推理情况不甚理想，主要集中在水平 2．学生在空间想象能力方面没有显著性差异，大部分达到了联想的水平．从几何能力维度整体分析，学生的表现主要在水平 2 和水平 3，不同年级之间有显著性差异，其中学校 C 的几何能力表现最好，A 校的学生相对较差．

学生在几何应用维度主要在水平 2——理解水平和水平 3——探究水平．两个年级的学生表现有显著性差异，其中 40% 的八年级学生达到了探究水平，而七年级的大部分学生在理解水平．从几何应用整体看，学生的水平不高，说明学生缺乏应用几何的训练．

在几何背景维度，大部分学生在水平 3，并且两个年级的学生没有显著性差异，学生对背景的理解水平不高，三所学校的学生也没有显著性差异．

学生对学习几何的认识比较积极，几何学习需要天分，更需要努力，也需要教师的帮助；但是也有些学生有放弃几何学习的想法．学生认为几何推理和生活是相关的，然而他们对几何证明的认识存在着模糊性．学生对几何的认识相对比较狭隘，相关的几何文化知识比较匮乏．

第7章 基于项目活动的学生几何素养研究

在前面的章节，我们根据学生完成相关的几何测试题目，从学生在几何知识、能力、应用和背景四个维度的表现，并结合学生的几何学习态度及对几何文化的理解，评价了当前七年级和八年级学生的几何素养．在本章，我们将从学生"做数学"的角度，对学生的几何素养进行质的分析．

7.1 学生几何素养评价的挑战

几何测试是否很好地反映了学生的几何素养？

7.1.1 "全等与变换"的数学项目活动案例

在广州市某中学的八年级某班，学生正在开展和几何相关的数学项目活动．活动主题是：全等与变换．

在第一节，教师首先向学生展示了已经完成的数学项目活动，例如，神奇的多面体、生活中的函数、多面体热气球等．通过这样的介绍，使学生了解开展项目活动的基本过程．接着，给出活动主题：全等与变换（徐斌艳，Matthias Ludwig，2007）．发给学生相关的材料．

给出引导性的材料之后，将学生分成若干小组，各小组根据自己的兴趣，选择相应的活动．当学生确定了所要做的项目之后，开始互相交流，探讨项目活动的过程，制定活动开展的计划，进行分工合作．在教师的指导下，学生根据选择的活动任务，完成相关的数学项目，在本案例中也就是上述的四个建议之一，最终，学生将撰写相关的研究报告、制作海报或配有数学说明书的工具等.

这样的项目活动有助于评价学生的几何素养吗?

7.1.2　学生评价、数学项目活动和几何素养

从国际角度看,对学生的评价目的正在发生着改变. 以往, 评价学生主要依赖于学生在教育结束时候的成绩. 但是, 现在许多数学教育家呼吁:评价应当帮助教师了解并帮助他们制定教学策略, 评价应该促进学生的学习, 反映所有学生应当学习和能够掌握的数学, 它应侧重在评价学生的理解和基本技能的掌握(NCTM, 2000). 基于学生的评价, 教师应能够为学生设计更好的问题, 使学生适应教学步骤; 教师要明智地从各种材料中做出选择, 当学生的思维中出现合适的具有挑战性的问题时, 教师要会引导学生讨论(Ball, 1997).

伴随着对学生评价目的的改变, 评价的方法、工具和技术都在改变. 因此, 在今天的学生评价中, 除了在规定时间要求学生书面测试之外, 还要求数学教师综合使用各种评价方法和工具, 收集学生学习的各种数据, 从而评价学生的数学学习. 例如, 通过项目活动、开放题、观察、访谈、反思性日记和收集代表作等(NCTM, 2000), 都可以评价学生的学习. 在这些评价技术中, 数学项目活动是指:在教师指导下, 学生对真实世界中的、有意义的、有价值的、有挑战性的主题进行深入探究的课程活动, 发挥学生的学习自主性, 能促进学生投入到学习活动中, 激发他们以自身的方式学习, 促进他们终身学习技能和素质的发展(詹传玲, 2007).

在数学项目活动中, 不可缺少的是主题情境, 学生将在主动参与和合作交流中, 通过探究主题任务, 解决问题, 最终得到和数学相关的成果——"产品". 这和弗莱登塔尔的"现实的数学"思想不谋而合, 而对于学生数学素养的研究离不开数学应用和建模(Kaiser, G. & Willander., 2005). 在几何素养的评价维度中, "应用"是一个重要领域. 数学项目活动正是通过学生做数学、应用数学, 体验数学的价值, 促进数学的理解, 提高对数学的兴趣和认识.

数学项目活动主要包括三个要素:驱动性主题、产品和评价(詹传玲,

2007）．事实上，从项目活动开展过程来看，包含的内容远远超过这三个要素，只不过它们是最主要的框架．在驱动性主题中，问题情境有着重要的影响，这也是学生开展项目活动，进行探究的环境，对于环境的适应性和熟悉程度都将影响学生的问题解决．学生将运用所学的或者未学习过的知识完成任务，这是一个学习的过程，对于已掌握的知识能够进一步理解与使用，而新知识将在活动中获得．学生一方面运用知识，另一方面展现数学能力，包括观察，操作，交流，发现问题，解决问题，数据处理，抽象概括，空间想象，计算等，体现出综合的素养．在各方面能力的协调下，完成"产品"，最终进行自我评价和他人评价．

相应的，几何素养的评价包括了数学项目活动过程中的几个重要方面：知识、情境、能力和应用．学生的数学信念也将影响学生做项目的质量，对数学有浓厚的兴趣，那么就会在项目活动中自觉地运用数学；相反，若是厌恶数学，做项目就是一件不愉快的事情，或者干脆不用数学．数学的文化可以从多方面激发学生的灵感，使他们在项目活动中思维更为广阔，形式更加丰富．

我们可以从下图（图7-1）观察项目活动和几何素养评价的关系．

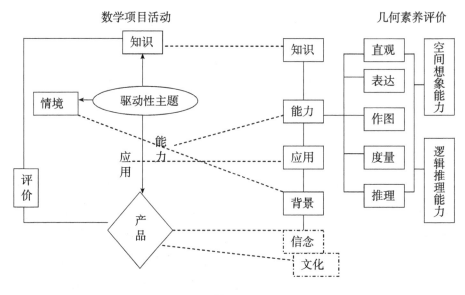

图 7-1

二者的关联性促使我们思考，是否可以通过学生开展关于几何的项目活动，全面评价学生的几何素养数学项目活动的评价？立足于数学项目活动，关注学生在活动过程中的收获与成长，主要涉及知识应用、产品质量、情感态度、合作技能等各个方面的学生表现．也就是说，评价知识、技能和策略的运用以及在这个过程中产生的结果（詹传玲，2007）．这给我们一个启示，也就是可以通过评价学生在几何知识、能力的水平，以及学生最终活动的成果质量，综合地评价学生的几何素养．根据本研究构建的几何素养评价模型，结合具体的数学项目活动过程，我们从质的研究角度分析学生的几何素养水平．

7.2 研究方法

前面给出的数学项目活动是一个关于几何的案例．这个案例是研究者在广州市 Y 中学八年级的学生中开展的"全等与变换"项目活动．我们以此案例为主探析研究方法．

7.2.1 几何项目活动的开展

研究者经过和广州 Y 中学八年级甲班任课教师 H 老师交流，决定从 2008 年 5 月 1 日之后在该班开展关于"全等与变换"的项目活动．

因为该年级的学生刚刚学习完"对称""全等三角形"两个内容，任课教师希望通过该活动可以提高学生学习数学的兴趣，进一步巩固关于"对称""全等"的知识；研究者希望通过这个项目活动，观察学生的活动过程，发现学生几何素养的特点，并能对学生的表现从几何素养的角度进行评价．任课教师介绍说，Y 学校在广州市属于中上等的学校，该班学生在全校属于学习成绩较好的班级，学生比较喜欢学习，自觉性较高，共 58 人．

根据学校的教学安排，研究者和任课教师协商，从 5 月 6 日开始，于每周二的下午第三节课开展数学项目活动，连续进行 4 个星期．第 4 次课，学生进行成果汇报．

活动地点：广州市 Y 中学八年级甲班．

参加该项目活动的人员除了学生之外，还包括研究者本人、任课教师 H、两名大四学生．其中研究者、任课教师 H 是项目活动的支持者、共同参与者，大四学生负责录像、录音工作，为学生提供必要的知识帮助．

为了使学生能够积极投入项目活动中，研究者承诺为学生购买的一切工具付费，学生可以凭发票和收据报销，减少了学生在经济上的顾虑，增加了参加项目活动的积极性．

第一次课（5 月 6 日 16：10～16：50）：准备．首先要求学生撰写数学小论文"全等、变换（对称、旋转、平移）和我们的生活"．接着，研究者为学生介绍数学中的项目活动，以神奇的多面体、生活中的函数和多面体热气球三个例子讲解数学项目活动的过程和形式，主要包括：项目活动主题、主要内容、参与人员、活动计划、活动过程、结论等．通过项目活动的介绍，使学生对活动步骤有了初步的了解．在介绍的同时，发放关于"全等与变换"的活动建议资料．要求学生分组，鼓励他们选择感兴趣的活动主题，并且确定下来；当然也可以选择不在发放材料之内的其他活动主题，但是主要内容必须是"全等与变换"．学生自由组合，分成 6 个小组，开始讨论选择什么活动建议．下课之前，研究者强调，在活动最终阶段，要能制作相应的"产品"——海报，研究报告，带有数学说明的工具，艺术品等．

第二次课（5 月 13 日 16：10～16：50）：确定活动建议之后，研究者为学生发放初步的作业单，主要是担心学生不知道如何思考，所以为学生提供一个脚手架；但是研究者也有所顾虑，怕学生的思维受此作业单的过分影响．后期活动表明，学生基本没有按照作业单的形式开展活动，保证了活动的正常进行．研究者鼓励学生制定合理的项目活动计划，小组同学进行分工，为自己的小组起一个名字．

学生主要选择了发放资料中的前三个活动建议：环境中的对称、镜子前后的对称和瓶子内部的直径，并且恰好每两个小组选择同一个活动建议．学生在研究者的指导下，开始制定活动计划．

第三次课（5 月 20 日 16：10～16：50）：学生根据项目的活动计划，正式进行项目活动，对不同的活动主题开展研究工作，研究者再次提醒学生，最后的研究成果要有"产品"诞生，包括下面的几种形式：海报，研究报告，带有数学说明书的工具，或者从数学的角度制作的艺术品. 学生确定活动主题后，在研究的同时，讨论最终成果的形式. 这次课主要是学生进行数学的探究活动，研究者为学生提供数学地支持，并参与学生的讨论.

第四次课（5 月 27 日 16：10 ～ 18：00）：通过和 H 老师商议，计划让学生在学校操场进行成果汇报，但是由于下雨，仍然在教室进行. 在学生进行汇报之前，研究者先让学生填写自我评价表，然后指出汇报注意事项. 16：30 分，学生按照小组开始汇报自己的研究成果. 在汇报过程中，其他小组学生可以提问. 经过 1 个半小时的时间，6 组学生全部汇报完毕，他们的班主任（物理教师）也出现在汇报现场，对学生的表现非常满意.

学生最终的"产品"有三种形式：海报，研究报告和测量工具.

7.2.2　数据资源

在这个研究中，收集的数据资料主要包括下面几种：

● 所有的项目活动过程. 主要包括：研究者讲解项目活动过程，学生探究活动过程，学生的成果汇报. 在项目活动过程，全程使用摄像机跟踪录像.

● 学生撰写的数学小论文.

● 学生的自我评价.

● 最终活动成果：产品. 包括：海报，研究报告和测量工具.

7.2.3　理论基础

对于上述数据的分析主要进行质的分析，质的研究方法是以研究者本人作为研究工具、在自然情境下采用多种资料收集方法对社会现象进行整体性探究、使用归纳法分析资料和形成理论、通过与研究对象互动对其行为和意义建构获得解释性理解的一种活动（陈向明，2001）.

美国学者格拉和施特劳斯（B. Glaser & A. Strauss，1967）提出了"扎根理论"（grounded theory），这是一种质的研究方式，其主要宗旨是从经验资料的基础上建立理论，即要让我们如何发展出"扎根在数据上的理论"．研究者在研究开始之前一般没有理论假设，直接从实际观察人手，从原始资料中归纳出经验概括，然后上升到理论．这是一种从下往上建立实质理论的方法，即在系统收集资料的基础上寻找反映现象的核心概念，然后通过这些概念之间的联系建构相关的理论．扎根理论一定要有经验证据的支持，但是它的主要特点不在其经验性，而在于它从经验事实中抽象出了新的概念和思想．

例如，本研究没有假设学生的几何素养通过数学项目活动会发生变化．研究者试图通过分析学生的数学小论文，项目活动开展过程的录像，学生自我评价表，项目成果等资料，对资料进行编码处理，根据编码构建相关的理论．

7.2.4 编码

本研究关注的是学生的几何素养水平，即对学生在数学项目活动中表现出的几何素养进行评价，因此，编码也从评价的角度进行．

数学项目活动中蕴含了研究性学习，评价学生的数学研究性学习能力也是一个重要方面．有学者分析了数学高考对学生研究性学习能力的评价（奚定华，陈嘉驹，查建国，2006），提出六条评价目标：

- 能发现和提出有探究价值的数学问题．
- 能理解问题所提供的文字、数字、图形、图表等信息，并能从中提取有关信息，对它们进行分析和处理．能用观察、实验、操作、试验、抽象、概括、类比、归纳、演绎、分析、综合和建模等方法进行数学探究．
- 能通过探究提出猜想和假设，并能检验所提出的猜想和假设是否正确．
- 能通过探究发现数学对象的本质、规律和相互之间的联系．
- 能将研究的结果用数字、文字、符号、图形准确、清晰地表达．

在数学项目活动的评价中，评价的目标有三个方面（詹传玲，2007）：

- 重视数学事实、数学历史、传记资料和某些特殊证明的引入和介绍．
- 强调学生运用数学概念、定理、方法解释常见现象．
- 强调在典型的非数学环境中运用明确的数学手段完满处理．

对应的评价内容包括三个方面：

●关于项目中的数学．项目中的数学内容部分占多少？如何从数学上解释？涉及的数学内容符合这个年级吗？你以前学过这些数学内容吗？这里的数学正确吗？

●关于项目结果．图形画得准确吗？工具是否可用？海报是否美观，又能说明问题？模型和现实的相似度．是否有创新？

●关于项目的展示．学生合作交流情况，项目产品的有效性，学生的表达是否清晰？

在对"全等与变换"项目活动的所有数据资源整理之后，认真阅读学生的数学论文、自我评价和研究结果，观看项目活动的录像，记录学生的活动行为，这些数据可以分成下面的一些类别，本研究根据这个分类进行编码．

●对生活与几何的认识：学生把生活中的图形、模式和问题和数学建立联系，体验生活中的对称、全等与变换；理解各种情境与几何的关系．

●实际问题的数学化过程：根据活动主题中提供的实际问题，找到现实的模型，使用数学的语言表征，把几何背景和学过的数学联系起来，寻找解决问题的方法和策略．

●数学地实验：使用数学的方法进行观察、实验，动手操作并不断尝试，通过测量、收集数据、整理数据，抽象出数学问题，把想法表达出来和同伴交流．

●数学地推理和验证：根据找到的数学模型，使用数学概念、公式、定理等验证自己的猜测或解决问题．

●活动兴趣：对活动的参与程度，是否有着积极性，或者比较消极，表现出浓厚的兴趣，或者厌恶．

●数学文化：数学的价值和功能，数学和生活的哪些方面联系密切，数学是否是精确的，等等．

●数学地交流：把自己做的研究使用文字、图形、数学符号等表达出来，有条理性，符合逻辑，展示实验过程，呈现数据，演示数学推理过程，工具的使用方法和数学原理；回答其他小组的提问，解释原因．

7.2.5 研究对象

本研究的主要研究对象是广州市 Y 中学八年级甲班学生，共 58 人．他们自由组合，组成 6 个小组，各自为自己的小组取了名字，分别是：二次方程组，第二组，萝卜大蒜（组），奇才（组），起个名字真难（组），诺亚方舟（组）．

选择"环境中的对称"的小组是：二次方程组，奇才（组）；

选择"镜子前后的对称"的小组是：第二组，萝卜大蒜（组）；

选择"瓶子内部的直径"的小组是：起个名字真难（组），诺亚方舟（组）．

7.3 结果

7.3.1 项目活动中的学生几何素养内涵

在项目活动中，学生所表现的几何素养更加丰富，更加综合．我们通过学生"做数学"，可以从多个角度分析学生的几何素养．

学生在几何项目活动中，首先面对的是现实背景．在初二的项目活动案例中，有三个不同场合的情境：生活的环境，镜子反射和瓶子内直径测量．这三个问题和几何中的对称、全等有着密切的联系，但是仅仅靠全等与对称的概念又不能完全解决问题．可以说，理解现实背景，使用数学的表征描述问题，这是学生面临的首要任务．如果要完成项目活动，也就是解决具有现实特点的真实问题，就必须先了解这个问题，所以，学生的第一步工作不是选择相应的数学知识（尽管他们已经知道解决这个问题需要"对称、全等"等知识），而几何的能力也并不能马上展现出来．

从学生做项目的录像研究，学生首先是通过"物理"的方法，寻找解决问题的直接方法．例如，选择"环境中的对称"活动的小组，他们首先想到的是生活中的对称物体：建筑、风景、动物、标志等；选择"镜子前后的对称"活动的小组，马上找来几面镜子进行实验；而选择"瓶子内部的直径"
的小组把自己带来的饮料瓶和水杯拿出来观察．这和解决封闭式的问题有着
很大的区别．

　　例 7 - 1　已知如图 7 - 2，图形 ABCD 中，
AD∥BC，BD 平分∠ABC，∠A = 120°，BD =
BC = $4\sqrt{3}$，求梯形的面积．

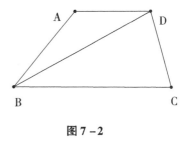

图 7 - 2

　　对于这样的问题，学生直接研究图形和数
量之间的关系，使用直角三角形的性质就可以
解决．

　　在项目活动中，当学生理解了现实背景，初步确定现实问题是什么，
然后才进行下一步的工作．在进入下一步的活动之前，学生受到两个重要
因素的影响，这就是关于数学的文化思想和数学信念．数学的文化思想是
学生从解决问题的角度对数学的认识，这种认识不仅仅包括对数学知识的
理解，还有重要的数学思想方法的应用，以及数学与生活的密切联系等，
这将影响学生选择解决问题的数学策略，例如有的学生虽然知道数学和生
活有着密切联系，但是对于如何使用几何解决现实问题，他却没有充分的
认识，他在解决问题中，可能倾向于使用代数的或其他学科的方法．数学
信念是学生对数学的态度，不同的数学信念在学生思考问题和解决问题中
都会有着不同的影响．

　　把现实的问题进一步简化，使之成为一个脱离了具体事实的现实模型，
接下来就是数学化的过程．在项目活动中，数学化的过程是和数学实验同步
进行的．在这个解决的过程中，学生在几何方面的知识和技能帮助他们把问
题进一步数学化．以"镜子前后的对称"项目活动为例，分析学生如何通过
几何直观、度量、作图等方法，将现实问题转化为数学问题．

　　开始有的学生并不知道如何摆放镜子，才能生成多个对称图形，通过尝
试、观察，他们慢慢找出"成像"的关键原因．在图 7 - 3 和图 7 - 4 中，第
二组的学生尝试着各种各样摆放镜子的方式，试图获得多个"像"，然而，在
观察和试验中，他们发现这种摆放的方式很难找到多个"对称图形"．

图7-3   图7-4

而"萝卜大蒜"组的组员经过几次尝试，发现了生成"对称图形"的正确方法（如图7-5和图7-6）．

图7-5   图7-6

该组学生 L1 说："很显然这里的成像是5个!"

另一位学生 L2 说："我怎么看不到呢？怎么看都是4个．"

L1：你站的角度不对，你这样看（把学生 L2 拉过来），是吧？

L2：哦，我看到了（图7-5）．

其他组员一起观察，有的学生发现，当两面镜子的夹角变化的时候，并不止5个"对称图形"，当他们的视线和镜子平行时，发现果然是多了几个．

"7个，中间的那个分成两半……"（图7-6）

是否随着两面镜子的夹角不同，所成的"对称图形"不同呢？有什么规律吗？

他们开始尝试改变两面镜子的夹角，希望能有新的发现，果然，随着夹角的改变，获得的对称图形个数不同．

接下来就是从数学的角度来探究，随着镜子的夹角的变化，所成的对称图形个数发生怎样的变化？

学生开始有目的地摆放镜子，并使用量角器测量两面镜子的夹角（图 7 - 7），但是另一个小组发现三角板测量也是一个不错的方法（图 7 - 8）．

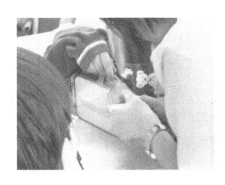 

图 7 - 7　　　　　　　　　　　　　图 7 - 8

在这个过程中，学生要有敏锐的洞察力，能够识图、看图，能够从个别现象猜想一般规律．学生展现出一定的几何技能和统计能力．在应用几何方面，他们进一步理解了"对称"，并开始了数学的探究．

以"萝卜大蒜"组为例，他们根据观察的个别现象，猜测在"像"和镜子的夹角之间存在着一个对应关系（他们还没有学习函数的概念），即，随着镜子夹角的度数变化，镜子内生成的对称图形也发生改变．

经过进一步的实验和观察，他们记录了两面镜子在不同夹角下，所成的对称图形的个数，得到了下面的表格．

表 7 - 1　"萝卜大蒜"组记录的镜子成像的个数

度数 \ 次数	第一次	第二次	第三次	第四次
30°	11	11	11	11
45°	6	7	7	7
60°	5	5	5	5
75°	4	4	4	4
90°	2	3	3	3

得出结论：当镜子围成的角度（夹角）越小，镜子内生成的对称图形越多，且图形的个数约为：360 度÷镜子度数 – 1（学生的实际表达是这样的）.

然后，学生把这个既有汉字又有数字的式子进行了改造，得到下面的代数式：

360°÷x – 1（x 是镜子度数）.

我们分析一下学生的项目活动过程，在这个过程中，学生表现出怎样的几何素养？和哪些因素有着重要的关系？

当学生从现实问题进入数学探究，他们的知识得到应用，对于"镜子前后的对称"这个项目，学生必须理解镜面对称，轴对称，反射等概念，他们在试验中，发挥几何直观能力，能够进行基本的度量，并且比较度量方法的优劣，经过对数据的统计处理，推出数学的结论. 这个过程可以使用图 7 – 9 来表示.

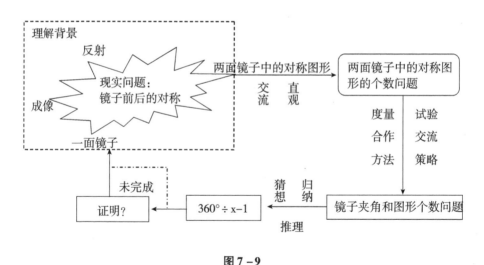

图 7 – 9

从这个图中可以看出，在数学项目活动中，学生的几何素养表现为：理解几何的背景，与同伴合作交流，直观感知问题，设计解决方法和策略，数学地表征问题，在几何和其他数学分支之间建立联系，归纳猜想结论，推理并给出证明，解决问题，对成果进行反思. 这已经超越了几何内容的领域，在此，几何作为一个载体，更加全面地展示了学生的数学素养．从评价的角度来看，我们可以综合地对学生的几何表现作出判断，这种判断不是单纯地从几何知识、能力方面来确定，而是依据学生在问题解决过程中的整体表现．因此，学生几何素养的内涵更加丰富，可以更加真实地评价学生在几何上的成就，当然，项目活动的主题对于学生的几何素养有着重大的影响，也就是，学生是否能从给定的背景或者情境（活动主题）发掘问题，如果主题不适合学生深入的探究，那么必然影响学生充分展示几何素养．

通过分析学生做的 6 个项目活动，我们发现，在项目活动中，学生的几何素养有四个特征：综合性、交互性、过程性和应用性．

● 综合性

在项目开展过程中，学生的几何素养是由多方面构成的：问题解决、几何知识与能力、数学的思想方法、解决问题的策略，与他人合作，数学地表达，数学文化的理解，积极的数学信念等．这些方面相辅相成，不可分离，缺少了每一部分，学生都不能顺利完成项目；他们的几何素养正是通过这些方面表现出来．

通过学生做项目活动，我们可以完整地观察和评价学生的几何素养，这是测试和问卷所不能做到的．首先，做项目是使用数学和做数学的过程，为学生提供了一个展示自我的平台．正如 PISA（2000）所认为的：数学素养是一种个人能力，学生能确定并理解数学对社会所起的作用，得出有充分根据的数学判断和能够有效地运用数学．这是作为一个有建构的、关心他人和有思想的公民，适应当前及未来生活所必需的数学能力．在学校教育中，学生时常面对的是常规问题，或者书面的问题，很少有机会接触实际问题．而一个人在数学方面的能力，只有在使用数学中才能展现出来，项目活动的开展就使我们可以从整体上评价学生．在前面的章节，我们分析了几何素养的内涵和评价维度，这是一个立体的体系，包括学生在几何知识方面的理解，掌握技能的熟练程度，应用几何的能力，对几何背景的认知程度，以及学习几何的态度和受到的几何文化的影响．在项目活动中，学生在几何素养各个维度的水平都暴露出来，使我们能够综合地分析学生的几何成就．其次，这种综合性还表现在知识的综合性和能力的综合性．在项目中，学生使用的知识不仅仅是几何，还包括统计、方程、函数等；学生通过观察、实验、动手操作等来解决问题，他们需要的不仅仅是解决数学的能力，还要有直观、作图、表达和交流等技能．

以“瓶子内部的直径”项目为例，虽然设计该项目的目的是希望学生利用“全等三角形的判断定理”解决问题，但是学生在实际的活动中利用了各种知识：测量、统计和三角形全等（如图 7－10 和 7－11）．

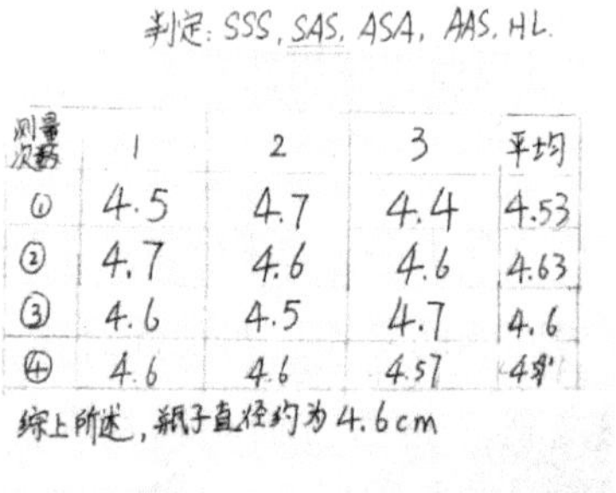
判定：SSS，SAS，ASA，AAS，HL.

测量次数	1	2	3	平均
①	4.5	4.7	4.4	4.53
②	4.7	4.6	4.6	4.63
③	4.6	4.5	4.7	4.6
④	4.6	4.6	4.57	[illegible]

综上所述，瓶子直径约为 4.6cm

图 7－10

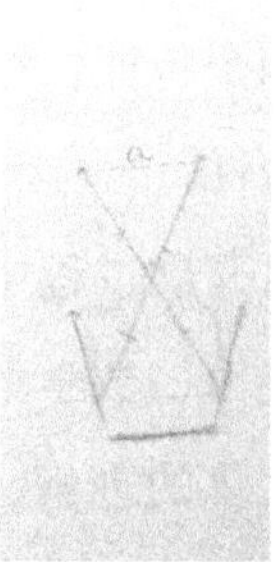

图 7－11

在开展项目活动中，各组学生互相合作，互相交流，动手操作，观察、实验，并制作合适的工具来解决问题（图 7－12）．

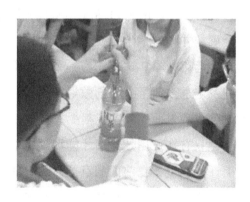

图 7－12

综合性还蕴含着学科的整合，学生在体验生活中的对称时，不由得感慨：在大自然的优美乐章中，世间万物好像一个个跳动的音符，演奏着那动人的旋律. 数学, 这个美丽而神秘的词汇, 早已融入生活的点点滴滴. 几何的全等和变换, 也在生活的每一个角落, 散发着最耀眼最动人的光辉.

这样的描述, 有着文学中的对仗, 显然也是受到了 "对称" 的启发; 再如, 在学生介绍 "轴对称图形" 的时候, 有这样的描述: 这幅漂亮的油画, 将轴对称的魅力展现得淋漓尽致, 给人一种奇妙而神秘的感觉.

● 交互性

在项目活动中, 学生几何素养的另一个特征是交互性, 也就是不同学生的几何素养相互影响, 在合作交流中得到发展, 当然也有不良的一些情况, 例如, 一个学生对几何的厌恶情绪也可能影响小组的其他成员. 在教师的指导下, 应该尽量避免不良情况, 使学生互动学习, 激发灵感, 合作交流, 取得进步.

在最终的学生成果汇报时, 当 "奇才" 组汇报完 "环境中的对称" 项目之后, 有这样的对话:

S1: 既然你们找了轴对称 (图形), 中心对称 (图形), 为什么不找既是轴对称又是中心对称的?

带有浓郁的中国传统气息的中国结, 是不是让你想起了喜气洋洋的春节呢? 当然啦, 这个图案也是中心对称的哦

旋转中心

图 7 - 13　　　　　　图 7 - 14

Q1: 有的, 中国结就是一个.

G2: 你们的资料中有两个地方有错, 一个是中心对称概念中的位置, 应该是绕某一点旋转 180° 重合, 而你们那里是旋转就和另一个图形组合, 这是

旋转对称图形的概念；有张图，就是有蓝天白云的那个风车（图7-13），风叶是三个，这应该只是一个旋转对称，而不是中心对称图形.

Q1：谢谢你的指正.

G3：能否再看一下中国结的图片……我认为中国结不是中心对称图形，而是轴对称图形（图7-14）.

（掌声响起来.）

学生之间的这种质疑，可以很好地促进学生的学习和理解. 这也是几何素养的一个重要方面.

- 应用性

几何素养的一个重要维度就是几何应用，在项目活动中，这个维度的特点更为突出. 数学项目活动的最终结果就是制作一个"产品"，这个产品要有一定的实用价值，无论是研究报告，还是海报、模型，又或是工具；另外，项目活动要体现几何的应用价值，在以"全等与变换"为主题的项目活动中，学生把几何和生活的情境相结合，体验对称的美感和实用性. 在学生所做的6个项目中，都不同程度地发掘了数学在生活中的应用，学生都一致认同："生活中处处都有数学知识，数学是如此重要!"

下面我们结合6个小组所做的项目来分析.

"二次方程"组确定的主题是"环境中的对称"，他们最终得到一个关于对称图形的海报，包括中心对称、轴对称、镜面对称图形的各种图片，对每一类对称的特点进行了分析，并举例说明（图7-15）.

图7-15   图7-16

他们应用对称图形的几何概念，对生活中的各种建筑、风景、装饰品等进行检验，发现这些物体的几何元素，并从数学的角度进行说明或证明（图7－16）。

另外一个小组"奇才"组，他们同样找到各种各样的关于对称的图片，这个小组的特色是将几何和文学结合在一起，美丽的对称图形配上优美的文字，使得研究报告充满诗情画意（图7－17）。

"小小风叶，转动出温馨的旋律。"

"轻柔的风，轻轻地拂面而过，留下淡淡的纯净。"

"风叶缓缓地转动着，带着恬静的芬芳。"

可能这些语言已经脱离了研究报告的严肃性，但是在培养学生的素养上，这是无可非议的，几何的美感已经激发了学生对自然界、对生活的向往。数学不仅让学生感受到科学的魅力，还要让学生领略到文化的韵味。

图 7 – 17

在"镜子前后的对称"项目中，两组同学对于镜面对称获得的神奇的图形都充满了兴趣，并通过统计得到了数学表达式，尽管没有证明，这也是一种数学研究的尝试（图7－18和7－19）。

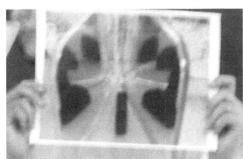

图 7 – 18　　　　　　　　　图 7 – 19

"测量瓶子内部的直径"是一个和生活密切相关的应用问题．学生想出了各种各样的方法（从第6章的测试可以看出），最后他们进行了筛选，选择最好的、与数学最密切相关的两种方法．一个是利用"全等三角形对应边相等"，另一个是使用勾股定理，并且做出了可以使用的工具，指出工具的使用方法，优点缺点等（图7-20和图7-21）．

图7-20　　　　　　　　　　图7-21

● 过程性

在项目活动中，学生的几何素养体现出一种过程性，也就是通过学生不断地探究问题的过程，展现出几何素养．在项目活动的不同阶段，学生表现出的几何素养有所不同，例如在项目开展的初期，学生只是知道所要研究的问题可能和数学有关，至于如何使用数学，或者问题中的数学元素是什么，他们并不是很清楚；开始的问题是具体的、生活化的，所体现的素养也是一种基本的处理问题的表现，例如观察、描述、实验等，还没有进一步和数学联系在一起．随着活动的不断进行，实际问题转化为数学问题，几何的作用逐步体现出来，学生开始使用几何或者代数的一些思想方法解决问题．最后，达到高水平几何素养的学生，可以脱离实际问题，进行数学的运算和证明，当数学问题解决之后，有反过来解决实际问题．

例如在"瓶子内部的直径"项目活动中，"诺亚方舟"小组在最初使用卷尺，试图测量瓶子的内径，结果发现这是不可能做到的；第二次课，他们把两个笔芯并在一起,通过全等三角形对应边的理论来测量,实验中他们认为这个方法可行,但是测量的误差比较大;又经过一星期的讨论思考,他们提出使用勾股定理来测量瓶子的内径,如何测量呢?他们开始进行数学地思考,转化为几何问题,使用数学方法论证;在第四次课,他们不仅得出数学的推理过程,而且制作了测量工具(图 7-21).

这个过程可以使用下图(图 7-22)表示.

在这个图中,可以发现,学生的几何素养是在不断发展的,体现出一种动态的过程.

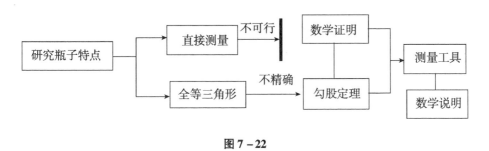

图 7-22

7.3.2　学生几何素养的发展

在项目活动中,学生的几何素养是不断发展的,随着对问题的不断探究,学生在几何知识、技能或能力、应用等方面都发生着变化.在这个发展过程中,不是一帆风顺的,而是辗转曲折的,也就是当学生不断地思考问题,有进展顺利的时候,也有受到阻碍的时候.我们可以使用图 7-23 来表示.

从初期来看,学生所展现出的几何素养是处于比较低的水平,他们还不能马上把问题和相应的几何知识联系起来,可以解决单个的问题,例如"轴对称图形"的概念,想到镜子和对称图形,但是有什么特点还不清楚,更没有想到有什么数学联系.随着对现实情境和问题的认识加深,他们开始理解了问题的具体内容,镜子中的像在变化,为什么变化?怎样变的呢?有什么规律?瓶子的内径是无法直接使用直尺或卷尺量的,看来要换一个方法,怎

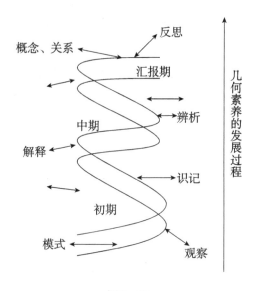

图 7 - 23

样不进入瓶子内部来测量？可以转化吗？这些问题刺激着学生进一步探索，这时候所表现的几何素养也发生了变化，基本的几何概念起到了作用，由开始的观察变为识别辨析，表达也带有数学语言的味道，推理也逐步地抽象化，对背景是完全理解了．在成果汇报时期，他们已经从数学的角度解决问题了，几何知识也上升为公理、定理，还使用了其他分支的知识，例如，统计和函数，并且使用数学模型解决了实际问题，并进行一定程度的反思．在这个过程中，他们的兴趣也在发生着变化，由一开始的试试看逐渐变为"有兴趣的探究"；而对几何和数学的认识也发生了改变，明白数学是有用的，和生活密切相关．

下面以"镜子前后的对称"这个项目为例，探究学生几何素养的发展．

有两组学生选择这个活动主题，得到的结果也类似，但是他们是独立完成，在这个过程中，学生表现出的几何素养不断发生着变化（图 7 - 24）．

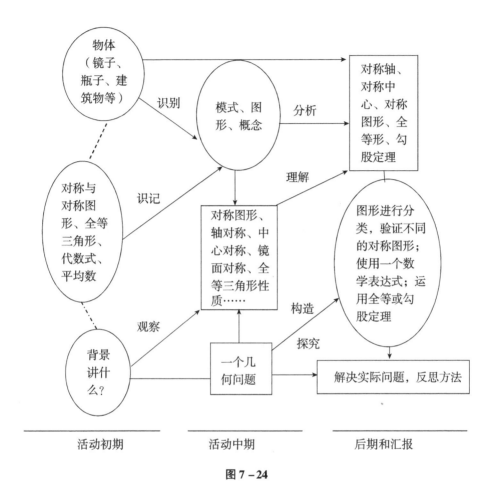

图 7 - 24

7.3.2.1　探索期的几何素养

在初期的探索阶段，学生无论是对几何背景的认知，还是能力表现、几何知识的应用，都表现出比较基本的素养.

我们选择两个学生作为跟踪对象，来分析他们在项目活动中几何素养的变化.

学生 H 和学生 Y 同属于第 2 组，他们要做的项目是"镜子前后的对称". 在这之前，他们各自写了一篇关于"全等、变换和我们的生活"的小论文.

H 在文章中这样写：

在我们生活里充满了变换，图形能根据变换变成许许多多奇怪、奇妙的图案，这些图像能造就美的享受，包括空间感、层次感以及图形条理性.

图形的对称分为轴对称和中心对称. 轴对称能给人一种整齐的感觉，公整中不失优雅. 轴对称经常应用在一些古老的建筑中，例如宫殿和寺庙，轴对称能构成一种对称美，给人美的享受.

在我们生活中也有许多关于中心对称的图案，其实中心对称也是旋转得到的，它们之间的关系十分密切. 通过中心对称和旋转就会出现万花筒般魔力，造就视觉上的冲击. 旋转跳跃，让你迷失其中，头昏脑涨.

仔细观察身边的世界，你会发现生活中许多事物是相当有规律的，生活中处处出现规律美. 例如铺设人行道时，人们喜欢使用有规律的图案甚至对称的图案. 在我们世界中充满对称，平移，旋转等，我们可以运用学过的数学知识来解决实际运用的问题，让生活与数学关系更加紧密.

Y 的论文是这样的：

数学与我们的生活息息相关，我在生活中就发现了许多与数学有关的事例. 例如，旋转就是数学的其中一部分，看似简单却离不开生活. 下面我就介绍一下我发现的"旋转".

生活中的旋转其实不难发现，只要我们仔细观察就可以了，例如，我们在学校的许多提供的设施，与旋转有关，风扇就是利用旋转来工作的，它转动的时候，里面的扇叶会不断地快速旋转，甚至有些风扇的开关也是旋转式的呢！再认真看，也会发现时钟里的指针也是利用旋转的，每过一定的时间，时针、分针、秒针就会转过一定的角度，这也是旋转. 再比如，我们去游乐场的时候，也会发现许多旋转. 摩天轮就是其中的一种，还有旋转木马，甚至还有碰碰车的轮子也是旋转的. 风车、抽奖的转盘，旋转餐厅也是旋转.

关于旋转，其实还有很多例子，其实不只旋转，生活中关于数学的东西还有很多，对称、平移、全等……只要我们用心观察，就一定可以找到. 你发现了吗？

（说明：在本文中，尽量保持了学生论文的原貌，其中的不通顺语句没有修改．）

我们再选择两位学生在项目探索期的对话．

H：镜子里有好多手表的像，这样摆，可以看到 1 个，我们把镜子换个位置，这样放比较漂亮．

Y：你靠近镜子中间，把你的手拿开，中间有一半的，这样子看……

H：我们是不是应该数一数有几个手表？这样看，看不到，有好多个，有吗？

Y：我们用这个光线照镜子，看看有什么结果，怎么没有那个手表的像了呢？

H 和 Y 的活动包括动手摆放镜子，首先是一块，观察，然后又换一个角度，没有任何记录．然后，使用投影机的激光器照射镜子，发现有一条反射光，然后用另一面镜子反射这条反射光，第二面镜子的反射光找不到了．

在这样的忙碌中，一节课的时间很快过去了，他们进行了很多的尝试，通过一面镜子成像，然后两面，但是没有按规律摆放两面镜子．

从学生的论文和表现，分析他们在几何上的表现，得到表 7 – 2.

表 7 – 2　学生在几何项目活动初期的表现

活动编码	H					Y				
	无	低	一般	较高	高	无	低	一般	较高	高
对生活与几何的认识		*					*			
数学化过程		*					*			
数学地实验		*					*			
数学地推理和验证	*					*				
几何活动兴趣				*					*	
数学文化		*					*			
数学地交流			*						*	

结合图 7 – 24，可以发现，学生在几何项目活动探索期，使用的几何知识比较简单，主要是对称的基本概念．虽然在他们的数学论文中提到了各种对

称和旋转，但是具体的概念、图形、性质等没有出现．当然这不是说学生不能理解这些概念，然而，他们没有使用数学的语言表达自己的意思或解释问题．

学生在几何能力维度的表现主要是低层次的技能，观察事物，简单表达自己的意思，没有画图，通过目测或简单的直尺测量得到结果，还没有对现象进行分析．理解背景，对活动有些兴趣，知道几何和生活相关，能够和他人进行数学的交流．

对照几何素养水平标准，这两位学生表现出的几何素养在水平 1 的层次上．需要说明的是，这不是说学生的几何素养就是水平 1，而是在项目活动的探索期，他们还没有能够完全把展现在几何或数学上的能力．

随着学生对项目的进一步理解，活动逐步开展，他们就能够根据图形的性质和几何定理，分析各种现象，并开始使用数学的语言交流解释．

7.3.2.2　研究期的几何素养

在"镜子前后的对称"的研究过程中，学生对几何的情境理解透彻，开始有规律地摆放镜子，从数学的角度进行实验，使用数学语言交流，进行数学地推理和验证．在发现问题和解决问题中，学生的兴趣有了很大的提高，积极地参与活动，认识到数学有着重要的作用．

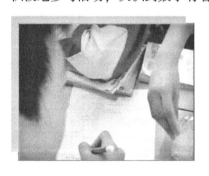

图 7 - 25　记录数据

学生 H：用三角板测量，使两个镜子的夹角是 90°，有几个手表的像？

Y：三个，90°的时候三个．你记下了啊！（有一个男生负责记录数据，如图 7 - 25）

H：我们再看看其他的角度，30°，60°会是什么结果？

Y 拿出手机，拍摄所成的像，H 和其他学生开始研究所得的数据，他们希望能够发现一些规律．他们结合数据反过来进行实验，通过实验的方法验证猜想的结论．

表 7 - 3　学生在几何项目活动研究期的表现

活动编码	H					Y				
	无	低	一般	较高	高	无	低	一般	较高	高
对生活与几何的认识			*						*	
数学化过程				*						*
数学地实验				*						*
数学地推理和验证			*						*	
几何活动兴趣				*					*	
数学文化			*						*	
数学地交流				*						*

　　通过分析学生进行几何项目活动的录像，发现 H 和 Y 两位学生的几何素养有很大的变化，他们开始进行有目的的测量，达到了转化的水平；构造不同的角度观察现象，对所得到的数据和图形开始分类，能够对所得的数据进行处理，寻找规律．探究的水平越来越高，对背景的理解更加透彻．

　　从表 7 - 3 可以看出，学生 H 和 Y 的几何素养已经达到了多元水平．

7.3.2.3　汇报期的几何素养

　　我们继续跟踪这两个学生在最后的汇报期的几何素养表现．其中 H 是主要的汇报人，她在汇报中表现镇定，表达清晰，能够回答他人提出的问题．我们摘录一些她的汇报：

　　"我们小组研究的镜子成像……要两面镜子，一块橡皮．镜子的大小一定要相同，有一个角是 30° 的三角板和一个角是 45° 的三角板各一个．

　　首先，利用三角板围成 30°，45°，60°，75° 和 90° 的角（她的同伴在讲台上示范）．然后把橡皮放在镜子的中间，首先是 30° 的角，镜面反射出的图形有 11 个；第二次把镜子摆成 45° 角，把橡皮放中间，这时候镜面反射出来的图形有 7 个（同时在黑板上写下角度和图形的个数，其他学生展示照片，演示实验过程）；摆成 60°，可以成 5 个图形；75°，出现的轴对称图形有 4 个；90° 角，因为当时做实验的时候因为镜子的架子挡住了，只有两个图形，但是实际上有三个. 我们又再次做实验, 每次增加15°.

最后, 我们得出了结论: 从镜子的角度和所成的对称图形之间的关系来看, 镜子之间的角度越小, 镜子内生成的对称图形越多. 我们从数学的规律来判断:

出现的轴对称图形约为: 360度÷镜子度数 −1, 为什么约等于呢? 因为我们计算出的数并不是一个整数, 这也许是数学上的误差, 所以我们才说是'约等于'.

通过这次探究活动, 我们对轴对称有了新的认识, 其实轴对称和我们的生活息息相关的, 这次活动我们做得非常成功, 我们也学到了很多东西."

图 7 – 26　学生 H 在汇报

在她汇报完之后, 有学生提出了问题: "你黑板上的那些数据是怎么得到的? 是计算出的吗?" (图 7 – 26)

"不, 这是我们根据实际作出来的结论."

"有的还出现了半块, 那怎么算?"

"约等于啊!"

"如果是钝角呢?"

"大于 90°, 我们试验过是两个……" 学生 H 开始示范.

"是三个, 约等于 3 个."

"超过 180°呢?"

"实验证明, 当大于 180°, 没有成像!"

汇报结束.

我们对她的几何素养表现进行编码, 得到表 7 – 4.

表7-4　学生在几何项目活动汇报期的表现

活动编码	H				
	无	低	一般	较高	高
对生活与几何的认识				*	
数学化过程				*	
数学地实验				*	
数学地推理和验证				*	
几何活动兴趣					*
数学文化				*	
数学地交流					*

学生 H 经过接近一个月的项目活动，几何素养表现有了很大的变化，从原来的茫然不知所措，到最后的详细汇报研究过程，有几何的应用，也有代数的模型．她不仅在知识、能力上获得提高，而且对几何增加了兴趣．在 H 的自我评价表中，她建议以后多开展这样的活动，她参加这类活动的兴趣比较高，提高了她自主学习的能力，学会与其他同学合作交流．从几何素养评价标准来看，这时候学生 H 表现出的几何素养达到了多元性水平（虽然她在这个活动中基于几何的发现得到一个数学模型，但是对这个模型，她也不能做出更多的解释或证明，而这个模型是从数据统计得到，不是一个几何模型．综合考虑她在其他几个维度的表现，我们认为学生 H 达到了多元性水平）．

从最初的项目探索到项目汇报，学生对"镜子成像"的理解越来越深刻，他们能够在合作交流中把实际问题数学化，通过数学地实验，进行猜想和论证，在整个活动过程中，学生表现出积极性，渴望解决问题，为此，他们通过实验、调查、辩论等方式，寻找解决问题的数学方法．在此期间，不能保证每一个学生取得很大的进步，但是大部分学生的几何素养得到了发展，以学生 H 为例，她最终表现出：设计了合理的方法，通过假设猜想得到一个数学公式，这个公式是基于对镜面反射的观察、实验，她能把几何成像问题转化为数据统计，找寻规律，并最终用这个数学公式来反思实验结果．尽管她还不能证明这个公式，但是这个探究的活动过程，无疑提高了她对几何的认识，提高了几何能力，并学会应用知识，解决现实问题．

7.3.3 项目活动中的学生几何素养的比较

从学生最终的项目活动汇报来看，他们的几何素养比活动初期有了很大的改变，但是6个小组的表现却不尽相同，从学生互相评价来看，小组之间存在着很大的差异；如果按照几何素养水平标准来评价，可以分成三个水平：功能性、多元性和综合性．

表7-5　学生在几何项目活动汇报期的几何素养比较

活动编码	二次方程组				萝卜大蒜组				诺亚方舟组			
	低	一般	较高	高	低	一般	较高	高	低	一般	较高	高
对生活与几何的认识		*					*				*	
数学化过程		*					*					*
数学地实验		*					*				*	
数学地推理和验证		*					*					*
几何活动兴趣			*					*				*
数学文化			*				*				*	
数学地交流		*						*				*

图7-27　轴对称图形——蝴蝶

从表 7 - 5 可以看出，"诺亚方舟"组无论是在实际问题的数学化过程，还是在数学的实验推理，都比"二次方程"组表现的要好，学生 H 属于"萝卜大蒜组"，该小组介于两者之间．我们对"二次方程"组和"诺亚方舟"组的几何素养表现进行比较．

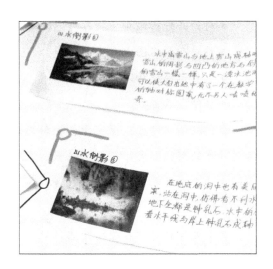

图 7 - 28　镜面对称——山水倒影

"二次方程"组选择的活动主题是环境中的对称，从前面的图 7 - 15 和图 7 - 16 我们可以简单的了解该小组的活动内容．下面是他们的汇报：

我们探究了哪些物体呢？从这张海报可以看出，有各类的建筑，广场、古代的房屋、牌坊等，还有山水倒影，家中的饰物，蝴蝶、地毯图案、灯、标志、橱柜上的物体等（图 7 - 27 和图 7 - 28）．

我们按照形成对称的不同形式进行了分类：轴对称、中心对称和镜面对称．

其中轴对称包括：蝴蝶的翅膀、各类建筑，家中饰物；它们的对称轴是：蝴蝶身躯两边的对应点连成线段的中垂线，建筑物纵向中线，饰物纵向中线．

特点是沿着对称轴折叠，对称轴两边的物体能够互相重合．

中心对称图形有风车、地毯图案、标志、羊皮灯；对称中心是自身的中心点．特点是以自身的中心为中心，旋转180°能与自身重合．

镜面对称是：山水倒影，橱柜上的物品，关于水面和玻璃对称，特点是以似镜面的物体为对称轴，镜中的景象与实物轴对称．

我们的步骤是：

●寻找有关对称的图片（关于景物的）；

●打印图片，进行裁剪；

●分发给小组各成员分析每张图片，并把分析结果写在上面；

● 讨论并进行编排，将各种资料图片分类以及整理；

● 粘贴在展示图上；

● 对展示海报加以修饰和加工；

● 总结成品．

我们在研究过程，探究中，把轴对称的性质应用到日常生活中，去比较两边物体的形状、大小等是否一致．经过收集资料，我们发现，轴对称和我们的生活是息息相关的．经过对比，显示了轴对称、中心对称、镜面对称在我们生活中的比例．

我们发现轴对称在生活中占的比例比较高，具体的比例不好统计，在我们收集的资料中，轴对称占60%左右．

"你们用了多长时间收集资料?"

"大概用了一个月的时间．"

"你们认为这样的活动，你们这样做是否很值得?"

"说句老实话，因为（打印、海报）的钱不是我们出……但是，在这次活动中，我们学到了很多数学与生活中联系的知识，我们觉得还是蛮值得的．"

该小组的学生表示，生活中处处存在数学，数学也可以变得很有趣．希望以后可以多办点这样的活动，调动学生们对数学的兴趣．

从"二次方程"组的学生汇报可以看出，学生主要采用数学分类的思想，把环境中的对称分类整理，并使用轴对称、中心对称的性质，分析各种图形的对称性．但是，很显然，学生应用的几何知识相对比较少，主要是对称概念和性质，虽然也有证明，例如图7-27，证明蝴蝶图片是轴对称的，但是体现的几何能力相对较低，是根据基本的定理分析结论的正确性（水平2）；学生能够理解各种不同的几何背景，能够使用基本的方法解决问题．从这些分析来看，该小组表现出的几何素养是水平2——功能性几何素养．当然，学生的几何素养不一定就是水平2，但是他们所展现的只达到了水平2的标准．

我们再看"诺亚方舟"组的学生汇报．这个小组的活动主题是"测量瓶子的内部直径"．

测量瓶子内部的直径问题,我们在几何素养测试中也使用了,不过很少有学生给出完整地解决过程.但是在几何项目活动中,学生充分展示了自己的才能,详细地解决了这个问题.

我们以学生 L 为例,该学生在此次活动中表现比较活跃,但是在项目活动的前期,也没有显示出特别之处,他和其他学生共同讨论,提出一些设想,但是被其他同学否定.在活动的第三次,他和同学一起制作了一个特别的工具,测量瓶子的内部直径(图 7 - 29 和图 7 - 30).

他们小组的汇报如下:

我们也是测量瓶子的内径,我们使用了两种方法.

我们第一种方法和上一组("起个名字真难"组)的方法相同,我们使用两支细竹竿,一个大头针.先测量竹竿的中点,用大头针将两中点钉在一起;把竹竿放入瓶子内,撑开竹竿,测量在瓶子外的竹竿尖的距离.这种方法使用三角形形的全等(SAS).但是我们实验发现,竹竿制作不够严密,测量结果存在误差,误差范围在 $0.1 \sim 0.3$ mm,这使我们思考另一种方法.

(小组成员开始在黑板上画出几何图形.)

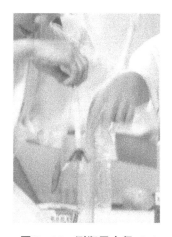

图 7 - 29　测瓶子内径(1)

图 7 - 30　测瓶子内径(2)

就是这个工具(如图 7 - 29 和图 7 - 30),我们先说一下它的制作过程.需要的材料是:大吸管一支,小吸管若干支,胶布,针线,大头针 2 个.

第一步先剪出四个 4 厘米长的小吸管，一个 10 厘米的大吸管，一个 14 厘米长的小吸管；

第二步把 14 厘米的小吸管套在 10 厘米大吸管里面，用两个大头针穿过 14 厘米长的小吸管的顶端，两针夹角为直角，交点过吸管横截面圆心. 分别在两针两端粘贴多层胶布.

第三步将大吸管的尾部剪成四等分，并将四个 4 厘米长的小吸管分别用胶布粘在其上；

第四步把 14 厘米长的线分别穿在四个 4 厘米长的小吸管的尾部，将其固定在两个大头针的两端.

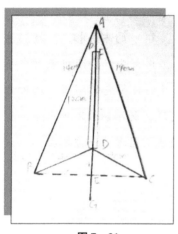

图 7 - 31

下面我们来分析一下这个测量器的数学原理.

我们运用了勾股定理来证明，可以将现实生活中的测量器转化为平面上的几何图形，则有下图（$DF = 10cm$，$AB = AC = 14cm$，$BD = DC = 4cm$，$AG = 10cm$，$AF + DG = 4$），测量时可以测出 AF 长度（如图 7 - 31 和图 7 - 32）.

（学生一边使用测量器演示工作原理，一边进行数学的推理.）

解：设 $BE = x$，则 $BC = 2x$，$DE = a$，$AF = b$，

则有：$x^2 = 14^2 - (10 + a + b)^2$
$$x^2 = 4^2 - b^2$$

$\therefore 14^2 - (10 + a + b)^2 = 4^2 - a^2$

$20(a + b) + 2ab + b^2 = 80$

$\therefore a = \dfrac{80 - b^2 - 20b}{20 + b}$

那么 $x = \sqrt{\left(\dfrac{80 - b^2 - 20b^2}{20 + 2b}\right) + 16}$

图 7 - 32 学生讲解

所以，只要测量 AF 长度，直径 BC 长度便求出来了，虽然计算复杂但计算精确，误差小，适用于精密测量．

通过这次实践活动，我们认为生活和数学是密切相关的，我们要从多个方面解决问题，多种方法解决问题．

"你们方程组，$x^2 = 4^2 - b^2$（图 7 - 32），但是你的 b 是 AF，是否有问题？"

"应该是 a，不是 b，不好意思，写反了．"

……

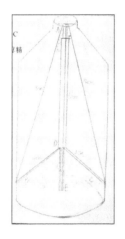

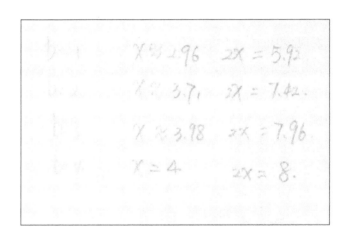

图 7 - 33   测量示意图   图 7 - 34   测量结果

在他们讲解最后，给出了图 7 - 33 和图 7 - 34 说明测量的方法和测量结果．

根据学生的汇报录像和研究报告，我们来总结"诺亚方舟"组的研究特点．

首先，他们能够把实际问题数学化，不仅把现实背景中的瓶子转化为二维平面图，还应用了三角形的全等判定定理 SAS 和勾股定理．在几何知识的维度，达到了几何中的"关系"水平．

其次，在几何能力维度，学生能够将三维物体转化为二维平面几何图形，并对图形进行数学化处理，能够使用辅助线证明；在几何度量上，没有拘泥于简单的长度测量，而是通过勾股定理，把不能测量的内部直径转化为可以测量的吸管长度．能够使用定理进行演绎的论证．

再者，他们找到了两个几何模型：全等三角形和勾股定理，并使用两个模型数学问题，进而解决实际问题．

应该说，他们对这个瓶子测量问题理解得比较透彻，已经可以使用实验的方法设计测量方法．

从以上分析，我们认为该小组的表现达到了综合性水平的几何素养．

为什么三个小组会有这样的差异？我们认为，一方面这和项目主题的选择有关，例如，主题"环境中的对称"缺乏具体的问题，要让学生自己独立发现其中的数学问题，有一定的难度，这时候学生需要一个"脚手架"，也就是比较明确的问题，有了这个问题，学生才可以利用所学的知识，具有的数学能力深入探究；另一方面，和学生的基本素养有关，从"瓶子的内径"问题，我们发现学生 L 有很强的动手能力，他对数学也比较感兴趣，能够将要解决的问题和相关的数学知识联系起来，并且思维比较广阔，不被局限于所学的内容；相反，另一个小组的学生仅仅使用刚刚学过的"三角形全等"．

7.4　本章总结

在本章，我们主要讨论了三个问题，即基于项目活动的学生几何素养内涵分析、在项目活动中学生几何素养的发展以及学生几何素养的比较．

在开展项目活动中，学生的几何素养表现有四个重要特征：综合性、交互性、过程性和应用性．我们对每一个特征结合学生的项目活动进行了分析．

学生在项目活动中，几何素养得到了发展，当然，这种发展不是直线的，而是螺旋曲折的，我们分别分析了学生在项目探索期、研究期和汇报期的几何素养水平．总的来看，学生通过项目活动，提高了几何素养水平．

各个小组的学生在项目汇报中所展现的几何素养有所差异，从本次项目活动来看，6 个小组处于三个水平：功能性水平、多元性水平和综合性水平．结合学生的项目汇报，我们认为，之所以产生不同的水平有两个主要原因：

项目活动的主题和学生自身的几何素养.

从项目活动的结果来看, 开展关于几何的项目活动有助于提高学生的几何素养, 并能提高学生学习几何的兴趣, 增加他们对几何文化的了解, 提高学生使用数学解决问题的能力.

第8章 研究的结论和展望

对于学生的几何学习评价有很多种方式，本文主要通过建立一个几何素养评价的数学模型，对初中七年级和八年级学生的几何素养进行评价，并结合开展几何项目活动，研究学生的几何素养发展．统观整个研究过程，我们主要讨论了"当前我国中学生的几何素养水平"，在这个主题下产生了两个问题：几何素养的内涵是什么？怎样评价学生的几何素养？

固然，我们采用传统的笔试法可以对学生学习几何的结果进行评价，但是这种评价除了让人看到冷冰冰的分数之外，不能提供我们更多的信息．本研究进行了一次尝试，从多个维度评价学生的几何素养．下面我们对本文进行简要总结，分析得到的结论及其意义，给出进一步研究展望．

8.1 国际视野下几何素养评价体系的建立

基于对国际数学课程的对比，我们通过对数学家、数学教师的访谈，探讨几何素养的内涵，并解析出四个主要的评价维度，即：几何知识、能力、应用和背景，另外，还有两个相关的维度：学生的几何信念和对几何文化的理解．由此，我们构建了一个评价学生几何素养的体系模型．这一工作不仅为后续的学生几何素养评价和发展学生几何素养的项目活动提供了必要的前提，而且这个模型对于研究学生的几何素养也有重要的理论意义．

8.1.1 几何素养的内涵

许多的研究，包括范·希尔、皮亚杰等，对于学生的几何学习，主要从思维的角度出发，或者从推理的角度分析学生的水平．在注重学生全面发展的今天，我们认为，学生在几何上的成就不能仅仅靠"思维"或"推理"来确定．学生的几何成就包括很多方面，知识、技能、能力、应用等都是不可缺少的，同时，应该关注学生在几何学习中的态度（信念）以及对相关文化的了解．基于这样的考虑，我们希望重新构建学生的几何素养概念，分析其内涵．

为此，我们从三个角度去探析几何素养，包括国际数学课程，数学研究者和数学教师．通过比较国际发达国家或地区的几何课程，发现它们在几何教育目标上共同强调的几个方面：几何知识、技能或能力、几何应用、几何思想和几何情境（或背景）、几何信念、几何的文化．而数学研究者重点强调了几何中技能和能力，如几何直观、空间想象、逻辑推理，还需要培养学生的作图能力、测量能力和模型设计等，学生要会用几何解决问题，了解相关的数学文化，对几何学习有正确的态度．数学教师认为在几何素养中，几何知识和能力是最重要的，几何能力包括许多方面，例如作图、观察、实验、空间想象、表达、逻辑推理、动手操作、建模等能力；评价学生的几何素养还要考虑学生的经验，问题背景，应用能力和情感因素等．

整合三个群体的认识，我们认为，几何素养的内涵主要因素包括几何知识、几何能力、几何应用和几何背景，两个次要的因素包括几何学习态度和几何文化．

8.1.2　几何素养的评价体系

基于各国或地区的课程对几何的认识、数学研究者的认识和数学教师的认识，我们解析出评价学生几何素养的四个因素：知识、能力、应用和背景，同时考虑学生学习几何的态度和对几何文化的理解．我们考查学生在知识、能力、应用和背景四个维度的表现，然后把它们综合起来，评价学生的几何素养．在此基础上，构建了几何素养的评价体系和模型．

和以往的许多评价模型不同，本研究构建的是一个立体的模型，这个模型综合地反映了学生几何素养（图 8-1）．如果我们要评价一个学生的几何素养，可以从各个维度考查学生，然后通过模型把它们综合，直观评价学生的几何素养水平（如图 8－2）．

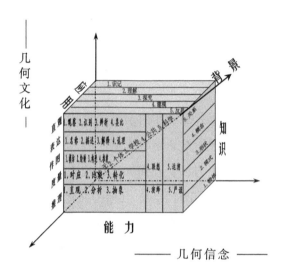

图 8－1　评价模型 1

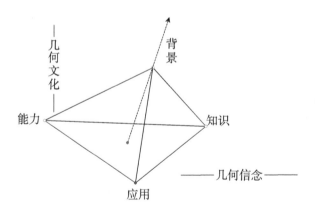

图 8－2　评价模型 2

和评价模型相搭配的，还有对各个维度的不同指标的描述，也就是表 8－1，通过这个表，我们可以评价学生在各个指标达到的水平．

表 8 - 1　几何素养各级指标描述

一级指标	二级指标	三级指标	等级水平	描述
知识			① 实物	"物体"或者"实物"是几何知识中最为具体、形象的研究对象
			② 模式	在我们生活中，很多具体的物体都可以简化为模式，例如，口形，字母的形状，汉字、雪花等
			③ 形状	这是对实物或模式的初步概念化，是一种心理知觉活动
			④ 概念	对于一些基本的形状，进一步的抽象，通过对这些形状性质的描述加以区分，从而判断图形、模式、物体的"形状"
			⑤ 关系	关系是几何知识中的高级层次，是对图形、概念等的组织和构造的形式，公理、定理都是"关系"
能力		直观	①观察	在这个层次的学生将从视觉感觉上对物体或图形进行分析，观察出基本的组成部分，能指出组成部分之间的基本关系
			②识别	够识别各种各样的形状，例如，三角形、矩形、锥体、长方体等．但是对于图形的性质并不十分熟悉
			③辨析	根据图形的性质辨别图形，并且能够分析其特征，从复杂图形中分解基本图形．反之，学生也可以根据对图形的语言描述来分析图形的特点，或者建立不同图形之间的关系
			④类比	把已知图形根据所观察到的特征进行分类，并分析不同图形之间的内在联系，比较相同点和不同点，理解基本的图形变换和运动，包括全等、相似、平移、旋转等
	技能	表达	①名称	说出给出的图形的正确名称，对于数学语言中出现的图形、位置等名称能够加以识别
			②描述	根据图形描述图形的性质和构造
			③解释	学生将对自己的想法做出解释，这种解释是对描述对象的进一步澄清，使思维更加清晰
			④说理	学生在理解定义、定理和公理的基础上，能够按照逻辑对于要解决的问题进行说明解释，并且有理可依，有据可循
			①模仿	在理解原有图形的结构的基础上，进一步画出草图，并且标出指定的部分
			②绘制	根据语句表达的内容画出图形，或者根据图形的性质画出图形

一级指标	二级指标	三级指标	等级水平	描述
	技能	作图	③构造	在给出某些图形后，根据图形的变换或运动构造出其他和这些给定图形相关的图形
			④推演	能够从所给的条件推知如何构造一个特殊的图形，知道在一个图形中什么时候和怎样使用辅助线
		度量	①对应	根据标准的基本图形选择对应的度量公式，计算得出结论
			②比较	除了对于基本图形之外，学生可以根据图形和概念比较度量的方法，从而找到解决问题的方法
			③转化	对于图形，通过直接的度量方法不能解决的，可以转化成标准的、或者已知面积、体积的图形，这个层次的学生不仅要熟悉基本图形的度量方法，同时，能够灵活地处理新图形问题
		基本推理	①直观	在这个层次学生能认识到各个图形存在着差异，并懂得在各种不同的位置，图形保持形状不变
			②分析	图形可以分成很多类，通过图形的性质可以区分不同的图形；根据图形的性质和基本定理分析结论的正确性
			③抽象	学生能够理解定义的含义，并且使用定义。根据图形的性质进行非正式的论证，并进行演绎的论证
	高层次能力	推理论证	④演绎	学生在公理化系统中建立定理。他们识别未定义术语、定义、公理和定理之间的差异
			⑤严谨	学生在数学系统中进行形式推理。懂得公设或公理的作用和局限性。知道什么时候一个公理系统是独立的、相容的和绝对的
		空间想象	④联想	联想是从图形或空间的局部，想象到图形的整体和结构，空间的形式和构成，能够在二维和三维图形之间进行灵活的转换
			⑤运演	学生不仅会联想，而且要熟练掌握几何的知识，灵活运用几何中的"关系"，把具体的形象化的实物抽象为思维的对象，同时把这样的"对象"作为基本元素，进行演绎推理活动
应用			①识记	识记是对几何知识的提取，然后由此判断解决问题的方法
			②理解	学生认识客观事物具有的几何性质，并根据性质进行分类，能够在纸上画出图形或者做出实物的立体模型，理解几何的基本思想

续表

一级指标	二级指标	三级指标	等级水平	描述
			③探究	探究是在理解事物间的数学模型基础上，从给出的或者得到的条件推导事物的性质，解决和客观事物相关的问题
			④建模	当学生能够从问题情境中探索出数学模型，无论是几何模型还是代数模型，然后使用这个模型解决问题，那就达到了建模水平
			⑤反思	对所做的工作进行反思，建模是使用数学的方法解决实际（或初步数学化）的问题，最高层次的建模是批判性地分析模型，拟定模型的评价标准，思考建模目标及数学应用的能力等
背景			①无	在几何中，很多问题是由图形或形式化的语言构成，根本和生活或其他学科没有关系，对于这样的问题就是"无背景"
			②个体	个体背景．这是和学生日常生活紧密相关的情境．这种问题情境比较常见，无论是课堂教学中，还是各种测试中，学生经常遇到有关个人生活的问题
			③学校	学校是学生生活的另一个环境，可以说学生在学校生活的时间甚至超过了在家的时间，学生除了对个人的生活背景熟悉之外，那就是学校情境了
			④公共	公共背景包括社会环境下的情境，以及经济、职业的情境等，这些情境离学生的经历比较远，学生需要重新理解新的情境，然后再利用几何知识解决问题
			⑤科学	在这个背景主要是科学知识或者科学实验的过程

8.2　当前初中生几何素养水平评价

为了评价学生的几何素养，我们设计了两份几何素养测试题，一份调查问卷．通过对测试结果的定量分析，我们得到下面几个结论．

初中生几何素养水平：根据几何素养评价体系和模型，结合学生的答题情况，几何素养可以分成 5 个水平，水平 1 至水平 5 分别是：孤立性水平、功能性水平、多元性水平、综合性水平和评判性水平．

调查结果表明，初中生的几何素养水平主要集中在功能性（53.0%）和多元性水平（25.6%），达到水平 4——综合性水平的学生只占全体的 6.7%，而处于孤立性水平的学生有 14.6%，参加测试的两个年级的学生有显著性差异.

几何知识水平：七年级学生的知识主要处于水平 1 和水平 2，八年级学生对几何知识的掌握也集中于水平 2 和水平 3，两个年级在几何知识维度存在着显著性差异.

几何能力水平：几何能力维度由多个指标构成，包括几何直观、表达、作图、度量、基本推理，空间想象. 在几何直观方面，学生主要处于识别和辨析水平，八年级学生的直观水平高于七年级，有 10% 的学生达到了类比水平. 模拟回归分析表明，几何直观对几何能力的影响最大. 七年级学生在几何表达方面主要在水平 2；八年级学生以水平 2 和水平 3 为主，能够解释问题，说理证明；几何直观和其他几个指标密切相关. 两个年级在几何作图上有差异，但是在水平差异上不大，他们主要集中在水平 2（绘制）和水平 3（构造），几何作图和基本推理相关程度较高. 两个年级的学生在几何度量上没有显著性差异. 学生的推理主要在基本推理水平，七年级学生在分析水平或之下，八年级学生达到了抽象水平，并且对于常规的推理问题解答的比较好，但是对于非常规问题的推理情况不甚理想，主要集中在水平 2. 学生在空间想象能力方面没有显著性差异，大部分达到了联想的水平. 从几何能力维度整体分析，学生的表现主要在水平 2 和水平 3，不同年级之间有显著性差异，其中学校 C 的几何能力表现最好，A 校的学生表现较差.

几何应用水平：学生在几何应用维度主要在水平 2 和水平 3. 两个年级的学生表现有显著性差异，其中 40% 的八年级学生达到了探究水平，而七年级的大部分学生在理解水平.

几何背景理解水平：大部分学生在水平 3，并且两个年级的学生没有显著性差异，学生对背景的理解水平不高，三所学校的学生也没有显著性差异.

几何态度和几何文化：学生对学习几何的认识比较积极，几何学习需要天分，更需要努力，也需要教师的帮助；但是也有些学生有放弃几何学习的想法. 学生认为几何推理和生活是相关的，然而他们对几何证明的认识存在着模糊性．学生对几何的认识相对比较狭隘，相关的几何文化知识比较匮乏．

8.3　在学习过程中发展学生的几何素养

尽管定量的分析能够帮助我们从整体上了解学生的几何素养水平，然而，通过测试卷评价学生的几何素养，还是不能让我们完整地分析学生几何素养的发展．为此，我们又进行了一个月时间的几何项目活动，希望通过这样的活动，能够发现学生几何素养的其他特点．

项目活动为我们提供了更加全面的信息来分析学生的几何素养表现．在项目活动中，学生的几何素养有四个特点：综合性、交互性、过程性和应用性．这四个特点能够比较完整地反映学生的几何素养．

同时，几何项目活动的开展可以促进学生几何素养的发展，我们对学生在项目活动开展的每个时期的几何素养进行了比较．总的来说，在项目活动中，学生的几何素养得到了提高．

学生在项目活动中的几何素养表现具有不同的水平，究其原因，主要有两个方面：项目活动主题的选择和学生自身几何素养水平．如果学生选择的活动主题能够出现具体的几何问题，能够促进学生深入探究，几何素养也能达到更高水平；反之，学生将浅尝辄止，表现出的几何素养水平较低．

8.4　研究过程的反思和展望

从确定研究学生的几何素养到现在，已经有接近两年的时间，在这个研究过程中，有着很多的思考．

第一，如何确定几何素养的内涵？也就是，学生的几何素养到底包括了什么？最初的想法是通过分析文献，从历史发展的角度寻找几何素养的主要构成因素，但是在不断的学习过程中，发现这是不太实际的方法，因为几何课程和几何教学在不断发展，几何课程的发展历史给我们最多的是经验，而不是未来的导向．这就迫使我改变研究的方法，从三个角度析出几何素养的评价维度，即数学家、数学教师和数学课程．为什么不选择数学教育专家？其实我也一直很矛盾，因为数学课程反映出的就是数学教育专家的主要思想，是否还要访谈数学教育专家呢？这或许在后续的研究中，可以补上，也可以和课程反映的观点进行对比，看看二者的相关程度．

第二，几何素养评价模型如何建立？尽管从上述的三个角度（数学家、数学教师和课程）分析出关于几何素养主要因素所占的权重，但是一直犹豫不决如何将这些因素构建起来．从统计学的角度来看，应该考虑所有的因素，并进行测量，选择一种可以对学生几何表现总体评价的方法，得到学生的几何成就总评，然后分析其主因素，寻找一个合适的数学模型．然而，从知识、能力、应用和背景四个因素来看，它们之间是高度相关的，这种统计的作法没有任何意义．最终，我选择了一个正方体，直观地描述学生的几何素养．

第三，定量的分析能确切地反映学生的几何素养水平吗？在这个研究中，我们进行了大量的数据处理工作，得到了一些意想不到的而又在情理之中的结果．例如，七、八年级的学生在空间想象能力上没有显著性差异，他们对几何背景的理解也没有显著性差异．虽然得到了几个重要的结论，但是，我对定量研究的结果并不十分满意，这说明了什么？能够为我们的教学提供哪些帮助？学生的几何学习存在哪些问题？这些问题一直盘旋在我的脑海，但是我得到的结论不能解决这些问题．从项目的角度研究学生的几何素养，我觉得更具体，更有研究性，虽然是案例性质的，但是我本人更倾向于这种研究．这或许也是本研究的局限性．

第四，本研究的方法适用于其他年级吗？在这个研究中，我们构建了一个评价学生几何素养的模型，并把学生的几何素养划分为 5 个水平，每个水平都有相应的标准和样例．应该说，该模型和水平标准适用于基础教育的各个年级，但是小学低年级学生可能存在一个更低的水平．

因此，后续的研究还有很多工作．

在本研究的基础上，我们可以进一步开展下面的研究：

●关于提高学生几何素养的教学研究

本文主要从评价的角度讨论了学生的几何素养水平，那么如何提高或改善学生的几何素养水平？通过数学项目活动确实可以促进学生几何素养的发展，但是在常规性的数学教学中，如何提高学生的几何素养，这是本研究所没有涉及的问题．几何的教学是一个比较大而且具体的问题，要开展这样的工作，我们必须考虑：应该提供给学生怎样的几何课？几何教学如何设计？怎样评价几何教学？

● 几何素养和信息技术使用的关系

在分析世界各地的课程过程中，我们提到了信息技术在几何教学中的使用，许多国家和地区都强调学生应该掌握基本的信息技术，帮助他们学习几何，那么信息技术对于学生的几何素养有无影响？

● 初中生和高中生（或小学生）几何素养的差异

在本研究中，我们选择了初中学生为研究对象，在几何素养的几个指标，因为七年级和八年级学生年龄差异不大，学生并没有显著性差异，这是否和学生的年龄有关呢？

总的来说，关于学生几何素养的研究是一个比较复杂的问题，本文只是从评价的角度进行了探究，希望以后有更多的研究关注学生的几何学习和几何教学．

关于中学生几何素养的访谈问卷（数学专家）

尊敬的老师，您好！

首先感谢您接受我的访谈.

这个访谈是为了探讨中学生几何素养的内涵和结构的，是我毕业论文的一个重要组成部分，也是关于中国学生的数学素养研究的一部分. 该研究是为了完善我国中学数学中的几何教育目标，探究当前中学生的几何素养水平.

您的回答对于我们的研究来说非常重要. 请您尽可能最好地回答所有问题. 作为感谢，我们准备在研究结束后，为您送上一份简要的研究报告. 请在下面选择"是"或"否".

您是否希望收到一份本研究的简要报告？　　□是　　　　　□否

一、您的背景资料

1. 性别：　　男　　　　女
2. 年龄：　□≤30　□（30，40）　□［40，50）　□［50，60）
　　　　　□≥60
3. 所获学位
学位_____　专业_____
4. 您的研究方向：_____

二、您的联系方式

电子邮件：　　　　电话：　　　　　　地址：

二、关于几何学的基本问题

1. 您能否用简要的语句描述一下"几何"？

2. 几何在数学研究过程中占有什么地位？对您的研究起到什么作用？

三、关于几何素养内涵的内涵与结构

1. 您认为在中小学阶段，几何有哪些重要的价值？

2. 中小学应该学习哪几类几何？为什么？

3. 从具体的内容看，在中学阶段，学生应该学习哪些几何内容？

4. 在中学生学习几何的过程中，应该培养和发展他们的哪些几何技能？

5. 在中学几何中，蕴含着哪些重要的数学思想与方法？

6.

（1）您是怎样理解空间想象能力的？

（2）空间想象能力对学生的学习中有着什么作用？

（3）应该从哪几方面培养学生的空间想象能力？

7.

（1）您是如何理解几何学习中的"推理"的？

（2）在中学几何学习中，主要包括哪些推理方式？

8. 数学的一个特点就是应用性，几何具有哪些方面的应用价值？

9. 几何应用意识对于学生的数学学习是否很重要？为什么？能否举例来谈？

10. 在几何学习方面，中学生能在哪些方面做些创造性的活动？

11.

（1）在中学几何中，是否应该加入一些关于几何文化的内容？您能举一些关于几何文化的例子吗？

（2）这对于学生的几何学习有什么帮助？

12. 学生在学习几何，或者学习数学过程，应该具有什么样的数学观念？这对于他们学习几何重要吗？

附录2

基于问题情境的几何素养访谈问卷
——初中教师

尊敬的老师，您好！

这个访谈是为了探讨中学生几何素养的内涵和结构的，是关于中国学生的数学素养研究的一部分．该研究是为了完善我国中学数学中的几何教育目标，探究当前中学生的几何素养水平．

您的回答对于我的研究来说非常重要．我将在谈话中进行录音，如果您不同意，请告诉我，我将改为笔记．

一、您的背景资料

1. 性别：　　　男　　　　　女

2. 年龄：　　□≤30　　□（30，40）　　□[40，50）

　　　　　　□[50，60）　　□≥60

3. 您的联系方式

姓名：　　　　　　　　电子邮件：　　　　　　　　电话：

地址：

情境一：李丽（化名）是某师范大学数学系四年级学生，到一所初级中学进行教育实习．在经过2周的见习之后，准备开始试讲．她要讲的内容是：图形与坐标．她首先认真阅读了课本，然后参考了相关的练习和书本，还是有些不知所措，于是就向指导老师请教．假如你是她的指导老师：

1. 你觉得李丽应该从哪些方面开始着手备课？

2. 他要讲好这个内容，需要什么样的几何知识和技能？

3.

（1）作为数学教师，你认为应该在数学知识上应该具备什么水平？

（2）有什么样的几何能力？

（3）几何能力包括哪些？

4. 这个内容包含了什么数学思想方法？

情境二：在一次数学课，周老师给学生展示了这样一个问题：

可以用硬纸板通过剪、折和粘贴的方式制作一颗简单的骰子．这有很多不同的做法，下图是四种用来做骰子的方法，每一面上都有点数的样式．下列哪种样式在折成一个骰子后，符合相对面点数和是 7 呢？

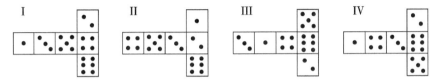

1. 需要具备哪几个方面的几何知识和技能？

2. 这个问题蕴含着哪些重要的数学思想方法？

3. 考查了学生什么几何能力？你觉得应该培养学生什么几何能力？

4. 还有哪些因素会影响学生解决这个问题？

5. 从学校教育的角度来看，学生的几何素养包括哪几个方面？

附录3

基于问题情境的几何素养访谈问卷
——高中教师

尊敬的老师，您好！

　　这个访谈是为了探讨中学生几何素养的内涵和结构的，是关于中国学生的数学素养研究的一部分．该研究是为了完善我国中学数学中的几何教育目标，探究当前中学生的几何素养水平．

　　您的回答对于我的研究来说非常重要．我将在谈话中进行录音，如果您不同意，请告诉我，我将改为笔记．

一、您的背景资料

　　1. 性别：　　　男　　　　　女

　　2. 年龄：　　　□≤30　　　□（30，40）　　　□［40，50）

　　　　　　　　　□［50，60）　　　□≥60

　　3. 您的联系方式

　　姓名：　　　　　　　　　电子邮件：　　　　　　　　　电话：

　　地址：

　　情境一：张同恩（化名）是某师范大学数学系四年级的学生，到某普通高中进行教育实习．在经过2周的见习之后，准备开始试讲．他要讲的内容是：直线和平面垂直的判定定理．他首先认真阅读了课本，然后参考了相关的练习和书本，还是有些不知所措，于是他就向指导老师请教．假如你是他的指导老师：

　　1. 你觉得张同恩应该从哪些方面开始着手备课？

2. 他要讲好这个内容，需要什么样的几何知识和技能？

3.

（1）作为数学教师，你认为应该在数学知识上应该具备什么水平？

（2）有什么样的几何能力？

（3）几何能力包括哪些？

4. 这个内容包含了什么数学思想方法？

情境二：在高二的一节数学课中，赵老师给了大家这样一道题目，请大家来讨论：

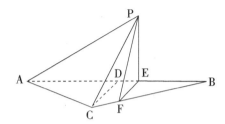

如图所示，等腰 $\triangle ABC$ 的底边 $AB = 6\sqrt{6}$，高 $CD = 3$，点 E 是线段 BD 上异于点 B、D 的动点. 点 F 在 BC 边上，且 $EF \perp AB$. 现沿 EF 将 $\triangle BEF$ 折起到 $\triangle PEF$ 的位置，使 $PE \perp AE$. 记 $BE = x$，$V(x)$ 表示四棱锥 P–ACFE 的体积.

（1）求 $V(x)$ 的表达式；

（2）当 x 为何值时，$V(x)$ 取得最大值？

（3）当 $V(x)$ 取得最大值时，求异面直线 AC 与 PF 所成角的余弦值

在赵老师所教的班级，学生的数学学习水平不一；因此，对于上述的问题将有不同的反应和思考，你认为学生在解决上述问题中，

1. 需要具备哪几个方面的几何知识和技能？

2. 这个问题蕴含着哪些重要的数学思想方法？

3. 考查了学生什么几何能力？你觉得应该培养学生什么几何能力？

4. 还有哪些因素会影响学生解决这个问题？

5. 从学校教育的角度来看，学生的几何素养包括哪几个方面？

初一年级基本几何素养测试（预测题）

姓名：　　　　　　　年龄：　　　　　　　分数：

1. 在图1中包括哪些图形？各有多少个？

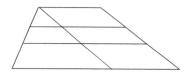

图1　　　　　　　　　　　图2

2. 如图2，两个大小相等，形状相同的圆柱体互相嵌合在一起，请你画出它们公共部分的图形？

3. 已知一个圆（如图3），是否可以仅用直尺和圆规做出一个矩形，使这个矩形的面积和已知圆的面积相等？如果能，请做出图形，并写出作图过程；如果不行，说明理由．

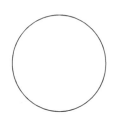

图3

4. 下面的三个图形：

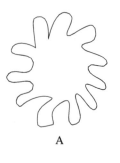
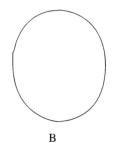

A　　　　　　　　　B　　　　　　　　　C

（1）哪一个图形的面积最大？哪个最小？你判断的理由是什么？

（2）设计一种估计图形 C 的面积的方法．

（3）如何估计图形 C 的周长？

5. 如图 4，△ABC 的边 BA 延长线与外角 ∠ACE 的角平分线交于 D. 求证：∠BAC > ∠B.

6. 弯曲的建筑物

在现代建筑中，建筑物常有不同寻常的形状．下图展示的"弯曲建筑物"的计算机模型和底层的平面图．下面的方向标说明了建筑物的方位．

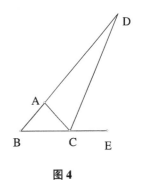

图 4

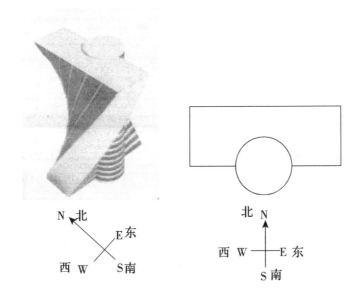

其底层包含了入口和商店，以上有 20 层公寓，每层的平面图与底层相似，但均有微小的偏角．圆柱形柱体中有电梯，每层都能停留，升降．

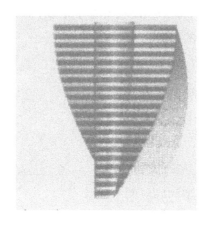

图 5 - 1   图 5 - 2

（1）估计建筑物的总高度，单位是米．解释你是如何得到答案的？

（2）图 5 - 1 是从哪个方向看到的

图形？

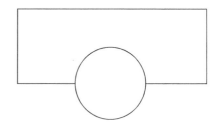

    A．从北方

    B．从西方

    C．从东方

    D．从南方

图 5 - 3

（3）图 5 - 2 是从哪个方向看到的

图形？

    A．从北方

    B．从西方

    C．从东方

    D．从南方

（4）这个建筑的每层都有和第一层相似的"螺旋状"，最高层（第一层上面的第 20 层）正好和第一层成直角．图 5 - 3 是第一层的平面图．

在这个图中画出第 10 层的平面图．

7. 如下图，直线 AC∥BD，连结 AB，直线 AC、BD 及线段 AB 把平面分成①、②、③、④四部分，规定：线上各点不属于任何部分．当动点 P 落在某个部分时，连结 PA、PB，构成∠PAC、∠APB、∠PBD 三个角．（提示：有公共端点的两条重合的射线所组成的角是 0°角）

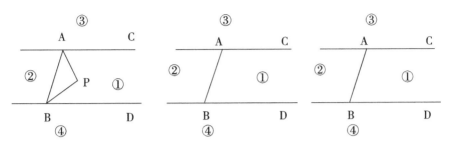

（1）当动点 P 落在第①部分时，∠APB、∠PAC、∠PBD 三个角有什么关系？证明．

（2）当动点 P 落在第②部分时，∠APB、∠PAC、∠PBD 三个角有没有第（1）题中的关系？

（3）当动点 P 落在第③部分时，探究∠APB、∠PAC、∠PBD 三个角之间的关系，并写出动点 P 的具体位置和相应的结论，选择其中一种结论加以证明．

七年级和八年级几何测试题

姓名＿＿＿＿＿　　　学校＿＿＿＿＿　　　成绩＿＿＿＿＿

一、请回答下列各题：

1. 在右图中包括哪些基本几何图形？

2.（七年级学生选做）如下图，两个大小相等，形状相同的圆柱体互相嵌合在一起，请你画出它们公共部分的图形？

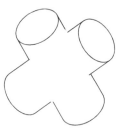

（八年级学生选做）有两个学生张海和李明，他们要证明这样一个题目：有两个角相等的三角形是等腰三角形．写出了"已知"、"求证"，并作了辅助线．

李明说："过点 A 做 BC 的中垂线 AD，垂足为D."

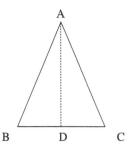

张海说："我的方法是……"

老师说李明的作法需要修订，张海的正确.

（1）请指出李明的作法错在哪里？

（2）写出"已知"，"求证"，及正确的辅助线作法，并证明△ABC 是等腰三角形.

3. 下面的三个图形：

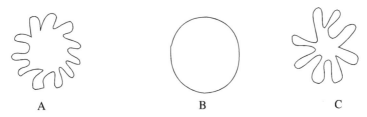

（1）哪一个图形的面积最大？哪个最小？你判断的理由是什么？

（2）设计一种估计图形 C 的面积的方法.

（3）如何估计图形 C 的周长？

4.（1）下图是正方体分割后的一部分，它的另一部分是下列图形中的

（　　）

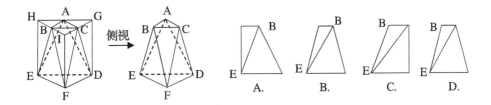

（2）将正三棱柱截去三个角（如图 1 所示 A，B，C 分别是△GHI 三边的中点）得到几何体如图 2，则该几何体按图 2 所示方向的侧视图（或称左视图）为

（　　）

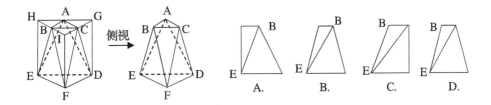

5. 图中的瓶子有个特点，那就是瓶子的下半部分是圆柱体；我们想知道瓶子内部的直径，在保证瓶子完好无损的情况下，使用什么数学的方法可以测得呢？请详细写出你的解决方案，选择其中一个瓶子对你的方法进行验证.

附录6

关于几何信念和几何文化的问卷

一、请在1－6题中选择你认为最适合的一个答案，填在后面的括号里。

1. 学习几何需要：   （   ）

（A）努力，而不需要天分；（B）努力多过于天分；（C）既要努力，又要有天分；

（D）天分多过于努力；（E）天分，而不需要努力；（F）既不需要天分，也不需要努力。

2. 如果让我选择：   （   ）

（A）我坚决不学习几何；

（B）我选择几何的可能性比较小；

（C）可能从不学习几何，也可能学习几何；

（D）考虑到自己的利益，我选择几何的可能性比较大；

（E）为了自己的利益，我一定学习几何；

（F）顺其自然，不作出选择。

3. 几何中的推理论证能力在哪些方面有所帮助：   （   ）

（A）日常生活；

（B）日常生活多过于数学或其他相关学科（例如物理、化学）学习；

（C）日常生活和数学（物理等）学习一样有帮助

（D）学习（数学，物理等）要多过于日常生活

（E）只是在数学（物理等）学习中有帮助；

（F）都没有帮助。

4. 对于我来说，学好几何主要依靠   （   ）

（A）自己付出的努力，而不是老师在课堂中讲解；

（B）自己付出的努力要大于老师在课堂中的讲解；

（C）既要自己付出的努力，又要依靠老师在课堂中讲解；

（D）老师的讲解要多于自己付出的努力；

（E）老师在课堂中的讲解，和自己付出的努力无关；

（F）既不要自己的努力，也不需要老师的讲解。

5. 为了证明一个数学定理，必须：   （   ）

（A）从现实中找寻证据；

（B）从现实中寻找证据多过于提供合理的逻辑论证；

（C）既要从现实中寻找证据，又要提供合理的逻辑论证；

（D）逻辑论证多过于现实证明；

（E）只需要逻辑证明；

（F）以上都不正确

6. 人们认为直角三角形中的勾股定理是正确的是因为：   （   ）

（A）经过了严格的逻辑证明；

（B）大多时候是经过了证明，很少用测量验证；

（C）有的经过证明，有的通过测量；

（D）很少经过证明，大部分是通过测量验证的；

（E）只是测量验证的结果；

（F）既不是证明也不是测量验证。

二、请在 7 - 10 中选择你认为合适的选项（可以多选。）

7. 学习几何能够提高我的：   （   ）

（A）作图能力；（B）认识图形的能力；（C）想象图形和它们的位置关系的能力；

（D）推理能力；（E）测量物体的面积和体积能力；

（F）其他能力_____

8. 几何和生活中哪些方面相关？   （   ）

（A）建筑；   （B）艺术；   （C）天文；

（D）政治；　　　（E）商业；　　　　　（F）其他_____

9. 下面的哪些数学家以研究几何学著名？　　　　　　　　（　　）

（A）华罗庚；　　　（B）欧几里得；　　　（C）陈省身；

（D）陈景润；　　　（E）笛卡尔；　　　　（F）其他_____

10. 几何是研究：　　　　　　　　　　　　　　　　　　（　　）

（A）图形；　　　　（B）位置；　　　　　（C）三角形、四边形；

（D）证明；　　　　（E）绘画；　　　　　（F）其他_____

参考文献

［1］ A. D. 亚历山大洛夫著，孙小礼等译（2001）．数学——它的内容、方法和意义．北京：科学出版社．

［2］ AlanHoffer，宗岳译（1982）．几何不仅限于证明．中学教研（数学），2：43－48.

［3］ B. A. 克鲁捷茨基，赵壁如等译（1984）．中小学生数学能力心理学．北京：人民教育出版社．

［4］ B. S. 布鲁姆等，罗黎辉等译（1986）．教育目标分类学第一分册：认知领域．上海：华东师范大学出版社．

［5］ G. 绍盖，史树中译（1982）．几何和直观在数学中的作用．数学通报，2：21－23.

［6］ H. 伊夫斯（1990）．数学史上的里程碑．北京：北京科技出版社．

［7］ L. W. 安德森，L. A. 索斯尼克主编，谭晓玉，袁文辉等译（1998）．布鲁姆教育目标分类学——40年的回顾．上海：华东师范大学出版社．

［8］ P. R. Halmos（1995）．怎样做数学研究．数学译林，2：35－45.

［9］ Rolf Biehler，唐瑞芬等译（1998）．数学教学理论是一门科学．上海：上海教育出版社．

［10］ R. W. Copeland（柯普兰）著，李其维等译（1985）．儿童怎样学习数学——皮亚杰研究的教育含义．上海：上海教育出版社．

［11］ M. 阿蒂亚著，李文林主编（2009）．数学的统一性．大连：大连理工大学出版社．

［12］ Yuri Ivanovich Manin（1998）．数学是一种比喻．数学译林．3：120－132.

［13］ 鲍建生（2000）．几何的教育价值与课程目标体系．教育研究，4：53－58.

［14］ 鲍建生（1999）．对数学素质的五个层面的剖析．中学数学教学，4：32－37.

［15］ 鲍建生（2002）．中英两国初中数学课程综合难度的比较研究．华东师范大学博士论文．

［16］ 鲍建生（2003）．追求卓越．上海：上海教育出版社．

［17］ 鲍建生（2005）．有关几何课程的若干基本问题．数学教学，6：6－12.

［18］鲍建生（2005）．世纪回眸：中学几何课程的兴衰．中学数学月刊，7：1－6.

［19］鲍建生（2005）．世纪回眸：中学几何课程的兴衰（续）．中学数学月刊，8：25－30.

［20］曹才翰，蔡金法（1989）．数学教育概论．南京：江苏教育出版社.

［21］蔡上鹤（1994）．民族素质和数学素养．中学数学教学，2：15－18.

［22］蔡永红（2006）．SOLO分类理论及其在教学中的应用．教师教育研究，18（1）：34－41.

［23］陈建功（1952）．20世纪的数学教育．中国数学杂志（后更名数学通报），1（2）：1－21.

［24］陈历荣（1990）．我国普通高中的培养目标．教育研究，5：14－20.

［25］陈向明（2001）．教师如何作质的研究．北京：教育科学出版社.

［26］丛立新，章燕．（2005）．澳大利亚课程标准．北京：人民教育出版社.

［27］戴再平（2000）．初中数学开放题集．上海：上海教育出版社.

［28］道格拉斯·阿·格劳斯（Douglas A. Grouws）主编，陈昌平等译（1999）．数学教与学研究手册．上海：上海教育出版社.

［29］丁尔升（1994）．中学数学课程导论．上海：上海教育出版社.

［30］丁海波（2008）．几何模型在竖直式对心中的应用．机械工程与自动化，2：23－72.

［31］丁石孙，张祖贵（2008）．数学与教育．大连：大连理工大学出版社.

［32］范良火（2006）．高层次数学能力和课堂书面笔试的实施——从新加坡课堂实践和研究得到的认识．数学教育学报，15（4）：47－48

［33］范良火（2003）．教师教学知识发展研究．上海：华东师范大学出版社.

［34］冯忠良．结构化与定向化教学心理学．北京师范大学出版社，1999.

［35］弗莱登塔尔（Freudenthal），陈昌平，唐瑞芬等译（1995）．作为教育任务的数学．上海：上海教育出版社.

［36］弗莱登塔尔（Freudenthal），刘意竹，杨刚等译（1998）．数学教育再探．上海：上海教育出版社.

［37］广东教育考试院（2007）．2008年普通高考广东省数学科考试说明［M］．广州：广东高等教育出版社.

［38］桂德怀，徐斌艳（2008）．数学素养内涵之探析．数学教育学报，10（17）：22－24.

［39］郭思乐（1990）．数学素质教育论．广东：广东教育出版社.

[40] 黄志达，王林全（2004）．广东省普通高中新课程学科教师培训系列教材——数学．广州：广东教育出版社．

[41] 胡国定（2005）．2005 年数学会数学教育工作委员会扩大会议实录．数学通报，第 44 卷特刊．

[42] 胡中锋（2001）．高中生数学能力结构研究．华南师范大学学报·自然科学版，2：24－30．

[43] 加德纳著，沈致隆译（2008）．智能的结构：加德纳作品．北京：中国人民大学出版社．

[44] 蒋文蔚（1997）．几何直观思维在科学研究及数学教学中的作用．数学教育学报，6（4）：68－73．

[45] 考克罗夫特著，范良火译（1994）．数学算数．北京：人民教育出版社．

[46] 李红婷（2007）．7—9 年级学生几何推理能力发展及其教学研究．西南大学博士论文．

[47] 李俊（2002）．学习概率中认知的发展．数学教育学报．11：12－16．

[48] 李岚清（2003）．李岚清教育访谈录．北京：人民教育出版社．

[49] 李海生（1997）．素质教育理论研究综述．上海教育科研．6：23－26．

[50] 李世杰（2005）．2005 年数学会数学教育工作委员会扩大会议实录．数学通报，第 44 卷特刊．

[51] 李士锜（2001）．PME：数学教育心理．上海：华东师范大学出版社．

[52] 李文林（2004）．数学史概论．高等教育出版社．

[53] 廖红萍（2008）．几何图形在生物教学中的应用．南昌高专学报，3：14－19．

[54] 柳本成一（2003）．数学教学．日本：明治图书．转引自：刘京莉（2007）．学会用数学语言表达几何逻辑思维过程．数学通报，5：30－35．

[55] 刘丹（2008）．数学技能发展评价研究．华东师范大学博士论文．

[56] 刘京莉（2007）．学会用数学语言表达几何逻辑思维过程．数学通报，5：30－35．

[57] 刘晓枚（2007）．小学生空间观念的发展规律及特点研究．东北师范大学博士论文．

[58] 孟万金（1992）．中国传统文化背景下的国民心理与教育——教育心理学的新使命．教育研究，2：74－78．

[59] 皮连生（2008）．教育目标分类学是教学的金钥匙．中国教育报，11.3：7．

[60] 齐伟编译（2006）．几何语言的应用研究——美国几何综合课案例．现代教学，9：

23 – 27.

[61] 钱宝综（1964）. 中国数学史. 北京：科学出版社.

[62] 全美数学教师理事会（NCTM）（1989）. 中小学数学课程与评价标准. 北京：人民教育出版社.

[63] 全美数学教师理事会（NCTM），蔡金法等译（2000）. 学校数学课程与评价标准. 北京：人民教育出版社.

[64] 沙雷金，吕乃刚译（2001）. 直观几何. 上海：华东师范大学出版社.

[65] 邵光华（1996）. 空间想象能力及几何教学. 课程·教材·教法，7：55 – 59.

[66] 盛群力，褚献华（2004）. 布鲁姆认知目标分类修订的二维框架. 课程. 教材. 教法. 24（9）：45 – 50.

[67] 孙喜亭（1987）. 民族素质与教育. 北京师范大学学报（哲社版），6：34 – 40.

[68] 孙晓天（2003）. 数学课程发展的国际视野. 北京：高等教育出版社.

[69] 苏洪雨（2007）. PISA 和 TIMSS 视野下的学生数学素养探究. 数学通讯，9：3.

[70] 苏洪雨，徐斌艳（2008）. 中德两国标准中的"数学能力"比较研究. 数学教育学报，17（2）：74 – 77.

[71] 唐瑞芬（1993）. 关于布鲁姆教育目标分类学的思考. 数学教育学报，11：23 – 28.

[72] 谭国华（2006）. 新课程标准高考对数学能力考查的形式与要求. 中学数学研究，9：23 – 27.

[73] 王恩大（1991）. 关于素质教育的几个问题. 山东教育. 10：4 – 10.

[74] 王汉松（2000）. 布鲁姆认知领域教育目标分类理论评析. 南京师大学报（社会科学版），5（3）：36 – 43.

[75] 王家铧，王申怀（2000）. 几何教学改革展望［J］. 数学教育学报. 9（4）：95.

[76] 王桐生（1991）. 素质教育的本质. 天津教育，1：21 – 26.

[77] 王建磐（2006）. 数学. 初中一年级（七年级）（上）. 上海：华东师范大学出版社.

[78] 王林全（2007）. 空间观念的基本构成与培养——兼谈美国如何发展学生的空间观念. 数学通报，46（10）：33 – 37.

[79] 王林全，吴跃忠（2003）. 中美几何教学理念和内容的比较. 数学教育学报，12（3）：77 – 79.

[80] 王子兴（1996）. 数学教育导引. 桂林：广西师范大学出版社.

[81] 吴跃忠（2004）．数学文化的教育价值．广东省普通高中新课程教师培训讲稿．

[82] 解恩泽，徐本顺主编（1989）．数学思想方法．济南：山东教育出版社．

[83] 徐斌艳（2007）．关于德国数学教育标准中的数学能力模型．课程·教材·教法．9（27）：84-88.

[84] 徐斌艳（2009）．上海市数学课程标准与德国巴伐利亚州中学数学教学大纲的比较——内容视角．待发．

[85] 徐斌艳（2003）．重视基础、倡导自主——德国的数学课程．引自：孙晓天（2003）．数学课程发展的国际视野．北京：高等教育出版社．

[86] 徐斌艳（2006）．国际数学教育评价讲稿．

[87] 徐斌艳，Matthias Ludwig（2007）．数学中的项目活动（初中）．上海：华东师范大学出版社．

[88] 徐斌艳，Matthias Ludwig（2008）．中德学生数学建模能力水平的比较分析——以中国上海和德国巴登符腾堡州学生为例．上海教育科研，8：66-72.

[89] 香港课程发展议会（1999）．中学课程纲要（数学科）．

[90] 萧树铁（2005）．2005年数学会数学教育工作委员会扩大会议实录．数学通报，第44卷特刊．奚定华，陈嘉驹，查建国（2006）．对数学高考评价研究性学习能力的几点思考．数学通报，45（4）：35-39.

[91] 项武义（1983）．几何学的源起与演进．北京：科学出版社．

[92] 谢明初（2007）．数学教育中的建构主义：一个哲学的审视．上海：华东师范大学出版社．

[93] 杨银付（1995）．素质教育若干理论问题的探讨．教育研究，12：45-50.

[94] 游安军（2000）．近20年我国平面几何教学研究的回顾与思考．数学教育学报．9（3）：29-35.

[95] 严士健主编（1994）．面向21世纪的中国数学教育．南京：江苏教育出版社．

[96] 严士健（1999）．数学思维与数学意识、创新意识、应用意识——数学进行素质教育的一点看法，教材与教学研究．3：12-20.

[97] 袁震东（2005）．几何建模一例——最短飞行路径．数学教学，7：23-30.

[98] 中华人民共和国教育部（2001）．基础教育课程改革纲要（试行稿）．http://www.edu.cn/20010926/3002911.shtml.

[99] 中华人民共和国教育部（2000）．九年义务教育全日制初级中学数学教学大纲（试

用修订版）．北京：人民教育出版社．

[100] 中共中央国务院（1993）．中国教育改革和发展纲要．http：//202.205.177.12/edoas/website18/info3334.htm.2

[101] 中央教育科学研究所编（2003）.21世纪中国教育展望．济南：山东教育出版社．

[102] 中华人民共和国教育部（2003）．普通高中数学课程标准（实验）．北京：人民教育出版社．

[103] 中华人民共和国教育部（2001）．全日制义务教育数学课程标准（实验）．北京：北京师范大学．

[104] 朱文芳（2007）．俄罗斯中小学几何课程改革的特征．比较教育研究.5：23-27.

[105] 张奠宙（1992）．数学素质教育设计要点．数学教学，2：12-14.

[106] 张奠宙（2005）．平面几何教学的回顾与前瞻．数学教学，5：1-4.

[107] 张奠宙（1998）．数学教育研究导引．南京：江苏教育出版社．

[108] 张贤斌，褚洪启等（1994）．西方教育思想史．成都：四川教育出版社．

[109] 张一蕃（1997）．信息时代之国民素养与教育．台湾行政院经济建设委员会委托研究计划．

[110] 张有德，宋晓平（2004）．"数学双基"问题的相关研究与思考．数学教育学报，13（4）：28-31.

[111] 张和平，朱灿梅（2007）．新课程背景下初中几何直观性水平探析．贵州教育学院学报（自然科学），4：23-27.

[112] 张奠宙（2002）．"与时俱进"谈数学能力．数学教学，2：34-40.

[113] 詹传玲（2007）．数学项目活动的开发．华东师范大学硕士论文．

[114] 钟善基、丁尔升、曹才翰（1982）．中学数学教材教法．北京：北京师范大学出版社．

[115] Alvermann, D. E., & Moore, D. W. (1991). Secondary school reading. In R. Barr, M. L. Kamil, P. B. Mosenthal, & P. D. Pearson.

[116] Andre Revuz (1971). The position of geometry in mathematical education. Educational Studies in Mathematics, 4：48-52.

[117] Ball, D. L. (1997). What do students know? Facing challenges of distance, context and desire in trying to hear children. In B. J. Biddle, T. L. Good, & I. F. Goodson (Eds.), International handbook of teachers and teaching (pp. 769-818). Dordrecht, The Neth-

erlands: Kluwer.

[118] Battista. M. T. (2001). A research-based perspective on teaching school geometry. In J. Brophy (Ed.), Advanced in research on teaching: Subject-specific instructional methods and activities. New York: JAI press.

[119] Bazzini, L. and Inchley, C. W. (eds.) (2002). Mathematical Literacy in the Digital Era. Research, Teacher Education and Classroom Practice aimed at a Mathematics Educationfor All, Ghisetti e Corvi, Milan.

[120] Beaton, A. E. and Pobitaille, D. F (1999). An Overview of the Third International Mathematics and Science Study. In Gabriele Kaiser, Eduardo Luna and Lan Huntley. International Comparisons in Mathematics Education. Falmer Press.

[121] Biggs, J. B., & Collis, K. F., . (1991). Multimodal learning and the quality of intelligent behaviour. In H. Rowe (Ed.), Intelligence, Reconceptualization and Measurement. New Jersey: Laurence Erlbaum Assoc.

[122] Biggs, J. B., and Collis, K. F. (1982) Evaluating the Quality of Learning-the SOLO Taxonomy (1sted) New York: Academic Press.

[123] Bishop, A. J. (1980). Spatial abilities and mathematics education: A review. Educational Studies in Mathematics, 11 (3), 257 – 269.

[124] Blum, W., Galbraith, P. L., Henn, H-W. &Niss, M. (2007). Modelling and applications in mathematics education [M]. The 14th ICMI Study. Springer. 12.

[125] Brown, D. L., & Wheatley, G. H. (1989). Relationship between spatial ability and mathematics knowledge. In C. A. Maher, G. A. Goldin, & R. B. Davis (Eds.), Proceedings of the Eleventh Annual Meeting, North American Chapter of the International Group for the Psychology of Mathematics Education (pp. 143 – 148). New Brunswick, NJ: Centre for Mathematics, Science, and Computer Education.

[126] Buckle, H. T (1891). History of Civilization in England. New York, Vol. 2, p. 342.

[127] Dani Ben-Zvi, Joan Garfield (2004). The Challenge of Developing Statistical Literacy, Reasoning and Thinking. Kluwer Academic Publishers.

[128] David Fuys, Dorothy Geddes, Rosamond Tischler (1988). The Van Hiele model of thinking in geometry among adolescents. Journal for Research in Mathematics Education. Monograph, Vol. 3, pp. 1 – 196.

[129] Department of Education, Training and Employment (South Australia) (2001). South Australian Curriculum, Standards and Accountability Framework, DETE Publishing, South Australia.

[130] Dana L. Kelly, Ina V. S. Mullis, Michael O. Martin (2000). Profiles of Student Achievement in Mathematics at the TIMSS International Benchmarks: U. S. Performance and Standards in an International Context. TIMSS International Study Center.

[131] De Morgan, A. (1902). On the Study and Difficulties of Mathematics. Chicago. P. 231

[132] Elizabeth Birr Moje (2008). Foregrounding the Disciplines in Secondary Literacy Teaching and Learning: A Call for Change, Journal of Adolescent & Adult Literacy.

[133] English, L. D. (2002). Priority themes and issues in international research on mathematics education. In L. D. English (Ed.), Handbook of international research in mathematics education Mahwah, NJ: Lawrence Erlbaum/National Council of Teachersof Mathematics.

[134] Frank. Lester, Jr (2007). Second handbook of research on mathematics teaching and learning: a project of the national council of teachers of mathematics.

[135] Grünbaum, B. (1985), "geometry Strikes Again", Mathematics Magazine, 58 (1): 124 – 135.

[136] Herbert Henning and Mike Keune (2007). Levels of modeling competencies. Modelling&Applicaions in Mathematics Education. The 14th ICMI study. Springer.

[137] Hilbert. D (1902). Mathematical Problems. Bulletin American Mathematical Society. Vol. 9.. pp: 443.

[138] Glaser, B. G. & Strauss, A. L. (1967). The discovery of grounded theory: Strategies for qualitative research. New York: Aldine.

[139] Guay, R. B., & McDaniel, E. D. (1977). The relationship between mathematics achievement and spatial abilities among elementary school children. Journal for Research in Mathematics Education, 8 (3), 211 – 215.

[140] Ina V. S. Mullis, Michael O. Martin, Graham J. Ruddock, Christine Y. O'Sullivan, Alka Arora, Ebru Erberber (2006). TIMSS 2007 Assessment Frameworks. TIMSS & PIRLS International Study Center. Lynch School of Education, Boston College.

[141] Jablonka E. Mathematical Literacy (2003). In: Bishop A J. Second International Handbook of Mathematics Education, Part I [M]. Kluwer: Dordrecht/Boston/London.

[142] Jeremy Kilpatrick, et al (2001). Adding it Up-Helping Children Learn Mathematics [M]. Washington, DC: National Academy Press.

[143] Kaiser, G. & Willander, T. (2005). Development of mathematical literacy: Results of an empirical study. Teaching Mathematics and its Applications, 24 (2 – 3), 48 – 60.

[144] Katja Lengnink, Darmstadt (2005). Reflecting mathematics: an approach to achieve mathematical literacy. ZDM. Vol. 37 (3).

[145] Ken Houston (2007). Assessing the "phases" of mathematical modelling. Modelling and Application in Mathematics Education. The 14th ICMI Study. Springer. 249.

[146] Kilpatrick, Jeremy, Swafford, etal (2001). Adding It up: Helping Children Learn Mathematics [M]. Washington, DC: National Academy Press.

[147] L. W. Anderson & D. R. Krathwohl (2001). A taxonomy for learning, teaching, and assessing——a revision of Bloom's taxonomy of educational objectives. New York, NY: Longman.

[148] Lyman (1990). Libraries, Literacy and the Information Society. The Bookmark, 48: 3 (Spring) 170 – 175.

[149] Lynn Arthur Steen (1990). On the Shoulders of Giants: New Approaches to Numeracy. National Academies Press.

[150] Liping, Ma (2001). Knowing and Teaching Elementary Mathematics: Teachers' Understanding of Fundamental Mathematics in China and the United States (Studies in Mathematical Thinking and Learning.). Lawrence Erlbaum Associates. Inc, Publisher. Mahwah, New Jersey.

[151] Ministry of Education, Singapore (2006). Secondary Mathematics Syllabuses.

[152] McGee, M. G. (1979). Human spatial abilities: Psychometric studies and environmental, genetic, hormonal, and neurological influences. Psychological Bulletin, 86 (5), 889 – 918.

[153] Mathematical Sciences Education Board Board on Mathematical Sciences (1989). Everybody Counts: A Report to the Nation on the Future of Mathematics Education. National Academy Press. Washington, D. C.

[154] NCTM (1991). Handbook of research on mathematics teaching and learning. Macmillan Publishing Company.

[155] NCTM (2006). Curriculum Focal Points for Prekindergarten through Grade 8 Mathematics: a quest for coherence. Copyright. The National Council of Teachers of Mathematics, Inc.

[156] Neidorf, T. S., Binkley, M., Gattis, K., and Nohara, D. (2006). Comparing Math2 ematics Content in the National Assessment of Educational Progress (NAEP), Trends in In2 ternational Mathematics and Science Study (TIMSS), and Program for International Stu2dent Assessment (PISA) 2003 Assessments (NCES 2006 – 029). U. S. Department of Education. Washington, DC: National Center for Education Statistics. Retrieved [date] from http : PPnces. ed. ovPpubsearch.

[157] New ICMI Study Series Volume 5 (1998). Perspectives on the Teaching of Geometry for the 21stCentury. An ICMI Study.

[158] OECD (2003). Measuring Student Knowledge and Skills. A New Framework for Assessment. http: //www. pisa. oecd. org/pages/2003.

[159] Piaget. J. (1950). The psychology of intelligence. London: Routledge.

[160] Presmeg, N. C. (1986). Visualization in high school mathematics. For the Learning of Mathematics, 6 (3), 42 – 46.

[161] Russell, Bertrand. (1864). Foundations of Geometry. Cambridge. p. 120.

[162] Taro Fujita, et al. The Role of Intuition in Geometry Education: Learning From the Teaching Practice in the Early 20th Century. ICME10 TSG29. 2004.

[163] Thomas A. Romberg (1992). Further thoughts on the standards: A reaction to apple. Journal for Research In Mathematics Education. Vol23. No. 5. 432 – 437.

[164] Tamsin Meaney (2007). Weighing up the Influence of Context on Judgements of Mathematical Literacy. International Journal of Science and Mathematics Education. 5: 681 – 704.

[165] Tartre, L. A. (1990). Spatial orientation skill and mathematical problem solving. Journal for Research in Mathematics Education, 21 (3), 216 – 229.

[166] Tamsin Meaney (2007). Weighing up the influence of context on judgments of mathematical literacy. International Journal of Science and Mathematics Education. National Science Council, Taiwan. 681 – 704.

[167] UNESCO Education Sector (2004). The Plurality of Literacy and its implications for Policies and Programs: Position Paper. Paris: United National Educational, Scientific and Cultural Organization, p. 13, citing a international expert meeting in June 2003 at

UNESCO.

[168] U. S. Department of Education （2008）. The Final Report of the National Mathematics Advisory Panel.

[169] Universitat Wurzburg （2001）. Mathematics Education in Germany. Retrieved June 6, 2003 from.

[170] The Framework for secondary mathematics （2008）.

[171] http：//nationalstrategies. standards. dcsf. gov. uk/secondary/mathematics

[172] http：//www. mathematik. Uni-wuerzburg. de/history/meg

[173] Werner Blum, Peter L. （2007）. Galbraith, etc. Modelling and applications in mathematics education. The 14th ICMI Study. Springer Science + Business Media, LLC.

[174] Wheatley, G. H. （1991）. Enhancing mathematics learning through imagery. Arithmetic Teacher, 39 （1）, 34 – 36.

后　记

想来上海这时已是春意盎然了吧！上海的春，垂柳依依，嫩芽吐绿；南风轻轻，柔抚面颊，那种久违的春天气息，曾让我如此的痴迷。虽然上海也是南方，可是比起南粤广州，还是有比较分明的四季，对于一个从小生活在北方的人，怎能不思念和眷恋呢？

而花城早已百花齐放了，我却无心留恋这花团锦簇的美丽，每日逃进小黑屋，面对着的，除了电脑屏幕，就是乱七八糟的书籍、试题和心绪。

我觉得自己在做一个很大的工程，这个工程压得我气喘吁吁。很多时候，我不知道如何开始这个大工程，根本没有头绪，幸而有我的老师徐斌艳先生的鼓励与指导，让我找到方向，并写下前面十几万的文字。先生对于我的帮助，从四年前的电邮相识就已然开始。几年来，先生的关怀和支持，常常令我感到无比的幸运与幸福。与先生的交流，获得的是启迪与希望；与先生的相处，是如沐春风的温馨与和谐。当然，先生的严格也让我不敢有半点懈怠，先生的勤奋也激励着我不断地前进。在这儿，我不敢对先生说个谢字，因为，纵然有千言万语，也不能表达我对先生的感激之情。

我觉得自己在人生旅途中是比较幸运的。在读硕士的时候，是王林全先生的精心栽培；在读博士期间，又是徐斌艳先生的爱护与指导。人生能够得到这如同亲人般的呵护，怎能不让人温暖与留恋？我要感谢李士锜先生，因我时常跑到他的课堂听课，他把我当成自己的学生一样对待。他对学术的严谨认真，是我一生学习的典范；而他的为人，更是让我钦佩与赞叹。我还要感谢孔企平先生，他也是我的授课老师，与他交流总是可以获得很多启迪，在论文开题的时候，是他的建议促进我进一步思考与探索。与鲍建生先生的相识是始于我的莽撞，记得我懵懵懂懂地撞进他的房间，他正和李士锜先生交谈，而我的闯入打断了他们，我一直感到很抱歉。但是从此认识鲍老师，我又感到很幸运。在去墨西哥参加 ICME11 的过程中，鲍老师不厌其烦地帮忙，使我们最终一起飞往大洋彼岸；在写论文的过程中，参考了鲍老师的很多文章，受到很多启发，在此对鲍老师说声谢谢。感谢黄毅英先生，在撰写论文的过程中，能够得到先生的指点，深感荣幸。

感谢王继延老师，在我考试的时候他就帮我询问；在我们墨西哥之旅中，又成为室友，他的真诚与热忱令我终生难忘。感谢陈月兰老师，她的课让我再次深入思考现代数学知识，她的热心和关怀让我深深感动。谢谢吴颖康师姐，我经常向她咨询一些问题，而她总是耐心地为我解答。还要感谢杨玉东师兄，在他面前，可以以师弟的名义打闹一下；感谢陈雪梅师姐，帮我找学生进行调查测试。

在上海的时候，我们曾经开设一个讨论班，庞雅丽、周超、徐章韬、黄兴丰、马萍、曹新老师等都参与进来，讨论非常激烈，这让我获益匪浅，感谢大家。除此之外，我和课程系的几位硕士：马萍、王旭、谢丽、慧林、亚琪、江流，相处得很好，特别是马萍和王旭，他们经常帮助我做一些事，谢谢你们。詹传玲和黎文娟在我做项目活动的时候，给出很多良好的建议，感谢你们。我的舍友陈大路博士，是我们同普路 603 宿舍的老大；在我来回于沪粤之间，是他帮我打理学校的很多事情，感谢老大，你教我的太极拳，我又还给你了；还有舍友杨光海博士，我的山东老乡，总是如同兄长一样，互相交流谈心。感谢我的同学辜筠芳，在宁波开会的时候，她热情邀请我去她家做客，可惜由于时间关系，没有成行，而我们现在经常互相通话，如同姐弟一般。感谢我们的两位班长周文叶和邵兴江，你们为大家作了很多事情。我们同一级的博士如同兄弟姐妹，与你们相识，是一种缘分。

感谢曹新、周长军、段志贵、刘玉霞、李占兰老师，还有童莉博士、师妹陆秋，谢谢你们的帮忙；感谢我的师兄吴华东，他是我的兄长，总是默默地关心着我，在我需要帮助的时候，马上站出来；感谢广州的牛应林校长，感谢余海棠、张芬、周文辉老师。

感谢我的同事们，是你们对我研究工作的支持和帮助，使我能写出这篇论文；感谢参与调查的一线中学教师们，感谢华南师大数科院的领导对我的理解和帮助。

特别感谢纪雪颖师妹，帮我跑前跑后的打印论文，提交电子稿，很辛苦！

还要感谢华东师大的王建磐教授、顾泠沅教授、李俊教授、汪晓勤教授、王斌华教授、夏志芳教授、倪文锦教授、周勇副教授，能够听到你们的讲座和报告，让我学到很多的知识。

最后，感谢一直支持我的家人，远在山东的父母、弟弟、弟妹，他们无时无刻不在关注我的学业进展。母亲为了我早日写出毕业论文，专程赶到广州为我分忧，没有能够和父亲以及年迈的爷爷奶奶、外公外婆一起过年，这让我十分的愧疚；我的妻子——江雪萍，亦是我的战友，正是和她的讨论，让我在论文受阻时，又找到前进的方向；她对教育统计十分熟悉，论文中的很多数据处理都经过她的指导。这三年来，她给了我最多的支持和家的温暖，而且，她正为我们的家庭孕育着一个新的生命。而我在忙碌中却不能全心照顾，这常常让我感到不安，在此只能说：

谢谢你，辛苦了！

苏洪雨
于南粤华师
2009 年 4 月 29 日